U0612287

增补修订版

让灯守着我

戴望舒传

北塔——

著

九州出版社

JIUZHOUPRESS

图书在版编目（CIP）数据

让灯守着我：戴望舒传 / 北塔著. -- 北京：九州
出版社，2019.11
ISBN 978-7-5108-8498-6

Ⅰ．①让… Ⅱ．①北… Ⅲ．①戴望舒（1905-1950）
—传记 Ⅳ．①K825.6

中国版本图书馆CIP数据核字(2019)第273308号

让灯守着我：戴望舒传

作　　者	北塔 著
出版发行	九州出版社
地　　址	北京市西城区阜外大街甲 35 号（100037）
发行电话	(010)68992190/3/5/6
网　　址	www.jiuzhoupress.com
电子信箱	jiuzhou@jiuzhoupress.com
印　　刷	北京金特印刷有限责任公司
开　　本	880 毫米 ×1230 毫米　32 开
印　　张	11.5
字　　数	368 千字
版　　次	2020 年 2 月第 1 版
印　　次	2020 年 2 月第 1 次印刷
书　　号	ISBN 978-7-5108-8498-6
定　　价	78.00 元

摄于1942年

与望舒进行更好的对话
——《雨巷诗人戴望舒传》

（修订版）自序

拙著《雨巷诗人戴望舒传》2003年由浙江人民出版社推出，已经是16年前的旧事了。

16年来，我没想到，戴望舒诗歌渐渐成了出版界的比较热的门类。我的戴传也因此借光，早就售罄。很多读者朋友想拥有它，只好盼它再版。

16年来，学界又有一些新的研究成果面世，包括我本人也没有停止有关研究，也发表了几篇新的文章，比如《不仅仅是一首悼诗：萧红与戴望舒的交谊》（载于《上海鲁迅研究2011夏》，上海社会科学院出版社，2011.05），再如《短暂而集中的热爱——论戴望舒与俄苏文学的关系》（载于《社会科学研究》杂志2010年04），还如《戴望舒与"左联"关系始末》（载于《现代中文学刊》杂志2010年06期）等。今年5月，在复旦大学举办的一个中型国际学术会议上，我还讨论了望舒抗战时期诗歌风格的嬗变以及翻译发表西班牙抗战谣曲的问题。最有学术价值的，是我的《引玉书屋版（从苏联归来）译者考》一文（《中国现代文学研究丛刊》，2013年12期），论证了引玉书屋版的《从苏联归来》译者并非戴望舒，而是郑超麟，从而纠正了或者说轰毁了很多年来很多学者（包括我本人）的讹传和臆想。尽管有个别学者在细枝末节上还纠缠不清，但我考证了这个大的史实如同板上钉钉。

初版本面世后，我自己读过几遍；每次读，都发现有问题；说实话，从字词到章节都有改善的余地。我一直想有再版的机会，从而能把我自己的和别人的新成果落实进去。

北京领读文化公司通过朋友找到我，本来是想要再版我的译著《菊与刀》；但那本书的版权暂时不在我自己手上。于是，他们转而决定再版我的戴传。真是跟我不谋而合，无巧不成"书"啊。

由于是比较多的修改，也由于我实在忙，所以修订工作几乎持续了整整一年。感谢领读文化的雅量和宽谅，没有怎么催促我这个主张慢性子做学问的人。

尽管我做了至少一百处大大小小的修订，但本书还不能说完善。比如，胡适曾请望舒翻译《吉诃德爷》（今通译《堂吉诃德》），每月预支稿费达200大洋之多。施蛰存说："这个翻译工作是做完成的"。叶灵凤认为很可能没有完成，但说"望舒生平有一个大愿望，就是要从西班牙原文将塞凡提斯的《吉诃德爷》译出……十多年来，他仍一直在继续这件工作。"我们现在能看到的，只有《香港文学》1990年第7期登载的《吉诃德爷传》第四章"单表我们的骑士出了野店以后的遭遇……"。这件译事既然是望舒的大愿望，而且前后断断续续进行了十多年，或许还有一些译文，只是我们至今未能寻访到，望舒的大愿望成了我们的大遗憾。

初版本出世后，承蒙我的师兄、诗评家西南大学中国新诗研究所蒋登科教授的厚爱，写了书评《饱满而又简洁的诗人评传》，对拙著的特点做了非常精当的概括，发表于《中国现代文学研究丛刊》2005年3期。

16年前，我30多岁，还算是个青年，所以称望舒和比他小21岁的杨静是"老夫少妻"。其实，望舒娶杨静时才38岁，离世时也才45岁，岂能曰老。而我现在早已过了38岁，甚至过了45岁。按照我自己16年前的逻辑和说法，我自己是否也老了？我有点不甘心，于是，赶紧删除了"老夫少妻"的字眼。

16年间，我经历了很多很多世事人生，成了一个"知天命"的中老年人，对望舒的性格、心态、思想和诗风有了更加深入切实的感受和认识。因此，此次修订不仅仅是文字和史实的完善，也加入了我自己的一些心路历程。蒋教授说我"在写作《戴望舒传》的时候"，"不只是以一个旁观者的身份出现，而是投入了作为一个诗人的情感，由此去理解已经离我们远去的另一位诗人。"确实是知人之言。我始终把自己当作一个对话者，去揣摩、理解望舒。我自信，过了45岁的我，较之16年前，是望舒的一个更好的对话者。

这是我要修订本书并且要写此序的深层原因吧。

北塔

2019.11 初稿于东城圆恩寺

定稿于海淀营慧寺

目 录
C o n t e n t s

第三章 游学欧洲
——"这是幸福的云游呢,还是永恒的苦役?"

第六章 北京贵宾——
"只要严肃地工作，前途是无限的"

附录

第一章

花都少年

——"说不尽，阳春好"

第一节/
小康之家、女性倾向的名字与自卑情结的根源

> 这一片湖该是我的家乡，
>
> （春天，堤上繁花如锦障，
>
> 嫩柳枝折断有奇异的芬芳，）
>
> 我触到荇藻和水的微凉；

这是戴望舒名诗《我用残损的手掌》中的四句。写作此诗时，他逃亡于日寇占据的香港，他的回忆和想象都疯狂地开启着。这几句诗所描写的是他回忆中的家乡情景。"湖"指西湖。望舒小时候的家就在西湖附近，对他来说，西湖是全世界最美的风景，而他念念不忘的，尤其

是最好的季节里的西湖——中间两句加了括号，说明他写的不是当时日寇铁蹄下的杭州，而是他回忆中的杭州。[1]

为了暂时忘却周遭的囹圄，他紧闭双目，让自己的心飞向故乡，沉醉于对故乡的回忆之中；他仿佛看见了苏堤、白堤上的繁花，仿佛闻到了柳枝折断时散发的芬芳，仿佛感到了湖水和荇藻的凉意。他把所有的感官都打开了，它们都沉迷于回忆的快乐之中。这是他的一个重要诗歌观念的体现，即"诗不是某一个官感的享乐，而是全官感或超官感的东西"。[2] 这一观念跟他的许多诗学观念一样，源自法国象征主义，如他翻译过的波德莱尔的《应和》一诗说："香味、颜色和声音都相互呼应。"[3] 波德莱尔在评论雨果的时候，曾引用瑞典神秘主义哲学家斯威登堡的话说："天是一个很伟大的人，一切形式、运动、数、颜色、芳香，在精神上如同在自然上一样，都是有意味的、相互的、交流的、应和的"。[4]

戴望舒的祖籍是南京。他的父亲曾在河北的北戴河火车站工作，所以幼年的望舒曾随父在北戴河待过一段。望舒的母亲虽然出身书香门第，但像封建时代的许多普通女性一样，并没有上学读过多少书；不过，在江南丰厚的民间文化底蕴中，即使是文盲，也能讲述许多文学或历史故事，也能整段整段地唱出雅得不能再雅的戏曲，也能一串串地抛出谜语、歇后语、谚语——童年的望舒在母亲的似乎是无穷无尽的故事讲述中慢慢长大。正是杭州浓郁的文化氛围帮助造就了望舒诗歌中的古典倾向。苏联汉学家契尔卡斯基说："戴望舒生在杭州，那是白居易和苏东坡讴歌咏唱过的地方。西湖秀丽的山水和古塔峰影常使诗人回想过去的时代……所以他不仅热爱法国象征主义，也同样热爱中国古典文学。"[5]

望舒原名叫戴朝寀，字丞。他一生用过许多笔名，尤其是在香港期间；因为那时像他那样具有抗战倾向的文化名人，很受日本宪兵的"关照"；所以他有时发表文章不得不用笔名。

望舒用得比较多的笔名有：戴梦鸥（少年时代模仿鸳鸯蝴蝶派写作时候多用）、戴苕生（在法国留学时多用）、林泉居士（在香港时期多用）等。而以戴望舒一名行世。"望舒"原是"月御"的名字，"月御"是为月神驾驭宝辇的神仙，典出《离骚》："前望舒使先驱兮，后飞廉使奔属。"（"飞廉"就是"风伯"，即风神之名）。后来，"望舒"直接代指月亮；也因此，戴望舒还用过一些与月亮有关的笔名，如"陈御月""戴月""常娥"等。

戴望舒的长相是"似北实南"，或者说"外北内南"，他南人北相，内里还是江南人，但又不是奶油小生，他内心坚韧之勇，不亚于任何匹夫之勇。

好多跟他接触过的人都说，对他的第一印象是：高大魁梧。如冯亦代说，望舒比他自己高了半个头，是个"黑苍苍的彪形大汉"。这简直是施耐庵用来描写李逵的词语。怪不得路易士[6]更加详细而生动地记叙道："他皮肤微黑，五官端正，个子既高，身体又壮；乍看之下，觉得他很像个运动家，却不大像个诗人。"[7]

跟他接触之后，大家都觉得他性情温和，心地仁厚，甚至有着女性的柔婉。如冯亦代描写道："透过近视眼镜，两眼露出柔和的光芒，带些莫名的忧郁，但接着又衷心地微笑起来，没有一般诗人的矜持，而他的双手却又是那么柔软，有点像少女的手似的……"[8] 徐迟则说："望舒的神态十分儒雅，语言音节清脆，像一条透明的小溪。"[9]

望舒的"表里不一"也许导致了或者说暗示着他性格的双重性或者复杂性，以及诗歌风格的两重性或者多样性，即软硬兼具，似软实硬。

望舒家本属小康，又在杭州那样的"天堂"里，他的童年本来应该是天真烂漫的，但他并非无忧无虑；因为他曾害过天花，而且留下了后遗症，长了一脸麻子。他的麻点不大也不深，离远看或在相片上看，几乎没有。所以，纪弦说他"脸上虽然有不少麻点，但并不难看"。不过，这对他的心态有着相当深远的影响，他内心深处为这一小小的生理缺陷有着颇深的自卑情结。他时不时要受到或熟或疏者的或明或暗的讥嘲，有人（包括一些好友）甚至拿它来作为闲聊的笑料、小说的原料。从小就有玩伴不直呼其名，而径直称他为"麻子"。小说家张天翼是望舒的中学同学。1931年12月，张在《北斗》上发表过一篇小说，题为《猪肠子的悲哀》。"猪肠子"是叙述者"我"的中学同学，两人在车站偶遇。"猪肠子"在问候"我"时，说"你还记不记得同学都叫我猪肠子？那时候还有老鼠……你以后看见麻子没有——你看过他的诗么？"[10]

晚年纪弦毫不忌讳地供认自己曾开过望舒这方面的玩笑："'新雅'是上海一家有名的粤菜馆……记得有一次……我们吃了满桌子的东西。结账时，望舒说：'今天我没带钱。谁个子最高谁付账，好不好？'……这当然是指我……我便说：'不对。谁脸上有装饰趣味的谁请客。'大家没学过画，都听不懂，就问我什么叫作'装饰趣味'？杜衡抢着说：'不就是麻子吗！'于是引起哄堂大笑。"[11]

可能正是因为这一自卑情结，戴望舒在表面上显得开朗、和蔼、大度，但他的心结似乎一直没有打开过，一直"带些莫名的忧郁"。[12] 或者如端木蕻良所说："望舒多少是抑郁的。"[13] 也正因此，尽管他渴望爱情，渴望与异性接触；但一旦真的交往起来，他却又显得矜持、羞怯、手足无措，从而很难赢得对方的芳心。如望舒曾狂热地爱过初恋情人、施蛰存的妹妹施绛年。望舒爱得极痴极苦，最终还是没有任何结果。

当然，望舒尽管有其软弱的一面，但他不是弱者。他看起来自由散漫，实质上在暗暗使劲、决不含糊。他一生尽管遭际困苦、心境凄凉；但他还是克服了自卑心理，做了许多工作，著译了很多作品，成为他那个时代最勤勉、最优秀的文化人之一。

第二节 /
小学和中学：旧文学的营垒、新文学的初遇

甃务小学是当时杭州城里教学质量最高的新式小学之一。尽管这所小学收费昂贵，离戴家又有点远——要经过好几条巷子；但1911年望舒8岁时，父亲还是把他送入了甃务小学。校长是个国粹派，强调古文、书法、太极拳等，所以孩子们每日的课程总是念经、临帖、练拳。不过，也亏得有严格的古文训练，望舒在少年时代就有了相当不错的古典文学修养，这使他日后的诗歌创作和学术研究受益匪浅；如果没有这一基础，他恐怕不可能对古典诗词进行创造性的现代转化，也就不可能取得辉煌的成就。

望舒就读的中学叫宗文中学（现为杭州第十中学），在当地很有名。其前身为宗文义塾，创建于1806年，是浙江省办学历史最悠久的中学。1912年改为杭州私立宗文中学校。望舒是1919年考入的。

1919年前后，那是一个风起云涌、新旧对立甚至对决的时代。新文化运动的春风已经吹动了杭州城上空那似乎是平静的云空，一批崭露头角的新文学风云人物曾云聚在西子湖畔，如朱自清、俞平伯、刘延陵、叶圣陶等，都曾在浙江第一师范学校任教。他们带领学生结社、聚会、演讲、办刊，鼓吹科学、民主等新的价值观念。如文学社有"晨光社"和"湖畔诗社"等，刊物有《浙江新潮》《钱江评论》等。新文学的气势可谓欣欣向荣、如火如荼。

但宗文中学却像与世隔绝似的，是个顽固的堡垒，处处与新思潮对垒。尤其以校长为最，他公开明确表示反对白话文，"并且禁止学生看小说"；因为他认为"无论什么小说总是有害的"。[14] 这位校长硬性指定教员们要用古文写教材，教员的教学法也是陈旧不堪——读一遍课文，解释一下字句，根本没有容纳新思想的任何缝隙。旧学作为一种文化基础，是必需的、有益的，但在吸纳新思想、表达新情感方面，却是不够的，甚至还可能成为障碍。

第三节 /
练笔、鸳鸯蝴蝶派的影响、自办杂志

当时在新旧混战的中间地带，有两种半新半旧的文学现象，那就是林纾的文言翻译文学和鸳鸯蝴蝶派的文学创作。

林译在形式上是旧的，但在内容上是新的，所谓"旧瓶装新酒"；而鸳鸯蝴蝶派在形式上是新的，在内容上则是旧的，所谓"新瓶装旧酒"。其实这新、旧不是一个时间概念，而是一个认知概念，其标准不是线性的、绝对的。林译中有许多西方传统的东西，也许是几百年前的，在西方人看来是旧的；但中国人因为不曾看过，所以还觉得是新的。当时的一个逻辑是：外的就是新的，由此推论出：内的就是旧的。一切以有没有看过、是否熟悉来衡量。这样一个主观印象的标准被夸大以后，就变成凡是国外的，哪怕是古希腊古罗马的，也比明清的华夏东西来得新。

在无法接触到全新文学的环境里，宗文中学的学生们只好捧读林译和鸳鸯蝴蝶派作品。这两种不伦不类的东西尽管不如新文学的先进，但比起四书五经来，要先进得多了。它们对年轻一代的影响还算是良性的。

当时，林译外国文学对望舒的影响还是隐性的，而鸳鸯蝴蝶派的影响是显性的。后来，当望舒走到了自由选择的天地里，尤其是当他有能力亲炙外国文学原著之后，他就摆脱了鸳鸯蝴蝶派，而明显、直接地接受了西方影响。林译给了望舒对外国文学的浓厚兴趣的方向，这种方向后来导致了他对外国文学贯穿一生的翻译和介绍，使他自己的诗文创作达到了几乎与世界文学发展相平行的地步，使西方最先进的文学不仅通过他的翻译也通过他的创作影响中国文学，使中国文学在相当程度上能与西方文学对话甚至较量。

林译由于文言的外包装，对于一般读者来说，有过"雅"之嫌；又由于是西方的资源和经验，毕竟像是隔了两层似的，所以只能是阅读的对象。学生们模仿的对象则更倾向于鸳鸯蝴蝶派。这类东西作为通俗读物，受到老百姓广泛的欢迎和消费。对于望舒那样的文学少年来说，这类东西比较好玩，学起来也容易，所以他们写了不少鸳鸯蝴蝶派风格的习作。

　　在望舒周围，尝试文学创作的宗文中学同学还有好几位，包括后来卓然成家、与望舒过从甚密的戴克崇、施蛰存、张元定等。他们都取了鸳鸯蝴蝶味的笔名，如望舒的"梦鸥"、施蛰存的"青萍"，脂粉气都很重。戴克崇与望舒同班，他就是后来因与施蛰存一起编辑《现代》杂志而大名鼎鼎的杜衡；张元定比望舒低一级，他就是后来的小说家张天翼。施蛰存家本在杭州，后来他父亲举家搬到当时属于江苏的松江县（现为上海松江区）去办厂子。1922年夏，他在松江读完中学后，又考回杭州进之江大学读书。也许是出于共同的文学爱好，而且是对共同的文学风格的嗜好，施蛰存很早就与望舒他们成为挚友。

　　鸳鸯蝴蝶派的一个重要特征是结社办杂志。如上海有《礼拜六》《星期》《半月》等，杭州有《妇女旬刊》等，广州有《莺鸣》《诤友》等（与现在北京的同名杂志没有任何瓜葛），苏州有《星》月刊和《星报》三日刊等。望舒他们除了在那类杂志上发表作品外，还自己办刊物。如1922年9月，他们成立了文学团体"兰社"，1923年元旦创办了旬刊《兰友》。望舒任主编，编辑部就设在他家里。几位少年文友凭借着一股子热情，为这份小刊物忙得不亦乐乎。到7月1日，居然出到了第17期。嗣后，《兰友》改成《芳兰》，这一名称的鸳鸯蝴蝶气就更加浓重了。

鸳鸯蝴蝶派对望舒的文学创作的影响是多方面的。

首先是文体的影响，如他那时写的主要是旧体诗词和短篇小说。我们现在所能看到的他中学时代的习作，有三个短篇，即《债》《卖艺童子》和《母爱》，还有一首词《御街行》。后来，自从直接接触到外国文学和新文学后，他几乎不再从事这两种文体的写作。当然，他研究传统诗词、翻译外国小说，而且他的研究和翻译跟他的创作有关，但那毕竟不是创作。这可以表明，在中学时代，望舒的文体自我意识还没有建立起来，即他还没有找准最适合于自己的文体，所以只好选用鸳鸯蝴蝶派文体。

其次是风格的影响。望舒中学时代的一些习作都有很浓的旧文学气息。无论是主题思想还是表现方式，都似乎是鸳鸯蝴蝶派的翻版，主要是言情、幽默、轻松、嘲讽、伤春哀秋、怨天尤人的东西。1920年代，杭州有一份叫《波光》的文艺刊物，望舒的《御街行》就发表在《波光》第2期上，上阕是对"春好"的赞美、对"春将老"的忧虑以及对"春归"的期盼。下阕写"春去"所带来的"愁"。写得清丽、深情、和美。初读之下，感觉还不错，但细思却觉得不过如此，也没有什么别样的况味，是无数同类旧体诗词的复制品而已。1920年代初，上海世界书局出过一本一时颇为走红的通俗文学杂志《红》（*The Scarlet Magazine*），登载有长篇小说、短篇小说、游戏文字等栏目。望舒在第1卷第8期上发表了15则幽默小品，总题为《滑稽问答》，俨然旧戏里的插科打诨，类似于现在大众媒体上的那些脑筋急转弯。如其中有一则是这样的：

问：愚人之口，何以极似酒肆之门？

答：以其常开故也。

还有一则是这样的：

问：世界最小之梁为何？

答：鼻梁。

另有一则是：

问：何物为士人所不需，且永不得有，然为女子所必欲者。

答：夫。

当然，这种游戏笔墨其实也显示了少年望舒的机智以及对世事人生的角度独特的洞察和揭露，而且是对民间智慧（包括狡黠一面）的承继。抗战时期，望舒在沦陷了的香港匿名发表过一些抗战谣曲，用以反抗、嘲讽日寇。研究者都说那是受了西班牙诗人洛尔加的"抗战谣曲"的影响；这没错，望舒的确在那之前翻译过洛尔加的作品。但我们也可以将望舒的谣曲创作追溯到他早年的练笔，或者说那些流淌在他血管里的民间歌谣的旋律。

望舒在《红》杂志上还发表了两个深有寓意的小笑话，题为《红笑》。其中，一个叫《拍卖所中》。某人在拍卖行中丢了钱包，拍卖行老板帮他告示：拾到钱包来还者可获得75元酬谢。有人愿出100元，一会儿竟拍到了1000。最后失主说，钱包里总共只有300。这个笑话是对"贪婪的人心予以犀利的讽刺"。[15]

另一个让人笑不起来的笑话叫《死所》。一胆小鬼问一水手他的父亲、祖父和曾祖父都死在哪里。水手答都死在海里。胆小鬼又问水手何以还要去航海。水手没有正面回答，反问胆小鬼他的祖宗三代死在哪里。胆小鬼答床上。水手有力地讽刺胆小鬼何以还要天天晚上上床睡觉！

这则文本展示了少年望舒男儿志在四方的宏愿。这已经不属于娱乐文字了，而是对人生意义的终极关怀。另外，这些文本显露了他非凡的对位法结构能力，这种叙事模式在他以后的诗歌之中用得极为普遍。他喜欢让对立的两极互相碰撞，挤压出强烈的张力效果，从而让自己的文字去感染甚而去震撼读者。还值得注意的是，望舒在谋篇布局上显示了极强的驾驭能力，这体现在他后来的许多诗歌创作中。望舒几乎所有的诗歌都在行文上脉络清晰，或层层递进，或反复回环，或前后反衬，都有章可循。

望舒把对位结构也用在了中学时代试写的三个短篇小说上了。《债》中佃农的贫病交加与地主的为富不仁，《卖艺童子》中杂技小演员的饥寒交迫与戏班子老板的冷酷无情，《母爱》中母亲的无私奉献与儿子的忘恩负义，都形成了鲜明的对照和强烈的效果。

这几篇小说虽然都很短，但有景物描写，有人物对话，也有故事情节，还有生动感人的细节，甚至有讽刺和反讽、高潮和反高潮等修辞手法。尽管望舒应用这些手法还不太圆熟，但他通过种种文学技巧集中展现了、猛烈鞭挞了社会的黑暗和人性的卑劣。三篇小说都把笔墨凝聚于主人公的死亡，让读者看到了其死亡的原因就是那黑暗的现实和卑劣的人性。这些主人公都是非病即穷，属于底层人物，弱势群体。少年望舒在他们身上寄予了无限的同情，句句含泪，为他们鸣不平。这体现了贯穿望舒一生的人道主义和博爱精神。

所有这些因素在鸳鸯蝴蝶派作品中很少见到。那是"五四"文学革命所提倡的平民文学的积极产物，又例证了人人平等的现代理念，还闪耀着扶贫救弱、疾恶如仇的传统美德。

中学时代的望舒已经有了家国之念。这种超越个人的关怀集中体现在《国破后》一文中。在民国时代，5月9日是国耻日；因为1915年袁世凯在日本武力逼迫下签订了丧权辱国的《二十一条》。望舒沉痛地写道："全国同胞所痛哭流涕的国耻日，在民国十二年的日历上又发现了……如今我们《兰友》在这国耻日来作一个爱国的呼声。"这种与国家共休戚的心态，这种沉痛的笔调，与他后来在日本铁蹄下的香港所写的《狱中题壁》等爱国主义名篇是一脉相承的。

注解：

1. 郑择魁、王文彬：《戴望舒评传》，百花文艺出版社，1987年版，第2页。

2. 原载《现代》第二卷第二期，1932年11月。参见《望舒草》，现代书局，1933年8月版，第113页。

3. 原载《华侨日报·文艺周刊》，1944年5月2日。参见《戴望舒译诗集》，湖南人民出版社，1983年版，第122页。

4. 波德莱尔：《对几位同代人的思考》，见《波德莱尔美学论文选》，郭宏安译，人民文学出版社，1987年9月版，第97页。

5. 契尔卡斯基：《论中国象征派》，见《中国现代文学研究丛刊》，1983年第2期。

6. 即后来台湾"现代诗"派盟主纪弦。

7. 纪弦：《戴望舒二三事》，载《香港文学》，1990年第7期。

8. 冯亦代：《戴望舒在香港》，载《龙套集》，第32页，三联书店，1984年。

9. 徐迟：《江南小镇》，作家出版社，1993年版，第254页。

10. 《张天翼短篇小说集》，文化艺术出版社，1981年版，第127页。

11. 纪弦：《戴望舒二三事》，载《香港文学》1990年第7期。

12. 冯亦代：《戴望舒在香港》，载《龙套集》，第32页，三联书店，1984年。

13. 端木蕻良：《友情的丝——和戴望舒最初的会晤》，载香港《八方》文艺丛刊第5辑，1987年4月。

14. 张天翼：《我的幼年生活》，见《张天翼研究资料》，中国社会科学出版社，1982年版。

15. 陈丙莹：《戴望舒评传》，重庆出版社，1993年11月，第5页。

第二章

洋场情种
——"陌生人在篱边探首"

第一节 /
革命大学里的唯美主义者、偷偷写诗

中学时代望舒的革命倾向已露出端倪；所以，在他快要毕业时，他在报纸上看到上海大学招生的消息，便不再考虑其他已有规模和名声的大学，直接报考了；"上大"当时又称里弄大学，因为它借的是弄堂里的房子，条件艰苦，设备简陋，它甚至连校门和校牌都没有。但"上大"是当时中国最革命的高等学府，有"武黄埔、文上大"之说。它是国共两党第二次合作的产物，创办于1922年秋季。虽然校级领导是国民党元老于右任和邵力子，但他们都是挂名的，实际上，到1923年春，学校转入正轨，正式开始招生时，几乎所有校务都由总务长邓中夏和教务长瞿秋白领衔总管，而邓是中共早期领袖，他在各系配备的领导基本上都是

中共党员，如中文系主任是陈望道（《共产党宣言》的第一位中文译者），社会学系主任则由瞿秋白亲自挂帅。他们聘请的教师也是中共早期的一些骨干分子，如张太雷、恽代英、任弼时、萧楚女、沈雁冰、蒋光慈等。不妨说，"上大"是中共借国民党之名和力创办的最早的"党校"。它为中共培养了一大批干部，他们在新中国成立前后都发挥了重要的作月。

望舒是跟施蛰存一起于1923年秋考入"上大"的。施本在杭州的之江大学念书，但他思想激进，参加了非宗教大同盟，"为校方所不喜，遂自动辍学"。[1]

望舒读的是文学系，但在社会学系旁听。这使他能更多地接触人和事，更多地接受共产党的早期理论家们的言论，也使他的思想变得更加"左倾"。

早期的共产党领袖中，有相当一部分是职业革命家，如邓中夏、恽代英等。他们强调的是行动，而不是宣传，尤其对文艺宣传没什么概念；他们甚至认为文艺只是耍笔杆子，于实际事务和斗争并没有什么功用，甚至会有损于革命行动；所以对文艺是有点排斥和轻视的。如恽代英认为文学是资产阶级的东西，不是无产阶级的；无产阶级要革资产阶级的命，就应该摒弃文学；即不仅要摒弃资产阶级文学，而且要彻底摒弃文学本身；因为据他说无产阶级是不需要诗歌小说这些劳什子的。文学哪怕作为党的宣传工具都不够资格。是否弄文学关系到革命的性质。他认为，写诗作文，哪怕是写作革命的诗文，都不可能进行彻底的无产阶级革命。恽代英基本上没有把文艺看成一片重要的革命思想宣传阵地，所以不是去占领，而是去排斥。这种文学有害于革命的论调使望舒感到苦恼；因为他虽然在思想上认可恽代英等人的很多左派观点，但在表达上却陷入了困境。

望舒在本质上与其说是一个革命青年，还不如说是个文学青年。革命固然可以是他的追求，但文艺是他割舍不下的情结。他想两全其美，将文艺与革命结合起来，在倡导文学革命的同时做个革命文学家，或者说通过文学来革命，让文学承载革命，同时进行文学本身的革命。但在当时"上大"占主流的思想氛围里，他的这种设想显然是不可能实现的；因为按照恽代英的逻辑，要不要文艺的问题被置换成了是不是革命的问题。望舒当然不愿意自己因为从事文学而被他所尊崇的老师们目为反革命的反动分子或非革命的消极分子。

这样的尴尬和矛盾导致了他的文学创作跟革命思想相互脱离。这有两方面的表现，一是他在那一时期乃至在几乎整个青年时期的创作中很少见到革命的内容。二是他的写作跟外在现实生活脱离。正如望舒少年时代的挚友杜衡所说的："那时候，我们差不多把诗当作另一种人生，一种不敢轻易公开于俗世的人生。"[2] 对于"上大"学生望舒他们来说，写诗是"另一种人生"，而且与"这一种"即现世人生没什么关系。望舒一方面狂热地喜欢诗歌，另一方面对诗歌写作的态度又是迟疑、羞涩、暧昧的，仿佛爱上了一个不该爱的人。

望舒那时候的绝大多数作品吟咏的都是他个人内在的情感、情绪，包括大部分的爱情诗，而且他的爱情的对象也不是具体确指的，而是缥缈的、想象的、美化的，实际上，那些"香草美人"只是他的渴望和理想的投射而已。

前面我们说过，由于望舒受到鸳鸯蝴蝶派的影响，由于他所就读的小学和中学都不让学生接触新文学，他在练笔之初写的是旧体诗。那么，望舒到底是何时开始写作新诗的呢？确切的时间恐怕现在谁也搞不清楚。

杜衡与望舒有总角之交。1944年夏天，他在给望舒的第二本诗集《望舒草》写序时，说得很模糊："记得他开始写新诗大概是在一九二二到一九二四那两年之间。"[3] 杜衡说这话时，离1920年才20多年，望舒那时还活着，他俩有交往。杜衡用了"两年"这么一个相对较长的时间段，而且还加上"大概"这样拿不准的模糊概念。现在又已过去大半个世纪了，人非物也不是了，谁还能考证出望舒开始写新诗的确切日期呢？

我们现在之所以无法确知望舒开始写作新诗的日期，还有更深的原因在。望舒在去法国之前写诗都不标明日期，也许是因为他太关注文学和文本，而不看重作品的历史性和史料性，也许他认为，艺术是永恒的，所以根本不用理会年月日这些人工的时间切片的标举法。对于纯粹的文学来说，日期是一个太外在的因素，或者说，正是文本需要克服、超越或穿透的物质性、障碍性因素，标举时间、依赖时代的写作是短命的、软弱的、不自信的，在似乎具有强烈历史感的表面下恰恰表露了历史感的阙如，因为历史远远不止一些懒惰、机械而虚浮的日期。

第二个深层原因是：1920年代初，望舒开始写诗的那几年里，他根本没想着要发表，甚至于不太给文朋诗友们看，即使让人看了也马上收回，以至于"他厌恶别人当面翻阅他的诗集，让人把自己的作品拿到大庭广众中去宣读，更是办不到"。[4] 直到1926年，他跟施蛰存、杜衡共同创办《璎珞》杂志开始，他才陆续发表作品，包括那些旧作；他的有些诗的发表时间和创作时间相差好几年，我们能找到发表时间，但还是不能以此来推断创作时间。我们只能从美学风格和文本形态上来对望舒的诗作进行大致的分期，好在他各个时期的风格特征都比较明显，相互之间的变异也比较大。我们对他的创作的分期还比较有把握——当然，离十分的把握差得还很远。因为除了那些为变而变或变着玩的，极少有诗人前期的风格和后期的风格截然不同，而且即使在自觉或不自觉的变化之后，也时不时有反复，即在后期可能写出风格与前期类似的篇什。

第二节 /

象征主义创作的端倪、翻译浪漫派小说、同时加入共青团与国民党、被逮捕

1925年5月30日，上海爆发震惊中外的"五卅惨案"，旋即工人罢工，学生罢课，市民罢市；由恽代英负责的上海学联是"五卅"运动的公开领导机构之一，[5]上海大学在这一革命行动中充当了领头羊的作用，因此在秋后算账时也就成了重灾区，被勒令停办检查。望舒在"上大"的学习生涯就此中断。

那年望舒才20岁，他还想继续读书，尤其想出国留学。当时天主教耶稣会在上海办有震旦学院（1928年改称震旦大学），学校设有法文特别班。学生在那儿学一年法文，有条件的就可以赴法留学；一时出不了洋的，可以在一年后升入本科班学习。望舒到底是哪一年考入震旦学院

法文特别班的呢？

1984年，施蛰存在回忆文章中说："1924年秋到1925年夏，戴望舒在震旦大学特别班读法文。"又说："1925年秋……望舒……升入震旦大学法科一年级。"[6] 罗大冈也认为是1924年，不过，他的语气不是那么肯定，他说："我和他都是在上海震旦大学'特别班'开始学习法语的，我们是前后同学。我是1927年暑假后考上'特别班'的，戴望舒大约1924年考入'特别班'。"[7]

1993年，香港三联书店与人民文学出版社联合出版了由施蛰存和应国靖合编的《戴望舒选集》，里面附了一张由应国靖执笔的《戴望舒年表》，说望舒不是1924年而是1925年进的特别班，1926年才升入法文科一年级的。那本选集是施、应合编的，所以他俩那段时间频频接触，施肯定看过那个年表，也就是说对于自己早几年前回忆中的失误的修正，施是认可的。其实，早在1987年1月出的《戴望舒评传》中，王文彬、郑择魁就说："一九二五年……六月四日，上海大学被帝国主义查封……戴望舒只得转到震旦大学法文班学习。"[8] 陈丙莹在他1993年出的《戴望舒评传》中也明确说："1925年秋戴望舒转至震旦大学特别班学习法文……1926年夏……戴则升入震旦法科一年级。"[9]

法文特别班每年只招收二三十人，由一位叫樊国栋的法国神甫全权负责学生们的学习和生活。这位神甫的教学法很特别，而教学风格又极为严厉。他每天上午上两堂课，第一堂课复习前一天的课文，第二堂课教新的。他要求学生当堂背诵前一天的课文，把背不出来的学生驱逐出教室。学生在草地上死劲地背，如果自以为背会了，可以进教室再背；

如果再背不出来，还得出去，直到背出来为止。今天背不出来的，明天还得背，而且是新、旧一起背。学生除了每天对课文死记硬背，每周还要默写一篇历史类或哲学类的长文。自习期间，如果学生在教室里不认真学习，他就会敲打窗户警告；休息期间，如果学生还在教室里用功，则会被他赶到室外去休息。这种教学法跟中国古代私塾老师的差不多。作为给儿童发蒙，再加上塾师铁板的面孔和冷硬的戒尺，未免过于苛刻了；但对于青年来说，它是有效的，它能使学生又快又牢地掌握所学内容。望舒只学了一年，就能熟练地阅读并写作法文，应归功于这种教学法，当然更归功于他的语言学习的天赋。

本来，拿着震旦特别班的结业证书，望舒就可以去巴黎大学旁听，但1926年夏季，当他拿到结业证书时，他父亲却一时凑不出供他留学的费用。

樊神甫的语言教学法成功了，但文学却得靠望舒自己；因为樊神甫在文学上是个保守分子，对法国当代的象征主义和后期象征主义持排斥态度。他在课堂上教的还是浪漫主义的东西，如雨果、拉马丁、缪塞等已经被学院认可的经典化了的作品。不过，望舒当时已经有了自己喜好的方向和选择的能力，正如施蛰存所说的："一切文学作品越是被禁止的，青年人就越要千方百计地找来看。望舒在神甫的课堂上读拉马丁、缪塞，在枕下却埋藏着魏尔伦和波特莱尔。他终于抛开了浪漫派，倾向了象征派。但是，魏尔伦和波特莱尔对他也没有多久的吸引力，他最后还是选中了果尔蒙、耶麦等后期象征派。"[10] 可以想见，当时望舒追逐世界最先进文学的迫切心情。从客观上来说，后期象征派未必是最好的，而从主观上来说，也未必是最适合于他的；但那是最"时尚的"，故而成了望舒的最爱，这是整个二十世纪以来（直到现在）许多中国青年作家的努力方向。

年轻人出于好奇和好变的心理，在喜好和学习方面往往东一榔头、西一榔头，或虎头蛇尾。青年望舒在写作上一直保持着强烈的变革心理和追新倾向，可以说是个文学时尚主义者。他用了短短一年时间就赶过了法国从浪漫主义到象征主义到后期象征主义约一百年间的文学风尚嬗变史。其实，他也未必像猴子捡苞谷似的，捡了前面的，就丢了后面的；在他研读耶麦时，并没有忘记波德莱尔，甚至没有真的抛开浪漫派。

1982年3月10日，施蛰存在为《戴望舒译诗集》写序，一开头就说："戴望舒的译外国诗，和他的创作新诗，几乎是同时开始。"[11] 施蛰存的有些回忆和结论都不够严密、谨慎、可靠。这个说法也有问题。我们固然可以说"望舒译诗的过程，正是他创作诗的过程"。[12] 但我们并不能因此而将两个过程理解为完全同步，即望舒在写诗过程中一直在译诗，写、译也确实关系紧密，相互影响，也不能因此过分强调两者之间的关系并绝对化。因为这会影响到我们对望舒诗歌创作的整体把握和评价，有将他的创作误认为是西方诗歌影响下的产物，以为中国传统诗歌和本土现实经验对他并不构成生成性因素，或者认为这两个因素不起什么作用，或者认为它们只起到非常次要的作用。实际上，望舒在他那个时代是把中国古典诗艺跟西方最新诗艺结合得最好的现代诗人之一，而且他善于处理的是亲身遭遇的现实，包括现时的心理体验和反应。正是因为有这"三结合"，才使望舒的创作显得艰难而量小，如果是拙劣的仿制，则一天就可以制造出一批来。也正是由于这"三结合",才使望舒的诗作虽少而精,并使他就凭那些少而精的作品,奠定了在中国新诗史上的显赫地位。

从史实而言,前面我们说过望舒开始创作新诗的时间说早的话,可能在中学时代之末;说晚的话,是在"上大"期间,不会下延到震旦时期。也就是说,他开始写诗还是要早于译诗。关于他的写诗,由于他的诗作基本都结集出版了,所以我会在有关各部诗集的专节里加以评介;我将对他的翻译方面的情况跟他的人生经历结合在一起谈,中间会穿插译作对他的创作的影响情况。我不想证明他的创作是译作的一一对应的产物。

现在我们看到的望舒最早的译诗是他在震旦读书期间完成的,具体时间已不可考,篇目是雨果的《良心》;知情的施蛰存说:"那恐怕是他留存的一首最早的译作。"[13] "恐怕"一词的意思是,望舒可能还有其他更早或同时的译诗,只不过亡佚了。《良心》在雨果诗歌中不算是一首非常出色的、重要的作品,但它取材于《圣经》,所以樊神甫可能专门给学生们讲过。我们不妨把它看成是望舒在学生时代的试笔,而不是他自己的喜好和选择,他自己恐怕也未必看重这首诗和这回的翻译,所以直到1948年,他才在《文讯月刊》第8卷第21期上把它发表出来。

望舒在震旦的两年里,创作和翻译都不多。其中有些发表于他和施蛰存、杜衡一起自费创办的小型刊物《璎珞》。这本刊名具有唯美主义倾向的小刊物初创于1926年3月17日,到4月17日就停刊了,一共才出了4期。刊物上所有的稿件都是他们自己的著译。

望舒在《璎珞》上发表的诗作主要是散文诗《凝泪出门》《流浪人之夜歌》《可知》《夜莺》（第1期，用笔名"信芳"）等，还有他翻译的诗歌《瓦上长天》《泪珠飘落萦心曲》，另有评论长文《读〈仙河集〉》。

这两首译作都是魏尔伦的，魏尔伦是法国象征主义的主将之一，作品以音乐性见长，音调中饱含情调，主要表现内心深处微妙、缥缈而转瞬即逝的感受，一度曾被奉为"法国诗歌之王"。魏尔伦的作品在法语中确实具有令人迷醉的音色和神韵，但那是表音文字擅长的领域，用象形表意的汉语翻译出来，效果会大打折扣。至今为止，魏尔伦诗歌的汉译还没有真正成功的，从某种程度上来说，不可能成功。望舒用民间小曲的形式来译魏尔伦，但措辞则像宋词小令，而且用的是文言文。如《瓦上长天》：

瓦上长天
柔复青！
瓦上高树
摇娉婷。

望舒后来的诗歌翻译是典型的诗人译诗，首先他译的都是他所喜欢的、合乎他自己口味的诗人的作品，随着不同时期他的美学口味的变化，他的翻译对象也会有所不同。如魏尔伦是他早年最青睐的诗人，后来他转向果尔蒙，再后来是洛尔加等。翻译家的翻译在很多时候是别人约的，哪怕是自己选的，也未必跟心灵相互契合；望舒一生也应约译过一些足以安身而不可立命的东西；但他的诗歌翻译则完全是他自我的一种折射。这就引起了作为诗人的望舒的诗歌翻译的一个问题。即他在翻译不同诗人的作品时，会因压不住自己的才情而时时留下自己的创作风格的印记。望舒之译魏尔伦，跟他早年的诗风如出一辙。所以我一向不同意望舒是西方现代诗歌亦步亦趋的追随者的说法，他在翻译西方诗人并受他们的影响时，尚且在内化并同化他们，更不用说在他自己的创作中是如何任意取用、拿捏了；当然这其中他借了传统诗歌的力量。卞之琳曾说，魏尔伦之所以对望舒有那么大的吸引力，是"因为这位外国人诗作的亲切和含蓄的特点，恰合中国旧诗词的主要传统"。[14] 郑择魁、王文彬也有类似的说法："起初，他通过魏尔伦对象征派诗艺的吸收倒转过来融化于中国旧诗风之中，侧重于对中国古典诗歌的继承。这种情况反映在他的译品中最为显著。"[15] 望舒对他者的吸收从来不是单向的受，而是双向的"受""授"；通过翻译，他使翻译对象受了他的影响而淡化了一些特征；作为诗人的翻译家，望舒的主观力是很大的，他不会轻易为任何一种外来的因素所左右。

中国青年出版社出的《戴望舒全集》散文卷中没有收入《读〈仙河集〉》一文。其实这篇翻译评论在望舒早年的写作中是用力较多也比较重要的。《仙河集》是李思纯翻译的一部法语诗集，副标题是"法兰西诗选译小集"，内收廿四家诗人的七十首诗，其中有十首选自波德莱尔的《恶之花》。李曾就读于巴黎大学文科，1925年归国任学术重镇东南大学历史系教授，与"东大"西洋文学系教授吴宓过从甚密，所以李的翻译1925年11月发表于吴宓主持的《学衡》第47期。李在当时的法语界也算是一权威人物。但望舒拿李的翻译跟原文对读，发现错误连篇，他以相当不错的中法文修养加上年轻人的胆量，对李的翻译做了细致而可信的探讨，也有切实而严格的批评。一个小人物对一个大人物的批评文章自然发表不出来。一气之下，望舒跟朋友们自费办起了《璎珞》，以传出自己的声音。也许，最值得称道的是，望舒这种不迷信权威和敢于叫板的心性。《读〈仙河集〉》虽然是小人物在小刊物上发表的小文章，但它的影响却不小。据说李思纯看到此文后，几乎再也没有发表过译诗。[16]

望舒在《璎珞》上还发表了他翻译的《少女之誓》。望舒最初译的诗是浪漫主义巨擘雨果的《良心》，最初译的小说就是浪漫主义小说名家夏多布里昂的《少女之誓》。

望舒是何时翻译《少女之誓》的呢？《少女之誓》由开明书店出版于1928年9月，在《译者题记》的最后，望舒说："这本译文在我书堆中已搁置了整整的三年了。"就算这题记是他于这年9月赶写的（以1920年代的出版速度，不可能那么快），三年之前，也应该是1925年9月，甚至更早些，如1924年的某个时候。但无论是1924年还是1925年都不可能。望舒是在1925年夏进震旦大学开始学习法语的，在此之前，他怎么可能译法语文学作品呢？哪怕是1925年9月也不太可能。因为即使望舒确实是语言天才，而樊神甫也确实是良师，他又怎么能在学了三五个月后，就翻译文学作品，况且是夏多布里昂那样的颇为复杂难弄的作品呢？——那可不是只有几百字的微型作品！

郑择魁、王文彬在他们出版于1987年的《戴望舒评传》中说望舒"隐居在松江施蛰存的家中……翻译了夏多布里昂的《少女之誓》。[17] 1995年，王文彬在其独立完成的《戴望舒与穆丽娟》一书中，说得更加具体："同年（指1927年）秋冬之交……望舒他们……开始文学工场的工作。在最初几个月，望舒翻译了夏多布里昂的《少女之誓》。"[18] 这么说来，望舒是在1927年底或1928年初，译出《少女之誓》的。望舒在1927年4月12日，即蒋介石发动"四·一二"反革命政变之后回到杭州待了几个月，和杜衡一起到松江施蛰存家中。陈丙莹也有类似的说法："'四·一二'之后……戴望舒……与杜衡就迁居到松江……短短的时间里，望舒译出了法国夏多布里昂的《少女之誓》。"[19] 这似乎成了定论，即望舒翻译《少女之誓》的时间是在1927、1928年之交，地点是在松江施家。

在这个问题上，我们只能说望舒自己记忆有误。望舒是学外语的，晚年又写过关于古典作品的考证文章；这两方面的事情都需要有很强的记忆力，可是为什么那时他那么年轻（才23岁），事情才过去一年左右，他就记不清楚了呢？笔者揣摩，其中原因有二。这第一个原因是，他在松江乡下，尽管有文学，有好友，还有美女（当时望舒正在追求施蛰存的漂亮妹妹），但他还是觉得日子过得太慢、太闷，不说度日如年，也是度日如月。他已经大学都毕业了，怎么能老在朋友家"寄居"呢？要么出去工作，要么继续上学，他得有所决断，有所行动。正是出于这种纷乱、急切的心态，他把一年感受为三年了。

这第二个原因是，"三年"乃虚指，自从《诗经》以来，"三秋""三年"都可以是虚指，只表示时间（心理感受中的时间）长而已矣。望舒写诗不求发表，不求马上发表，但他希望译作能尽快发表，而等待，尤其是对于身处逆境、性子急躁的青年望舒来说，哪怕一时一刻，都是漫长的；而对于追求永恒价值的诗人望舒来说，他可能并不关心钟表刻度上所表现出来的时间，甚至不关心自己对时间的记忆；与永恒的诗艺相比，一天跟一个世纪有多大差别呢？所以望舒在时间表述只说了个大概。

望舒虽然没有将自己的创作跟革命结合起来；但革命影响了他的思维和人生。首先是他的诗歌本身在美学上具有革命意义，其次是他把没有放入文字的革命激情放在了行动之中。

《璎珞》短命夭折之后，没过多久，经"上大"一老同学介绍，望舒、杜衡、施蛰存这上海文坛的"三驾马车"加入了共青团，望舒还担任了团支部的负责人。他们的政治诉求一发而不可收。入团之后又入了党，但是入的不是共产党，而是国民党。

当时上海国民党有两派，一右一左。左派党员大多数是共产党员或共青团员。望舒他们入的就是左派，是所谓的"跨党分子"。在三人入党之事上，望舒显得最积极，这事是他张罗的。当时上海处于军阀孙传芳的残暴统治之下，无论共产党还是国民党，无论国民党左派还是右派，都是"匪徒"，都在"应予逮捕"之列。[20]

望舒他们选择在当时入党是很危险的。

"文坛三剑客"[21]同住一个宿舍，一同参加秘密活动。他们与党部的联系，靠的是一个地下交通员。此人行踪诡秘，来去无痕。他会突然之间出现在他们的寝室门口，留下一个通知、一份简报或一叠传单，然后迅速消失。望舒他们都不知他姓甚名谁。他们三人一般选择晚上八九点钟出去散发传单；"一个人走在前，留神有没有巡捕走来。一个人走在后面，提防后面有人跟踪。走在中间的便从口袋里抽出预先摺小的传单，塞入每家大门上的信箱里，或门缝里。有时到小店里去买一盒火柴、一包纸烟，随手塞一张传单在柜台底下。"22

由于望舒他们频繁的革命活动，终于被逮捕了。1926年阴历年底的一天，望舒和杜衡去一个团小组所在地，发现屋子里没有人，只有满地乱糟糟的纸张。他们心中暗叫大事不好，正准备开溜，被守候在后门口的便衣抓了个正着。他们被戴上手铐，押送到了巡捕房，并被连夜提审。一个法国警官问他们是不是共产党。望舒说不是。警官又问他们为何到那所房子里去。望舒急中生智，用上了他善于编故事的才华，说去年有一同乡住在那一带，好久没见了，想去看看，也许是走错了路。

警官半信半疑，命令他俩把衣服脱掉，搜身一遍，没发现任何疑物，又把他俩吊在一个架子上，进行拷问。他俩坚决说自己不是共产党。此时，已经是深夜，两人被送入一个黑咕隆咚的大房间，里面闹哄哄的，有好多人睡在长凳上；他俩也各自找了一条长凳，睡下。这是望舒平生第一次被"监禁"。

第二天早上，望舒写了张纸条，给看管他们的牢头，告诉他将纸条送到震旦同学陈某家，便可得五个大洋的赏钱。那禁子被重赏所驱使，很快就把纸条送到了陈家；陈的父亲是当时法租界中法会审公堂的法官，号称陈大老爷。陈大老爷立即给巡捕房打电话，说望舒和杜衡是他公子的同学好友，绝对不是共产党。他愿意以本人名义担保。于是两人得到开释。巡捕房还给他俩一人吃了一碗面条。两人一开始担心一吃面条又要被严刑逼供，所以不敢动筷子。后来，实在饿得受不了了，横下心来，吃了再说。早餐后，两人回到睡凳上，呆坐到下午，有人来让他们在一份文件上签名、按手印，然后用小车把他俩送到了陈家。

1927年4月12日，国民革命军刚刚在上海控制局面，蒋介石就掀起反共大潮，宣布取缔所有与共产党有关的组织，到处抓人。帝国主义列强公然声称支持蒋介石的"革命行动"，所以连震旦大学这样的教会学校里，都贴满了反共标语，形势十分严峻、恐怖。望舒他们"觉得不能再在上海耽下去。于是做出散伙的计划，卖掉家具什物，付清房租"。[23] 施蛰存回松江，望舒和杜衡回杭州。

在上海那样的乱世中的乱世，望舒就这样草草结束了学业。在"上大"和震旦这几年里，他与纯粹的学生不一样。他不仅学到了语言技能、文学知识，而且接受了革命思潮，反对黑暗、追求光明，积极改造社会等共产主义思想成了他主要的政治诉求。

第三节 /
办杂志、开书店

回到杭州后，望舒和杜衡在"穷极无聊"[24] 中度过了几个月。杭州的反共恐怖气氛不亚于上海。他们时时感到身边埋着定时炸弹。于是，他们考虑再三，决定到施蛰存所在的松江乡下去。那儿比较安宁、安全，朋友们在一起，也可以相互慰藉、打气和切磋，共同做点事。

他们确实全身心投入到了自己感兴趣的事业之中——进行文学创

作和翻译，大部分时间用于翻译外国文学。[25] 他们管他们所住的施家小楼称作"文学工场"，意思是说他们甘愿像劳工一样从事文学，或者说为文学服苦役。他们把内心的焦虑和痛苦转化成了工作的热情和勤勉，仿佛在工作中，忘记了以往的不快和现实的无奈。他们确实干得很卖力，很过瘾。而且效率很高，望舒很快就译出了夏多布里昂的两部小说《阿达拉》和《勒内》。其中《阿达拉》被誉为法国第一部浪漫主义小说，《勒内》里的主人公勒内则成为"世纪病"忧郁的代名词。

1928年，开明书店将这两部作品合在一起加以出版；不过，书名叫《少女之誓》。为什么要取这么一个魅惑读者的名字呢？原来，这书名既不是夏多布里昂取的，也不是望舒取的，而是日译本的题名。提议借用这个题名的是精通日语的冯雪峰。望舒翻译完后，曾拿英文本校对过，还想请冯用日译本校读；冯没有答应，说日译本是从德译本转译的，他认为日译本只有题名可取。[26] 当然日译本的题名倒是符合小说的内容。《阿达拉》的故事发生在北美未开化的森林区。阿达拉是一个印第安部落酋长的女儿，自幼发下终身不嫁的毒誓，却最终抵挡不住爱情，将被俘的敌对部落青年沙克达斯从死亡威胁下救出，一起逃亡。阿达拉最后毁于激情与誓言的冲突之中。所谓"少女之誓"指的就是阿达拉之誓的立与破。

一开始没有出版商愿意出望舒的译本。冯雪峰是个社交颇广的热心人，主动请缨，帮望舒联系出版事宜。一开始他找王鲁彦帮忙，因为王跟人间书局的关系比较密切。鲁彦的答复是："如能改为《少女之誓》这书名，他们决会要，可先拿到一部分钱，此种改书名，实不大好……

我想如果为钱，则改书名，并改译者名亦可。"[27]大众的接受心理总是倾向于小情调、小热闹以及那些跟女人隐秘的心理和生理有关的一切，甚至打"性"的擦边球，那样的阅读心理是一种窥阴癖。

1929年，世界书局还打算出一套大型的专门以爱为主题的丛书，叫"唯爱丛书"，可谓这类红男绿女阅读心理的登峰造极，以至于惊动了鲁迅，受到了他老人家的奚落。他在1929年4月7日给韦素园的信中说："上海去年嚷了一阵革命文学，由我看来，那些作品，其实都是小资产阶级观念的产物，有些则简直是军阀脑子。今年大约要嚷恋爱文学了，已有'唯爱丛书'和《爱经》预告出现"。[28]鲁迅说的预告指的是，1929年3月23日《申报》刊载的关于《爱经》的出版广告："罗马沃维提乌思作，戴望舒译，水沫书店刊行"；以及次日的关于"唯爱丛书"的广告："世界书店发行，唯爱社出版，已出二十种。"论者以为："'唯爱丛书'自然是无聊之作，鲁迅一时疏忽竟把两者相提并论，误作一路货色了。"[29]大概博学的鲁迅当时并不知道罗马的沃维提乌思是何许人也。事隔三年后，冯雪峰要编作家书信集，鲁迅则委托翻译家、西方文学专家李霁野向各路友好索回信件并选择"内容关系较大者"寄给冯雪峰。[30]李弄到了鲁迅给韦素园的那封信，并建议鲁迅删掉"和《爱经》"，以免眉毛胡子一把抓，倒掉脏水时也泼掉了婴儿。鲁迅深以为然，所以在1932年7月2日给李的信中明确说："'和《爱经》'三字，已经删掉了。"[31]从而使望舒免受了牵连。

甚至施蛰存，后来也曾劝望舒媚俗。1932年11月18日，施蛰存在给望舒的信中，也对望舒有过类似的关于书名的劝导："洪雪帆至今还主张一部稿子拿到手，先问题名。故你以后如有译稿应将题名改好，如《相思》《恋爱》等字最好也。"[32] 从这段文字的主旨和笔调来看，施当时走的是大众化、商业化的路子。他们要挣钱，就得卖文稿，而且要卖给大众，而对于那些生活在浮华中的上海市民来说，有什么字眼比《相思》《恋爱》等俗艳而轻倩的字眼更吸引眼球的呢？

望舒本来没有那么俗的想法和做法，但经不住挚友的规劝和开导，为了解决生计问题，他同意改用《少女之誓》的题名；不过，不知是由于什么原因，人间书局没有承印，而最终改由开明书局出版。

望舒每翻译一部作品，几乎都要写一篇序。在《少女之誓》的译序中，他主要讲了夏多布里昂在文学史上的地位，说夏氏不仅影响了法国还影响了英国的同辈和稍后的作家，如雨果、拜伦等。望舒还讲了他自己对这两部作品的一些感想。如他说《阿达拉》"是一本充满了诗的情调，热情的火焰和不能慰藉的沉哀的书"。[33] 其实《勒内》的情调更是由热情而归于沉哀，主人公勒内自幼失去双亲，与姐姐阿梅利相依为命。阿梅利却在姐弟之间产生了非分的情感，无法自拔，最后走进修道院，在修行与祭献中熬过一生。

在松江待了几个月后，"望舒对这样孤寂的隐居生活感到有点厌烦"。[34] 大约在1927年7~8月间，他决定到北京去看看是否能进北京大学或中法大学继续他的学业。本来，他要施蛰存和杜衡跟他一起去；但施因为工作忙走不开，杜则一心想回杭州去，所以对北上没有任何兴趣；望舒只好独闯旧京。

这是望舒第一次进北京，人生地不熟，刚开始只能在一家小旅馆

　　　　　　　　　　　　　　　　　　　　让灯守着我：戴望舒传

里住下，瞎玩了几天；不过，很快地，他就认识了当时新起的一些文学青年，如姚蓬子、冯至、沈从文、胡也频等。胡也频当时已跟丁玲成为伴侣，丁玲那时还叫丁冰之，是望舒在上海大学时的同学。上学时，湘妹子丁玲是美女，性格泼辣，又弄革命文艺，所以非常活跃，男同学几乎没有不认识她的。但上学期间，望舒与丁玲交往并不多。丁玲把望舒介绍给了胡也频，但他跟胡也频后来没有加深友谊。倒是与胡也频同属左翼阵营的雪峰颇得望舒好感，很快两人就成了挚友。望舒一直在寻求新的思想来刺激、鼓舞、提升自己。雪峰当时已是中共党员，熟悉马克思主义理论这一当时最吸引年轻人的新思潮。望舒从雪峰身上找到了人生和社会的一种新的可能，所以两人相谈甚洽。

望舒在"上大"和震旦学习期间觉得大学生要么太谨慎，要么太折腾；这两样都跟他的性格相去甚远。从而使他对大学生活兴趣淡薄。此次进京，说是想求学，其实主要是想结交些文朋诗友，开阔些视野，散散心，顺便看看是否有学可上、有事可做。以他走马灯似的观察，他对北京的大学教育和文化氛围似乎挺失望的。他当时已经有了文学的功底，已经掌握了外语，他觉得自己已经有足够的资本从事创作和翻译，没必要再去混文凭、弄学位。

因此，望舒在北京待了两个月后，心散得差不多了，该见的人也见了；他决定回南方，继续做事。他先回杭州自己家，但身边没有一起做事的好友；于是他只在家里待了几天，就又去了松江。

回南方后，望舒与雪峰一直保持着通信联系。1927年底或1928年初，雪峰忽然来信称要马上回南方，还说他有个相好要跟他一起走；那相好是个窑姐儿（妓女），得先给她赎身；所以现在急需一笔钱，他只好向望舒他们求救。望舒感到事情很蹊跷，因为他不久前在北京时，根本没听雪峰说起逛窑子的事，怎么一下子冒出来一个窑姐的故事呢？不过，大家毕竟都接受过现代风尚的洗礼，同是追慕罗曼蒂克的年轻人；望舒他们觉得这事挺好玩的，都愿意真有其事，还把那被逼为娼、决心从良的女孩子想成茶花女一类可爱而痴情的主儿。于是三人立即凑足400元钱，汇往北京。雪峰好久没有回信，大伙儿又心生疑虑，怕那窑姐跟一般图财的妓女似的，卷款逃了，弄得雪峰被骗情骗钱，无颜见江东父老，甚至可能会有个三长两短呢！

正焦虑间，雪峰终于来信，而信是从上海寄出的，说他已到上海四五天了；由于行李又多又重，希望望舒去接他到松江。细心而周到的施蛰存还专门叮嘱望舒，如果雪峰真地带了女眷，则马上通知他，他好在家中另置床铺；因为在他那个乡下封建家庭里，是不可能让未婚男女同居的。

望舒把雪峰接到松江，施和杜感到惊讶，这倒不是因为他俩与雪峰第一次见面——他们通过望舒与雪峰神交已久；而是因为雪峰身边没有任何红袖相伴。

原来雪峰是因被通缉而匆匆逃离北平的。1928年初，北平警察局在北新书局抄到了雪峰的一部译稿，那扉页上有献词："这本译书献给为共产主义而牺牲的人们。"为了帮助另外几个受到牵连的朋友一起离开北京，他才向望舒他们借钱的。

松江期间，四位文学兄弟笔耕不辍。雪峰和望舒每两周要去一趟上海市区，或买书，或销"货"。他们买的一般是刚在国外出版不久的、直接出现在上海各个书店里的新书，所谓销"货"，就是把他们的著译卖给出版商。

当时的许多文人都想自己办杂志、开书店，一方面是为了扩大自己的影响，拥有自己的阵地；另一方面是为了多挣点钱，因为买书所得钱款的大部分都落入了书商的腰包。他们觉得自己被书商剥削了。

自从《璎珞》停办后，望舒他们一直想做一本新的完全合乎自己口味的同人刊物。光华书局印行了他们的一些书后，同意为他们印制一本小型的刊物，专门发表他们四人的创作和翻译，叫《文学工场》这么一个具有普罗味道的名字，它是他们大伙儿费了两天才商酌而定的。用施蛰存的话来说是"很时髦，很有革命味儿"。[35] 他们很快就把第1期文稿编定，书局很快印出了清样；但书局老板一看，就打起了退堂鼓，因为他觉得有的文章内容太激进、语调太激烈，他怕惹恼当局而毁了书局。他立即写信通知望舒他们，这事就此黄了。本来，望舒和雪峰还想做最后一次努力，去说服书局老板；但没有任何转机，两人只好取了纸版悻悻而回。雪峰愤怒地说："混蛋，统统排好了，老板才看内容，说是太左倾了，不敢印行，全副纸版送给了我们！"[36]

后来，纸版毁于日军的炮火，现在看不到了。好在施蛰存在早年写的一篇散文中，将创刊号和第2期的篇目记了下来。其中创刊号上有望舒的诗作《断指》，第2期上则有《放火的人们》，都署名江近思；仅就这两篇作品，确实具有革命的火药味。

在震旦读书时，望舒有两个要好的同学。其中一位就是刘呐鸥，当时叫刘灿波，另有笔名洛生等。此人自称是福建人，实际上是台湾人。他长于日本，并曾在日本著名的庆应大学念书。直到1925年大学毕业刘呐鸥才回国，所以他讲一口标准的东京日语，但国语却磕磕巴巴，夹杂着许多闽南方音。望舒一开始有关日本文学的知识都是从他那儿得到的。

刘呐鸥于1926年震旦结业后，便回了台湾，与望舒断了联系。1928年夏初，他突然返回上海。他是携带了巨款来的。他租了一座小洋楼，因为家眷还没来，所以请望舒去"填房"，并一起从事文学活动。但一开始大家都不知道从何做起。有一段时间，他们每天上午在屋里看书、作文、译书或聊天，午饭后睡一觉，下午三点去游泳，晚饭后，先去看电影，再进舞场，至半夜才回家。[37]

后来，刘呐鸥决心从出书做起，他拿出了几千元钱，自任老板兼会计，要望舒他们负责编辑和发行。由于《文学工场》那本文学刊物的夭折，而他们办杂志之心又未死，所以决定再弄一本小型文学杂志，叫《无轨列车》，这名字是刘自己取的，很有现代气息和都市气质，而刘的本意是"刊物的方向内容没有一定的轨道"。[38]随后，为了销售这份刊物，刘又在北四川路租了一所临街的店面房，开设了一家书店，店名也是刘自己取的，叫第一线书店。他还亲自用美术字写了块大招牌，挂在二楼的阳台外面，书店只有一间房子，开业时出卖的只有《无轨列车》创刊号。为了卖一本私印的小型文学半月刊，居然办了一个书店，可见刘挥金如土的气魄。

《无轨列车》一开始确实没有什么轨道和方向，但在冯雪峰的运作和影响下，还是驶上了革命的轨道。如在第1期上，画室（冯当时的笔名）发表了自己翻译的描写俄国革命的《大都会》。第3期推出了巴比塞的《高尔基访问记》一文，还配了高的相片；第4期则刊登了杜衡的反映工人罢工的小说《机器沉默的时候》；第4期至第5期连载了施蛰存的革命小说《追》；第5期还有一篇介绍苏联文学的论文，题为《"庄慈尼错"结社及其诗》，是一个日本学者写的，雪峰自己翻译的；第7期登载了杜衡的另一篇有关工潮的小说《黑寡妇街》。

雪峰对革命文学的热忱和忠贞不仅表现在他自己的写作和翻译上，还表现在他对望舒他们几个本来只想以弄文学为乐事的青年的影响上。当然，望舒他们更加关注的可能还是文学革命。他们认为，中国文学需要不断的变革和创新，才能有出路。而文学革命的契机和方式就是引进国外先进的文学思潮和风格。所以当时在为《无轨列车》刊登的广告词中，他们表达了对外国文艺新潮的不倦而全面的追逐心理，这样的新潮主要包括新俄（即苏联）文学、日本新感觉主义、欧洲现代派等所谓的"世界新兴艺术"。其中新俄文学侧重于革命内容，而不是文学本身；后两者则属于文学革命范畴，他们译介得特别起劲。如第1期至第2期连载了徐霞村翻译的《哇莱荔的诗》，"哇莱荔"就是法国后期象征主义诗歌大师瓦雷里。第4期推出了另一位法国作家保尔·穆杭的专号，有望舒译的穆杭的两篇小说《懒惰病》及《新朋友们》，还有刘呐鸥译的克雷米厄写的《保尔·穆杭论》。第5期发表了望舒译的法国后期象征主义诗人保尔·福尔的诗作《我有些小小的青花》。第7期有日本新感觉派作家片冈铁兵的《一个经验》。第8期则有西班牙现代作家阿索林的《斗牛》。

"第一线书店"开设在"中国地界",而不是租界,所以国民党当局再三来盘查,要他们补办各种手续,他们忙了好几天到各个执法部门去跑腿,但手续跑全后,批件却迟迟下不来,直到一个多月后,警察局才送来公文说,由于"第一线书店"有"赤化"嫌疑,故被勒令停办。他们旋即挂出一块不那么招惹人注意的小招牌,叫"水沫书店"。这回是在租界里,所以不用登记。这书店名义上是个店,实际上不卖任何东西,只做出版。

水沫书店着实出了一些相当不错的书,如"马克思主义文艺论丛"便是。这些书的销路也挺畅通,甚至有些边远省市的书商都慕名来订货。所以书店业务非常繁忙。由于那时施蛰存在松江中学教书,只能在周末到上海做书店里的事;杜衡家离北四川路比较远,也不常到书店,刘呐鸥自己倒是每天到,但只是结账、谈一些编辑事宜就走了。那时刘把夫人由台湾接到了上海,望舒不便于再住在刘家。为了节约房租,望舒干脆搬到了书店所在的亭子间里。他是唯一的驻店编辑。开始时,除了有几个伙计帮着打点杂务外,书店里的内外事务几乎都由望舒一人承担。他不仅编稿、组稿、审稿,还做了许多经营方面的事。可以说,望舒是中国最早的诗人书商或书商诗人。

望舒忙得不亦乐乎,他一边工作,一边唱着流行英文歌曲《我的蓝天》,还随着布鲁斯的音乐节奏跳着走路。[39]他对书店的业务可谓兢兢业业,勤勉有加。为了稿子之事,他曾坐车一个钟头,到丁玲和胡也频的住处,但丁玲没有准备好,害得他白跑了一趟。为此,丁玲在信中连声道歉，并许诺说"特特为了你跑路在下星期就把稿交齐"。[40]

望舒还曾从上海到北平"为水沫书店收账，同时调查当时东安市场书摊上出卖的私自翻印的水沫书店出版的书"。[41]

望舒当时已是著名诗人，但也许是他身边没带多少钱，他到北京寄住在一个熟人的家里，地点是在老北大附近，这样他就可以方便来往。那个熟人让他住在一间黑洞洞的门厅里，连窗户都没有，墙边两张凳子上放着几块木板，就算是望舒的床。床前有一张破旧的方桌，两条长凳，桌子中间点着两盏煤油灯。有客来访时，客人坐在长凳上，望舒自己则盘腿坐在硬板床上，围灯而谈，连杯茶水都没有。

就在这间黑屋子里，望舒曾经约请当时在中法大学读书的学生罗大冈见面。罗后来回忆道："望舒兴致勃勃，侃侃而谈……我们被煤油灯光照亮的面孔都表现得十分激动，不时地发出哈哈的笑声。"望舒说，如果他有朝一日获得诺贝尔奖，他会把奖金拿出来办一个书院，把包括罗在内的几个志同道合的人安排在书院内，"搞翻译，搞创作，各尽其才"。[42] 望舒认为世上最美好的人生是有一个稳定的家，自己能集中时间精力创作和翻译，写自己想写的，译自己想译的。他一生都在追求这种理想的生活状态；但综观他的一生，很少有时间达到。他一直在为生计奔波，有时不得不从事一些自己所不愿意做的事。新中国成立后，他由香港回到北京。他本以为能迅速进入理想状态了，但在他人生最后的这一小段时间里，他还没有多少时间写译，就溘然长逝了。

第四节 /

受冯雪峰的影响大量译介苏联文学作品及其对望舒思想和创作的影响

雪峰的到来，给文学工场带来了新气象；这不仅是改头换面，而是洗心革面。雪峰对望舒的影响最大，可以说在望舒的一生中，思想层面上所受的最大影响就来自雪峰；雪峰对马克思主义的解释跟望舒本来就具有的革命倾向、人道主义倾向是合拍的。

在冯雪峰到来之前的一段时日里，望舒和杜衡埋头于翻译英国19世纪唯美派兼颓废派诗人陶孙（又译道生）的作品。这是受了中国现代颓废派文学的鼻祖郁达夫的影响。1923年9月，达夫在《创造周报》上发表了《集中于〈黄面志〉的人物》一文，称陶孙是"天才诗人……作最优美的抒情，尝最悲痛的人生之苦，具有世纪末的种种性格……"。1926年的《小说月报》第16卷10号发表了傅东华翻译的陶孙的《参情梦》，杜衡曾以笔名"白冷"在当时的《璎珞》上发表文章《傅译〈参情梦〉杂说》，对傅译进行了不留情面的批评，指出了许多错讹；傅东华作为有头有脸的翻译家，对那篇文章感到非常恼火。也许早在那时，杜衡就有意自己要翻译陶孙的诗歌，到松江后，他劝望舒跟他一起干。他们拿着《陶孙全集》，每天早上起来各译一首。

雪峰到来时，他们已经译出了一大半。雪峰看了几首，就批评他们在浪费时间，因为他觉得陶孙的作品太悲观消极，于事无补，于世无益。尽管他们还是勉强将全书译完，但他们也认可雪峰的意见，所以译完就放那儿了，没再想着找出版社让它去面世，直到望舒去世、杜衡去世，它都没有出版。甚至在1983年出的《戴望舒译诗集》里也只收了其中三首，因为由于当时是两人合译，其他作品混在一起没有分别署名，所以连编选者施蛰存都无法分辨哪些是出自望舒的手笔。直到1989年，这部译著才全部被收入浙江文艺出版社的《戴望舒诗全编》。

雪峰在1928年3月1日写给时在杭州的望舒的信中，郑重其事地说："我想，我们应该振作一下，干些有意义点的事，弄文学也要弄得和别人不同点。"又说："我希望你们赶快结束旧的，计划新的，计划在人家之前的。"[43] 所谓新的、有意义的、和别人不同的、在人家之前的，指的是无产阶级革命文学；因为正如施蛰存所说，那时的雪峰"已坚定地站在无产阶级革命文学的旗帜下了"。[44] 雪峰是中国早期致力于引进马克思主义文艺理论的普罗米修斯，连施蛰存都说"他是当时有系统地介绍苏联文艺的功臣"。[45] 所以他早就致力于翻译介绍此类书籍了。

在雪峰的影响下，望舒的兴趣和工作涂上了革命的色彩，他与挚友施蛰存和杜衡等搞起了苏联文学的翻译，四人曾合作选译过一部《新俄诗选》，雪峰从日文译，望舒从法文译，施蛰存和杜衡从英文译。这部译稿没有出版，只有雪峰译的一部分，后来由望舒编成集子，取名《流冰》，1929年由水沫书店印行。[46] 那是水沫书店最早印的两部小开本的书之一，另一部是施蛰存的中篇小说集《追》。望舒他们的《新俄诗选》没有出版，其结果是被郭沫若占了先，不久之后，即1930年，光华书局推出了郭沫若翻译的《新俄诗选》，包括象征主义诗人布洛克等的作品。1936年，此书还被改名为《我们的进行曲》，由大光书局再版。《我们的进行曲》是马雅可夫斯基的一首诗的题目。之所以把它用作书名，也算是有关人员（不知是作者还是编辑）对马雅可夫斯基1930年4月14日自杀事件的一个迟到的反应。

望舒他们爱屋及乌，由热爱新俄文学而旁及旧俄。接着，他们又联合翻译了《俄罗斯短篇杰作集》。施蛰存回忆说："当时，苏联短篇小说的第一个英译本《飞行的奥西普》出现在上海中美图书公司，我们立即去买了来，各人译了几篇，后来都编在水沫书店出版的《俄罗斯短篇杰作集》第一集和第二集。"[47]

《俄罗斯短篇杰作集》第一册1930年5月由水沫书店印行。内收《达芒》（莱蒙托夫著，戴望舒译）、《夜》（阿尔志巴绥夫著，戴望舒译）、《十三》（柯洛索夫著，杜衡译）等7篇小说。

据《〈生活〉全国总书目》，本书出版有第2册，但未见书。

且说望舒译的这两篇是什么样的作品。

《达芒》实际上是《当代英雄》的第三部分，又译为《塔曼》或《塔满》，相对独立，讲述的是主人公毕巧林出于好奇跟踪走私者而险些丧命的故事。

另一篇是阿尔志巴绥夫的《夜》，阿氏是俄罗斯白银时代的重要作家。据刘文飞先生说，阿氏确有一篇题为《夜》的短篇，原题 Ночь，写作年代约为1893，当时阿氏年仅15岁，可谓少年天才之作。

也正是在雪峰的直接影响下，望舒于1930年3月译出了《唯物史观的文学论》。这本书的作者叫伊可维支。望舒误认为他是波兰人，实际上他是苏联人。《唯物史观的文学论》是一部演讲集，所以具有演讲的一些缺点，如不够集中、深切；望舒认为本书最大的优点是："作者对于唯物史观在文学上的应用诚人夸张，他对于把事实荒唐地单纯化的辛克莱的艺术论，加以严正的批判。"[48] 望舒尽管思想上越来越倾向于唯物史观，但他对这一马克思主义最经典、最核心的理论并没有太迷信，也没有滥用；所以他译了这部对这一理论进行辨思、反思的著作。从中我们可以看出，望舒在配合雪峰引进马克思主义文艺理论时的小心翼翼和良苦用心；也可以看出当时人们对马克思主义并没有盲目崇拜和机械固守，充分认识到马克思主义内部的变异性和多样性；所以他能听到同属于马克思主义的不同的声音。

望舒开始注意伊可维支的文章，是在法语杂志《世界》上。早在《唯物史观的文学论》原著出版之前，望舒就翻译了伊可维支发表在《世界》上的一篇短文，即《文学天才与经济条件》（后来作为附录收在中译文之中）；等书于1929年在巴黎印出来后，他又译了几篇，刊登在几种不同的杂志上。如1930年2月，他译出《唯物史观的诗歌》，发表于《新文艺》第1卷第6期；这年3月，则译出《唯物史观的戏剧》，发表于《新文艺》第2卷第1期。就在这段时间内，樊仲云译出了全书，并由上海新生命书局出版。樊是一位马克思主义学者，著有《文学之社会学的研究》一书。他自称："于法文为门外汉。"[49] 他是由日译本转译的，原书所引用的法语诗歌，他只译出大意并附录原文。

望舒认为"日译本很糟，错误和误解几乎每页都有"。[50] 以他当时对马克思文艺理论的钟爱，以他对翻译一贯严肃认真的态度，加上他手头已有法文原著，而且已经译出了一部分，因此他决定译完全书。

望舒的这部译著后来被收入一套丛书里出版。关于那套丛书，学术界却有一些误传。这些误传来自当事人施蛰存晚年相互矛盾的回忆。

关于这套丛书的缘起、策划和运作，施蛰存在写于1980年11月4日的文章《关于鲁迅的一些回忆》（以下简称《鲁迅》）中，有过比较详细的专门记述：

一、马克思主义文艺论丛

一九二九年春，美国、法国、日本，都出版了好几种介绍苏联文艺理论的书。苏联出版的《国际文学》月刊也每期都有文艺理论的介绍。当时，日本文艺界把苏联文学称为"新兴文学"，把马克思主义文艺理论称为"新兴文学论"。他们出版了一套"新兴文学论丛书"。我和戴望舒、苏汶买到了一些英法文本，冯雪峰从内山书店买到了日文本。于是引起了我们翻译介绍这些"新兴"文艺理论的兴趣。

雪峰建议大家分工翻译，由我们所办的水沫书店出版一套"新兴文学论丛书"。并且说，鲁迅先生也高兴参加翻译。我们考虑了一下，认为系统地介绍苏联文艺理论是一件迫切需要的工作，我们要发展无产阶级革命文学，必须先从理论上打好基础。但是我们希望，如果办这个丛书，最好请鲁迅先生来领导。雪峰答应把我们的意见转达给鲁迅。

酝酿了十来天，雪峰来说：鲁迅同意了，他乐于积极参加这个出版计划。不过他只能作事实上的主编者，不能对外宣布，书上也不要印出主编人的名字。雪峰又转达鲁迅的意见，他不赞成用"新兴文学论丛书"这个名称。

此后，我们经过考虑，把丛书定名为"科学的艺术论丛书"。仍由雪峰向鲁迅联系，着手拟定第一批书目，分工翻译。

最初拟定的书目共十二种：

（1）《艺术之社会基础》，卢那卡尔斯基著，雪峰译（2）《新艺术论》，波格但诺夫著，苏汶译（3）《艺术与社会生活》，蒲力汗诺夫著，雪峰译（4）《文艺与批评》，卢那卡尔斯基著，鲁迅译（5）《文学评论》，梅林格著，雪峰译（6）《艺术论》，蒲力汗诺夫著，鲁迅译（7）《艺术与文学》，蒲力汗诺夫著，雪峰译（8）《文艺批评论》，列褚耐夫著，沈端先译（9）《蒲力汗诺夫论》，亚柯弗列夫著，林伯修译（10）《霍善斯坦因论》，卢那卡尔斯基著，鲁迅译（11）《艺术与革命》，伊利依契（列宁）、蒲力汗诺夫著，冯乃超译（12）《苏俄文艺政策》，（日本）藏原外村著，鲁迅译。

这是雪峰和鲁迅拟定的选目。当时戴望舒正在译伊可维兹的《唯物史观文学论》，刘呐鸥在译弗理采的《艺术社会学》，暂时不编入。雪峰还在译伏洛夫斯基的《社会的作家论》，因为已约定给光华书局，也没有编入。我因为手头有别的译事，没有分担。

在这十二本丛书里，鲁迅担任了四本，可见他是积极支援我们的。从一九二九年五月到一九三〇年六月，这个丛书陆续印出了五种，即第一至五种。后来《唯物史观文学论》和《艺术社会学》都加入在这个丛书中，一共出版了七种。鲁迅译的《艺术论》，后来转给光华书局印行了。

我现在已记不起，不知在什么时候，这个丛书改名为"马克思主义文艺论丛"。大约是在一九三〇年三四月间，可能是由于当时形势好些，我们敢于公然提出马克思主义。

但是，不久，形势突然变坏了，"论丛"被禁止发行，第六种以下的译稿，有的是无法印出，有的是根本没有译成。[51]

仅仅两年半之后，1983年2月14日，他写了回忆冯雪峰的文章《最后一个老朋友——冯雪峰》（以下简称《冯雪峰》），其中却有些不同的说法：

1929年，我们印出了刘呐鸥译的《艺术社会学》，接着又出版了望舒译的《唯物史观文学论》。这使雪峰很高兴，当时他正在译卢那卡尔斯基的《艺术之社会基础》，他表示愿意交水沫书店出版。他又告诉我们，鲁迅也在译卢那卡尔斯基的《文艺与批评》。大家一谈，就产生了一个有系统地介绍马克思主义文艺理论的丛书计划。我们托雪峰去征询鲁迅，能不能由他主编这个丛书。雪峰和鲁迅一谈，鲁迅立即赞成，他愿意支持我们，但不能出面主编。于是在鲁迅的指导下，雪峰和望舒拟定了十一二种书，列为"马克思主义文艺论丛"。从1929年5月到1930年5月，陆续印出了五种，以后就被禁停止。[52]

由于这两篇文章有些说法相互矛盾，还有一些模糊的地方，导致了一些问题。

1.《唯物史观文学论》到底出版于何时？根据《关于鲁迅的一些回忆》，《唯物史观文学论》的出版晚于那5种。而根据《最后一个老朋友——冯雪峰》，此书的出版则早于那5种。孰是孰非？本来，哪怕不是同一个人，后写的文章也应该比早些的要更加正确，早先文章里如果有错误，后面应该订正。但施蛰存却反其道而行之，弄出了前是而后非的现象。《唯物史观文学论》出版于1930年8月，《艺术社会学》的出版则更晚些（1930年10月），都是在那5种之后，而不是《冯雪峰》一文中所说的1929年。

2. 这套书到底出了5种还是7种？《冯雪峰》一文说，"陆续印出了五种，以后就被禁停止"。《鲁迅》一文也有类似的说法，"第六种以下的译稿，有的是无法印出，有的是根本没有译成"。但是，《鲁迅》一文前面则说："从一九二九年五月到一九三〇年六月，这个丛书陆续印出了五种，即第一至五种。后来《唯物史观文学论》和《艺术社会学》都加入在这个丛书中，一共出版了七种。"由于后两部书的确是在1930年6月之后出版的，所以7种说更加可信。笔者猜想大概的情形是：出了5种的时候，的确被禁过，但并没有完全"停止"，还出了另外两种。

这套书计划中的其他5部，即第8种以下，的确"有的是无法印出，有的是根本没有译成"。

3.《唯物史观文学论》和《艺术社会学》不仅得到出版，而且还戴上了《马克思主义文艺论丛》那样吓人的大帽子。但是，在那之前，由于当时形势恶劣，他们不敢公然提出马克思主义，而是用中性的纯学术性的名称"科学的艺术论丛书"。这的确是他们"经过考虑"，甚至是慎重考虑后的命名。问题是：在《冯雪峰》一文中，施蛰存压根没有提到"科学的艺术论丛书"，似乎这套丛书从头到尾都叫"马克思主义文艺论丛"。他的逻辑大概是这样的：冯是马克思主义文论家，为了强调这一革命文学形象的特征，在这篇回忆冯的专文中只提马克思主义文艺，况且，这套丛书的主题也确实属于马克思主义文艺的范畴。但是，由于他的这篇文章是后写的，流传很广，以至于后来有些人直接把这套书整个说成了"马克思主义文艺论丛"，变成讹传了。比如《中国现代作家大辞典》（新世界出版社）"刘呐鸥"词条中说刘出版"马克思主义文艺论丛"[53]。

4.《冯雪峰》一文中说："于是在鲁迅的指导下，雪峰和望舒拟定了十一二种书"。且不说"十一二种"这个含糊的说法值得商榷。且与《鲁迅》一文中的说法不一致："仍由雪峰向鲁迅联系，着手拟定第一批书目，分工翻译。最初拟定的书目共十二种。"那么，望舒到底是否参与拟定书目？笔者的推测是：最开始，他们四人商议时，估计有一个大概的初步的非正式书目，后来，雪峰或口头或笔头，带着那些书目去征求鲁迅意见，并最终由鲁迅确定下来。

5. 那么，当时水沫书店出的是哪5种呢？ 到底是什么时候改名为"马克思主义文艺论丛"的呢？经笔者查证，1929出了4种：《艺术与社会生活》《新艺术论》《文艺与批评》和《文学评论》。1930年6月出了一种：《文艺政策》（是否因为避嫌，去掉了题名前的"苏俄"）。这几种的丛书名全部都还是"科学的艺术论丛书",戴望舒译的《唯物史观的文学论》1930年8月出版发行的,刘呐鸥译的《艺术社会学》(署名"天行")都是1930年10月出版发行的,丛书名都已是"马克思主义文艺论丛"。因此,我们可以确切地说,改名的时间是1930年8月。施蛰存说"大约是在一九三〇年三四月间"不仅模糊,而且有误。

需要特别指出的是:在1930年下半年,《唯物史观文学论》和《艺术社会学》能以"马克思主义文艺论丛"的名义公开出版,确实说明"当时形势好些",好了很多。国民党当局在意识形态上是有过短暂的相对放松的时期的。1946和1948年,上海作家书屋两度再版此书时,没有再叫"马克思主义文艺论丛"。

总的来说,在1927年国共第一次合作破裂之后,阅读、研究、翻译、传播苏联的文艺作品都有赤化嫌疑,弄不好是要坐牢的。但望舒表现得很坚毅、很勇敢。在那段时间里,他还译介了社会主义阵营里的其他一些东西。如在1929年9月的《新文艺》第1卷第1期上,他发表了短文《匈牙利的"普洛派"作家》,又在1930年3月的第2卷第1期上,发表《苏联文坛的风波》《英国无产阶级文学运动》《国际劳动者演剧会》等5篇关于各国无产阶级文学运动的报道。

1930年代初,望舒还翻译出版了另外两篇苏联小说。

1. 1930年3月,他与戴克崇合译了苏联作家里别进斯基(1898-1959)的《一周间》,以"新俄文学丛书"之一种,在上海水沫书店出版。他们署的是笔名"江思"和"苏汶"。扉页后有作者的肖像画一幅,里面有伏尔丹画的插图8幅。其实在江思(望舒)的译本出版之前,1930年1

月上海北新书局已出版有蒋光慈的译本。蒋光慈1921年5月曾到莫斯科共产主义劳动大学学习，他的译本是从俄语直接译的。假如"二戴"在动手译之前看到过蒋的译本，他们可能就不会再译了，因为有直译在眼前，他们何必还要从别的语种去转译？两个译本出版时间如此之短，应该说基本上是同步翻译的。不过，在出版前夕，"二戴"可能会对蒋译本有所借鉴。

1946年6月，上海作家书屋曾再版"二戴"的译本。新中国成立后，1952年，作家书屋又一次再版此书，译者署名只有"江思"一个。1958年和1962年，人民文学出版社又两度再版此书，译者署名是"戴望舒"，也只有一个。为什么没有了戴克崇的署名？

此人更闻达的名字是杜衡，1933年他在《现代》杂志上发表《"第三种人"的出路》等文章，自称是居于反动文艺和"左翼"文艺间的"第三种人"，由此引发出一场批判"第三种人"的论争。他把群众看作群氓乃至群盲。他说："在这许多地方，莎氏是永不忘记把群众表现为一个力量的；不过，这力量只是一种盲目的暴力。他们没有理性，他们没有明确的利害观念；他们的感情是完全被几个煽动家所控制着，所操纵着。……自然，我们不能贸然地肯定这是群众的本质，但是我们倘若说，这位伟大的剧作者是把群众这样看法的，大概不会有什么错误吧。"杜衡的这一观念被鲁迅抓住了把柄。1934年9月30日，鲁迅针对杜衡写了杂文《解杞忧》，11月在《文学》月刊第3卷第5号"文学论坛"栏发表时改题为《"以眼还眼"》，对杜衡大加挞伐。从此，在左翼视野中，杜衡成为反动文人的代表。在1958年那样的意识形态语境里，自然就不可能在公开出版物中出现他的署名。他在1949年去了台湾，当然无从抗议了。望舒则1950年初就离世了。

在人民文学出版社1950年代出版的书里，往往有以编辑部名义撰写的"出版说明"。1958年版的《一周间》的"说明"首先介绍原作者说："里别进斯基是苏联一位老作家，《一周间》是他的最杰出的作品，也是苏联文学初期的优秀作品之一。"接着介绍作品说："作者通过一个远在西伯利亚的偏僻的小城中一星期中发生的事情，集中地概括了艰巨的社会主义建设初期的时代风貌，生动地描绘了苏联共产党员对革命事业的忠贞，叙述了白匪和富农等反动分子对革命的刻骨仇恨。"[54] 当时，中国社会主义革命和建设也处于所谓的"初期"，很想借鉴苏联的经验；因此，人民文学出版社组织出版了一批反映苏联社会主义初期阶段的作品，《一周间》这部苏联文学初期的优秀的中篇小说自然成为上选。

"二戴"毕竟是从英文转译的，所以，人文社请俄语专家参照真正的原著进行了校订，而且所使用的是1955年苏联国家文学出版社的最新版本。

2. 1932年11月，望舒所译的苏联作家伊凡诺夫的小说《铁甲车》由上海现代书局出版，署名"戴望舒"，扉页后有作者侧面画像。

在写于1932年10月的译者序中，望舒先介绍了作者，说"伊凡诺夫是属于所谓'同路人'之群的一位新俄作家。他是'谢拉皮翁兄弟社'的社员；在这个高尔基所曾奖掖的文学团体里，我们看到产生了新俄的好一些最有才能的作家……而伊凡诺夫更是这团体中的最杰出的一个。"[55]

接着望舒介绍了这部作品，说"这儿的《铁甲车》就是伊凡诺夫的许多写游击队的作品中的一部，而且是被公认为最出色的一部……故事是非常单纯的，作者的努力，我们看得出是要在这单纯的故事之外创造出一种环绕在暴乱四周的空气来。"[56]《铁甲车》的背景是内战时期的苏联远东地区。十月革命后，新生的布尔什维克政权内外交困，势单力孤，无力顾及偏远地区，特别是远东地区成了无主之地，各种各样的势力都来插一脚，日、美、英等帝国主义国家趁机出兵，大举干涉，支持反共的白匪军。当然，布尔什维克地下党也没闲着，一支支游击队活跃在敌占区，打击敌人的嚣张气焰。《铁甲车》讲述的是：渔民维尔希宁领导游击队夺取白军的铁甲列车、支援海参崴起义的故事。伊凡诺夫在《小说〈铁甲车〉是怎样写成的》一文中这样概括《铁甲车》的情节："西伯利亚有一支游击队，他们只有独弹步枪和普通步枪。但他们捉住了一列白军的铁甲车，铁甲车上装着许多大炮，机枪，炮弹，还有个很有经验的指挥官！为了让铁甲车停一下，游击队员中国人沈彬吾——沙皇政府雇来挖战壕的许多劳工之一——便卧在铁轨上让铁甲车从身上轧过去。司机刚从机车里探出身来，想看看轧死的中国人，但马上便叫游击队打死了！铁甲车孤零零地被困在荒林里。游击队扒掉了它周围的铁轨，并用烟来熏铁甲车上的军队。"[57]

关于翻译，望舒感慨并期待地说："伊凡诺夫的文字，确然并非是最艰深的，有时却很难于翻译，尤其是因为里面常用了许多地方的方言之故。本书的译出，系以法译本为根据，与中国所已有的根据日文本的重译，在许多地方都不无出入之处。译者是除了忠于法译本之外便没有

052 | 让灯守着我：戴望舒传

其他办法的，因此我在这里诚意地希望着能够快有根据原文的更完备的译本出现！"[58]

1958年的这个译本后面附录了《小说〈铁甲车〉是怎样写成的》一文（原载于《我们的同时代人》杂志1957年第3期）。望舒生前是无缘知道的，因为他1950年就离世了。在署名"编辑部"的前言中，之所以要附录此文，是"为了便于读者了解当时的历史背景，和本书的写作经过"。[59]

在巴黎留学期间，他曾以极快的速度，翻译了苏联作家本约明·高力里的法文著作《俄罗斯革命中的诗人们》（*Les Poetes Dans La Revolution Russe*）。书中论及神秘派、布尔什维克主义、意象派、未来主义等流派。其中叶赛宁和马雅可夫斯基分别作为意象派和未来主义的代表专章论述。望舒在写于1936年4月3日的译者附记中说："这是用着公允的眼光和简明的叙述，根据了个人的回忆和宝贵的文献写出来的，同时抒情而又有系统的对于苏联新诗的研究。"[60]

关于戴望舒翻译本书，沈宝基回忆说："他翻译的速度惊人，记得我买来一本书，他见了对我说'借一借'，借去半个月还我时说：'我译完了！'我惊呼一声：'好家伙！'……这本书就是本约明·高力里的《苏联诗坛逸话》。"[61]本约明·高力里在比利时和法国上大学，后寓居法国，用法文写作，是法国革命作家协会所办刊物《公社》的主要撰稿者之一。同时，他创办了好几种前卫杂志，苏俄青年诗人们的第一个法译诗选都出自他的手笔。

《俄罗斯革命中的诗人们》1934年由巴黎伽利马书店出版；书出一

个月之后，望舒就把它全部译完了，并且寄回了上海，但是迟迟得不到出版。望舒自己分析其原因时说："单是这部小书的题名，已够使那些危在旦夕的出版家吓退了。""好像它会扰乱治安似的，始终没有出头的机会，只零碎地在《现代》《文艺风景》和《文饭小品》等杂志上露过面而已。"[62] 一直到他回国后（1935年夏），亲自努力，1936年才由上海杂志公司推出，但也只是两册中的第1册——其实这两册加起来部头也不算大。此书之所以如此"难产"，是因为它的苏联内容、革命主题。因此，出版时只能忍痛割掉；"为了适应环境，不得不用《苏联诗坛逸话》那个'轻松'的题名。"[63]

又过了5年，到了1941年12月，本书的全部以《苏联文学史话》为题在香港出版，封面印有林泉居版。这是望舒自己掏腰包印制的。"林泉居"是他1938年到香港后居住的地方。在写于1941年10月17日的译者附记中，他首先简单介绍了作为革命作家的高力里其人。接着他介绍了作者的用意，即："作者的意思并不是在于介绍几个苏联的作家，亦不在于对苏联文学作一个全盘的研究；他的目的只是要指示出，俄国的文学是怎样地去和革命相结合，又从哪一条路去和它结合。"他也点明了本书的特点，即："在一切研究苏联文学的著作中，这是比较最亲切而容易接近的一部。"望舒还说明了他之所以要把书名译成《苏联文学史话》的缘由，即："书中所接触到的不仅是苏联的诗歌一方面，而是革命前后的整个苏联文坛。"[64] 望舒还花费了相当的笔墨，以控诉的语调，愤怒地交代了本书在出版上的命运："但是把译稿寄到中国以后，却到处碰壁……单是这部小书的题名，已够使那些危在旦夕的出版家吓退了。只在1936年当我回来的时候，才有机会把这本小书的第一部出版；但为了适应环境，不得不用《苏联诗坛逸话》那个'轻松'的题名。至于第二部呢，那出版家以为还是暂不出版的好，为的是怕惹出事来。一直到今天，在译成之后的第八年，这部小书才能完整地出来和读者相见。"[65]

《苏联诗坛逸话》的译者署名是戴望舒。书末附录《诗人叶赛宁之死》《诗人马雅可夫斯基之死》。

其中《诗人马雅可夫斯基的死》一文于1930年12月发表于《小说月报》第21卷。

马雅可夫斯基似乎没有任何征兆的开枪自杀，引起了全世界文坛的讨论。很多人的头脑激动地被卷入这一事件的漩涡，而望舒的思考占奇的冷静、深刻和客观。他首先否定了有关死因的苏联官方的两个说法：试验话剧失败，得了不治之症。他提出这原因不是体质上的而是心灵上的。他以相当多的篇幅分析总结了未来主义的一些本质特征，尤其是与革命相左的观念。比如：未来主义是个人主义的，而革命是集体主义的；未来主义是全然是否定的，而革命在否定之后还有肯定；未来主义只是破坏，而革命有破有立。他进而得出结论："马雅可夫斯基是一个未来主义者，是一个最缺乏可塑性的灵魂，是一个倔强的、唯我的、狂放的好汉，而又是——一个革命者！他想把个人主义的我融解在集团的我之中而不可能。他将塑造革命呢，还是被革命塑造？这是仅有的两条出路，但绝不是为马雅可夫斯基而设的出路。"[66] 这样的结论有效地回答了马雅可夫斯基遗书中所说的"没有出路"根本问题。

《诗人叶赛宁之死》应该是望舒写的一篇悼念反思叶赛宁自杀事件的文章，可惜没有跟《诗人马雅可夫斯基的死》一起被收录在《戴望舒全集》之《散文卷》中。可见全集之不全。

也许是出于对叶赛宁诗歌的热爱，也许是为了由原文翻译俄苏文学作品，1936年，望舒曾向一名俄罗斯神甫学习俄语。不久，他就开始翻译普希金、叶赛宁等俄罗斯诗人的作品。如他译了叶赛宁的《母牛》《启程》《我离开了家园》《安息祈祷》《最后的弥撒》和《如果你饥饿》等6首诗，最初发表在上海出版的《新诗》杂志1937年第4期上，用的是笔名艾昂甫，总题为《叶赛宁诗抄》。关于这桩译事，王佐良曾有精彩评点："……很难想象戴望舒会去翻译叶赛宁，然而他译了，而且译得颇有吸引力，……我不知道译者是否懂得俄文，可能他是通过其他文字转译的，那就更使人惊讶于他对叶赛宁的精神的体会之深了。"[67]

戴望舒译介俄苏文学有以下几个特点：

1. 绝大部分是从法文转译，或者原文本身就是法语作品。这在新中国成立前小语种翻译人才奇缺的状态下，是很正常的。

2. 浪漫主义之前的也有一些，但以苏联早期的为主。跟纪德一样，跟当时全世界许多知识分子一样，望舒也认为，苏维埃革命是"一种空前的实验"，所昭示的不仅是苏联也是全人类的"光荣的未来，亦即是文化的未来"。

3. 不以纯文学作品为主，而以评论、论述等思想性强、信息量大的作品为主。在1920年代和1930年代救亡图存的时代语境里，以鲁迅和巴金为主的翻译家往往把翻译首先看作是引进先进思想的途径、了解外面世界的窗口。

4. 这项工作持续的时间很短，但热情高、效率高，虽然很快他就撒手不干了，但对苏联文学的译介在他的头脑里和文字里都留下了烙印，产生了影响。

戴望舒翻译俄苏文学的时间虽然很短暂，但这短暂而集中的热爱却在他的思想与创作中打下了烙印。俄苏文学对望舒思想和创作的影响主要表现在以下三个方面：

1. 赤化倾向的表现。

望舒他们向冯雪峰靠拢的一个标志是编辑小型新兴文艺同人刊物《文学工场》，刊名本身就很时髦，很有革命味。创刊号一共有5篇作品：《无产阶级艺术的批评》，苏汶（杜衡）译；《革命与知识阶级》，画室（冯雪峰）著；《追》，安华著（施蛰存拟苏联式革命小说）；《断指》，江近思著。《莫斯科的五月祭》，画室（冯雪峰）译。

其中，江近思即望舒。断指是革命烈士的断指，同名作品则是望舒的一首小型叙述诗，或者说很像一篇叙述散文，整首诗一直是以第一人称"我"在叙述，而作品真正的主人公是那位革命者；由于两人有交往和交流，所以"我"并不是一个单纯的旁观者，而是事件的一定程度的介入者，尤其是良心和心理的介入者；"我保存着一个浸在酒精瓶中的断指"，指的是"我"在事件本身中的介入。"它就含愁地勾起一个使我悲哀的记忆"，指的是我在心理上对事件的介入。"这是我一个已牺牲了的朋友底断指"，则把叙述者"我"和作品主人公的命运连在了一起，即"我"对那位革命家朋友的命运是感同身受的。值得注意的是，像许多颂扬人物的作品一样，望舒也不惜以相对"贬低"自己的办法，来突出主人公的可钦可佩。如："正如他（指主人公）责备别人懦怯的目光在我心头一样。""我"有时是"颓丧"的，"我"会从那牺牲的革命者身上得到鞭策和鼓舞，所以在诗的最后，望舒说："让我拿出那个玻璃瓶来吧。"

《文学工场》创刊号始终未曾印行出来。望舒在他自己参与编辑的1928年12月的第7期《无轨列车》上刊载了这首诗。诗中有明确的"赤色"字样，望舒说那断指上染着的"油墨底痕迹"是"赤色"，还说那"赤色"是"可爱的光辉的"。这不能不引起谈"赤""色"变的反动当局的警惕和怀疑。《无轨列车》因为"有宣传赤化之嫌"而被当局查禁。也正是《断指》的严重"赤化"倾向，它虽然被收入了望舒的第一本诗集《我底记忆》中，但却没有编入他的第二本诗集《望舒草》中；因为前者是他自己亲手编定的，他可以勇敢地做出自己的选择，而后者是别人帮他编的，当时他身在遥远的法国，鞭长莫及。

在写作《断指》之后不久，望舒还至少写作发表了两首赞美赤色的诗篇，那就是《流水》和《我们的小母亲》。这两首跟《断指》具有同样政治倾向的作品自然没有荣登1933年出版的《望舒草》，而且也没有列入更后来的《望舒诗稿》和《灾难的岁月》。不过，在它们被创作出来后不久，望舒就把它们发表在了他们自己的阵地《新文艺》第2卷第1号上（1930年3月15日）。前面说过，《新文艺》也是以"赤化"的罪名被当局取缔的，而这罪名倒是可以至少在望舒的这两首诗中得到坐实。

2. 集体意识的获得。

《流水》的主旨和灵感可能就来自冯雪峰翻译的苏联现代诗选集《流冰》。诗中直接出现了"赤色"字样："到升出赤色的太阳的海去！"这"赤色的太阳"的象征，在当时意识形态激烈斗争的环境里，很容易让人想起"可怕的"共产党、共产主义。应国靖说"这首诗从字面上表现的只是诗人希望机械地能为人类造福，而实质上却隐藏着社会主义革命的思想……表达了自己对于社会主义理想的向往。"[68] 张颐武说："这整整六段有关'流水'的声音，是集体的决心，是左翼革命运动对一个不公正的世界宣战的宣言书。"[69]

望舒虽然在加入左联后没有更多地直接参加左联的很多活动，但他的革命思想是非常明显的，而且是深刻而持久的。当他说"随后是死刑吧，那等待着我们大家的死刑吧"时，他是在从"我"走向"我们"。《流水》开头的叙述者也是"我"——"我听见流水嘹亮的言语"；后头则变成了"我们"——"你，被践踏的草和被弃的花，／一同去，跟着我们的流一同去。"所以张颐武敏锐地指出："这里有一个第一人称的二元对立，我／我们间的复杂的矛盾和对立构成了这首诗的特点。'我'在这首诗中还是在流水旁倾听的旁观者，还是一个观察与思考的语码，一个并未投入运动之中的人。"而诗的最后又从"我们"回到了"我"——"我看见一切的流水"。这表明："'我'却依然是旁观者，'我'热切地肯定这一运动必胜，但'我'和'我们'之间却仍有距离，'我'仍站在流水之外，而不是流水中的一滴，这隐喻地表达了知识分子的困惑和游移，他肯定革命的伟力但又对个人的存在感到忧郁……他全心全意地皈依激进的革命，但又有对诗和'我'的留恋和回顾。"[70]

而到了《我们的小母亲》，"我"已经彻底退场，完全变成了"我们"，从第一节的最后三句：

> 用有力的，热爱的手臂，
> 紧抱着我们，抚爱着我们的
> 我们这一类人的小母亲

到最后一节的最后四句：

> 是啊，骄傲地，有一个
> 完全为我们的幸福操作着
> 慈爱地抚育着我们的小母亲，
> 我们的有力的铁的小母亲！

作者一共将"我们"用了16遍，看来他是真的认同了集体的视角和利益，愿意把"我"融入"我们"之中了。

另外，这首诗的集体认同意识还体现在"一类人"三个字上，而不是"一个人"。非但如此，这首诗其实还表现了国家意识。因为，据笔者考证，"小母亲"指的是"祖国"。无数人都会把祖国比作母亲，但把她比作"小母亲"的极为罕见,尤其是像中国这样的大国。那么,这是望舒的首创吗?他为何用小母亲比喻祖国?十月革命时期,即1917年终,俄罗斯幽默作家阿佛钦科发行了他的最后一期滑稽周刊《讽刺》(*Satiricon*)。"那一期四边印着一个黑圈子,第一页上画着一个坟墓,被杀害的俄罗斯的象征。在这一期的一篇文章中,他写着:

'在现实的事变中,可笑的事情太多了;我怎样会不笑呢?哦,俄罗斯,我的小母亲,我的祖国……'

在同时,安特列夫向知识界发表了一个绝望的呼吁,在那里,这同样的哀鸣可以见到好几次:'俄罗斯,我的小母亲,我的祖国……'"[71]

3. 亮暖底色的奠定。

苏联文学帮助望舒走出了"自我"的圈栏,也摆脱了"雨巷"时期的哀怨、彷徨与惆怅的心态,从那之后,哪怕他写愁怨,也会有一抹亮色,一丝暖意,或穿插于整个文本,或照耀温暖诗篇的结尾。这使他后来的作品越来越乐观、有力、坚实。

"寂寞"是望舒诗歌最重要的主题之一,试比较其前后的演变。

他的第一部诗集《望舒草》的第一首诗《夕阳下》就写到了"寂寞",其最后一节云:

幽夜偷偷地从天末归来,
我独自还恋恋地徘徊;
在这寂寞的心间,我是
消隐了忧愁,消隐了欢快。

尽管诗人说是"消隐了忧愁",似乎是不再有痛苦,还说是"消隐了欢快",似乎心灵归于平静了。但读罢全诗,并不能让人平静,诗人自己最后也未必真的平静下来了。整首诗弥漫着一股无法驱遣的无奈与愁怨,这种情绪是通过贯穿于全诗的几个带"幽"字的组合造成的,因为"忧"与"幽"同音。如"幽灵""幽夜""幽古"等,我们仿佛看到诗人独自徘徊、独自低语的寂寞身影。

而1930年代的《寂寞》一诗是这样写的:

> 园中野草渐离离,
>
> 托根于我旧时的脚印,
>
> 给他们披青春的彩衣:
>
> 星下的盘桓从兹消隐。

他写得非常沉静、内敛,对自我的审视也更加执着,仿佛是生命本身的直接呈现,这种生命感属于个人,也属于整个宇宙,所以全诗有一种缓慢的仿佛承载着历史感的语调。这种语调使这首诗的情感基调趋向于向上、洒脱、逍遥。

《我用残损的手掌》是望舒一生中写得最凝重的诗篇,也是中国新诗史上最为优秀的作品之一。中间转折性的是这两行:

> 只有那辽远的一角依然完整,
>
> 温暖,明朗,坚固而蓬勃生春。

可以说，这种"温暖，明朗，坚固"的调子在望舒阅读翻译苏联文学时已经撒下了种子。

第五节 /
引玉书屋版《从苏联回来》的译者不是戴望舒而是郑超麟

正在望舒兴致勃勃译介苏联文学时，安德烈·纪德的《从苏联归来》一书像一盆冷水泼灭了他对苏联及其文学的兴趣。

1930年代法国文坛执牛耳者纪德一开始拥护苏联，所以苏联政府发动世界各国文化名人赞扬纪德，还邀请纪德访苏；但回国后，即1936年，纪德写了《从苏联归来》一书，严厉揭露、批判了苏联的阴暗面，尤其把火力集中于斯大林的个人崇拜。于是到处都传说纪德的忘恩负义，这引起了全世界范围内的热烈争议。

戴望舒及时着手翻译了此书。盛澄华曾说："纪德的《从苏联归来》当年在欧洲也大掀起一阵狂风暴雨……当时在国内也像有几个人同时在翻译，至少我在某杂志上注意到戴望舒的译文。"[72] "某杂志" 指的是《宇宙风》杂志，戴译曾在该杂志第39-44期连载（1937年5月结束）。

既然纪德是严肃的、可信的，那么望舒怎么能轻易去怀疑纪德书中所写的苏联的情况？亲苏亲共和反苏反共之间的矛盾不免在望舒的心中激起了风波。翻译了这部书之后，他对苏联不再像以前那么神往了，对苏联文学也不再像以前那么喜欢了。而这直接导致了他从此基本上停止对苏联文学的译介工作。

稍早于戴望舒的译本的发表，郑超麟于1937年4月由上海亚东图书馆出版《从苏联归来》的译文（此版译者署名为"林伊文"，乃郑之笔名）。

1937年5月，上海的一家名不见经传的出版社引玉书屋也刊印了《从苏联回来》一书的译本，但译者没有署名。

此间便产生了一个长达70多年的学术谬传，虽然也有个别人猜想，此书的译者是盛澄华[73]；但不少纪德研究者和戴望舒研究者（包括我本人——以前）都曾人云亦云，把此书的译者说成是戴望舒。事实上，上海亚东图书馆版和引玉书屋版皆出自郑超麟的手笔。

"戴望舒说"的最新持有者是严靖及其导师杨联芬女士。2012年，他们联合署名，发表《论〈从苏联归来〉在1930年代中国的译介与影响》一文。文章第一部分开头说："迄今为止，《从苏联归来》有多个汉译本……影响最大的是郑超麟和戴望舒的译本。前者于1937年4月由上海亚东图书馆出版（1999年在辽宁教育出版社重版时，署上了他的本名）；后者于1937年5月由上海引玉书屋出版，并同时在第39-44期的《宇宙风》杂志连载，单行本和连载本略有不同。"[74] 文章对引玉版为戴所译这一论断，作者可谓言之凿凿。

同年稍早一些，严靖以个人名义，发表了专题论文《文本旅行中的情知纠结——谈戴望舒译纪德〈从苏联回来〉》。在没有充分考证的情况下，就似乎是自然而然地认定那是戴译，然后横七竖八，大谈特谈，尤其是抓住单行本和连载本的所谓差异，用勒菲弗尔的"三要素"理论，对"戴望舒翻译此书"的动机、心态、过程和目的大发宏论。如说，戴译是"矛盾的翻译",是"主动行为,却处处充满思想的挣扎,充满对自己的质疑、责问和打击"。还说,"戴望舒写了一篇很短但极其值得玩味的'题记'"。[75]

严靖说:"对翻译不能仅仅关注文字层面,而应该进一步着眼于观念、功能和文化层面。"从这两篇文章来看,他做的确实是文化研究,文章题目虽然叫"文本旅行……",而他对文本本身的兴趣好像并不大,而是像许多时髦的文化研究者一样,抓住某一个点——小题大做,大做特做,直到离题千里,与常识相悖:戴望舒难道吃饱了撑的,在那么短时间内,要煞费苦心地弄出两个译本来吗?而且还要把两个译本弄出相当大的差异?

而严靖的整个立论的基础偏偏就是所谓的戴译有两个版本;如果"两版本说"不成立,即戴译只有一个译本,那么,他的那些"精彩绝伦"的推论和结论都必定被推翻。因此,笔者一向他提醒,他就非常警觉,感到了问题的严重性,马上给笔者来信说,他之所以有那样的论断,"最为重要的恐怕是王文彬先生的影响。从王先生的编辑工作和著作看,显然,王先生是手头掌握有引玉书屋版的《从苏联归来》的。此书是郑超麟先生所译还是戴望舒先生所译,王先生也只需通过比较正文即可轻易得出结论。不过恐怕王先生也是受了施蛰存先生的影响,先入为主认为此书为戴译,因而未能将之与郑先生译本比较,而是与戴望舒先生的《宇宙风》连载本比较。并进一步,将'题词'当作戴望舒所作,而收入其全集。而我则据常理相信,一手材料的掌握者,对此基本史实该不会出错,所以也沿用了此说。您的结论该是在掌握了一手材料基础上比较研读发现的，因此引玉书屋版为郑超麟所译，该是事实了。学生著述粗疏，下笔前未能将问题作更精细的考证，人云亦云，致出此谬，深感汗颜。同时，也非常感谢您的指谬斧正，使我受益匪浅。"（严靖 Apr 16，2013致笔者电邮）

在严靖之前，认定引玉书屋版是戴译的，且提出两版本说的，的确是数十年潜心研究戴望舒的王文彬；而且，严靖说，"迄今为止，对戴译《从苏联回来》做了较为充分研究的也只有王文彬的一篇《戴望舒与纪德的文学因缘》"。严靖对于戴译的论断基本上就来自那篇文章。

那么，我们来看，王文彬的研究到底是否充分？其结论是否可靠？

《戴望舒与纪德的文学因缘》一文发表于2003年，文中说："纪德出版富有挑战性的有争议的著作《从苏联回来》（1936年11月），戴望舒很快推出该书的两种中文译本（1937年5-7月）以呼应"。[76] 正是在此文中，王提出戴译两个译本说，而两个译本说的前提就是戴译曾以单行本的形式在引玉书屋出版。在2003年的《中西诗学交汇中的戴望舒》（安徽教育出版社）和2006年的《雨巷中走出的诗人——戴望舒传论》（商务印书馆）中，王均延续此说。《戴望舒传论》第3章《旅法及其归来》之第四节是《译介〈从苏联回来〉的前前后后》，对戴译进行了比较详细的论述。关于他论定引玉书屋版为戴译的缘由，他是这样表述的："1998年，由施蛰存先生提供戴望舒引玉书屋出版的译本，经石定乐先生'略作校定'，先后在《芙蓉》和《读书之旅》两度重新发表。"[77]

按照王的意思，引玉书屋版为戴译这一论断的始作俑者应该是施蛰存。

施自己曾在回忆文章中说，他原来作为望舒的挚友，也不知戴译有此版本。"我想他不会主动译这本书。这个中译本，一九三七年在上海出版，出版者是一个从来没有听说过的'引玉书社'，卷前卷后，都没有译者署名。当时抗日战争已经发生，我到了昆明，没有见到这本书。直到一九四〇年，我在香港叶灵凤家中见到此书，叶灵凤告诉我，这本书是戴望舒译的。第二天，我就问望舒，望舒也不否认。"[78]

戴译在《宇宙风》连载，很多人都知道；但说这个译本出了单行本，则只有这一条孤证，而且是旁证，来自施的一家之言，而且是模糊之言——他竟至于把"引玉书屋"写成了"引玉书社"。施是在叶灵凤家中见到此书的，他自己并没有此书，他觉得那是戴译，属于人（叶灵凤）云亦云。

笔者以为，引玉书屋版之译者并非戴望舒，实乃郑超麟。

上个世纪末，戴译曾发表在《芙蓉》1998年第1期（《读书之旅》只是转载了这个译本）。在发表之前，可能是杂志社请一个叫石定乐的人做过校订，其校订札记说："戴先生译本由施蛰存先生保存，承一位文友介绍，嘱我对译文略作校订，主要是把行文词语习惯和部分名物、地名改为现在通行的……戴先生60年前所据原本，现已无法找到，我是根据法国 Callimard 1978年出版的 *Retourde I'U.R.S.S* 整理的。"[79]

请注意：这段整理文字中只是说施保存戴译本，并没有说是引玉书屋的单行本。笔者以为，施很可能提供的只是《宇宙风》版本的戴译本。是王文彬径直把它说成了引玉书屋版。石定乐呢，是一位法语专家，曾经与余开伟合著过萨特的一部传记《萨特：永在爱火中燃烧》（内蒙古：远方出版社，1997年），其学术领域不是中国现代文学，恐怕没有兴趣也没有能力去了解乃至考论引玉书屋版本的问题。

本来，望舒"不否认"，也并不承认；这表明只有50%的可能，还有50%的不可能。但是，王按照中国文化中"宁可信其有，不可信其无""疑罪从有"的习惯性思维，把不可能的50%给抹杀了，径直说那就是戴译，并且把这份坐实的责任推给了施蛰存。施虽然大致倾向于认为引玉书屋版为戴译，但也不是百分之一百的肯定。况且，1990年代末，他拿给《芙蓉》杂志的戴译并不是引玉版。让我们来比较一下两个译本（《读书之旅》版和引玉书屋版）中纪德之序言第一段的译文：

《读书之旅》版："三年前，我声明了我对苏联的敬佩与热爱。在那边，人们正着手进行着一项前无古人的试验，我们心头的希望因此而被鼓起，于是我们期待一个巨大的进步，一个能牵动人类的跃进。那时，我想，为参与这场复兴，值得人生活，值得人类拼着命助一膊之力。在我们的心中和精神里，文化的未来也已被断然地和苏联的光荣命运结合在一起；这样的话，我们已说了好些次，我们希望还能再这么说。"[80]

引玉书屋版："三年前，我曾宣布过我对于苏联的爱好和钦佩。那里正在进行着一种空前的实验。这实验使得我们希望的心涨大起来，我们的期待从此造成了巨大的进步，造成了一种力量，足以牵引全人类前进。为了参与这个改革，是值得活下去的，——我想，并且是值得牺牲自己的生命去赞助的。在我们的心和我们的精神里面，我们都坚决地向往于苏联的光荣的未来，也就是文化的未来！这话，我们三番四次说过了。我们愿意还能再说这些话。"

无论是措辞（"好些次"与"三番四次"）、句式还是行文文风，两者相差都相当大。单从书名上看两人的就不同，戴译的是《从苏联回来》，郑译的是《从苏联归来》。而引玉版名为《从苏联归来》，就应该属于郑。这是最简单的逻辑。

我们再来看《宇宙风》第39期上望舒的原译：

三年之前，我曾经宣布我对于苏联的敬佩，和我的挚爱。那边，人们正着手作一种前无古人的试验，使我们的心鼓起了希望，并使我们从而期待一个巨大的进步，一种可牵动全体人类的猛进。

《读书之旅》版与原译是很接近的。我们可以再举一个例子来说明这种接近的情形。

《读书之旅》版："撒谎，即便是缄默化撒谎，总是合时宜的，所以有些人固守着撒谎。可这么一来就把好机会送给敌人了。而真话，即使是痛苦的真话，也是为了治愈才使人在那一刻感到疼痛的呀。"[81]

再看《宇宙风》第39期上望舒相应的原译："欺谎，即是缄默的撒谎，也可能显得是合时宜的，固执于欺谎也是如此，可是这把太好的机会给予敌人了，而真实呢，即是痛苦的，却只是为了治愈而使人痛一下而已。"

《读书之旅》版与原译也确乎有一些差异，但都是很小的，而且看得出来，是石定乐"略作校定"的结果。之所以说，这种差异不是微乎其微，笔者以为，很大的一个原因是石定乐校定时所据的原文跟望舒翻译时所据的不是同一个版本，原文本身可能就有所不同。

我们基本上可以先肯定：1998年，施蛰存先生提供给《芙蓉》的确实是望舒的译本；但不是引玉书屋出版的那个，而是《宇宙风》上发表的那个。

其实，我们也没有证据表明施曾说他提供的就是引玉版。真正把引玉版坐实为戴译的是王文彬。他把施的猜测办成了"铁案"。他太迷信施了，居然把施的猜测都当作了事实。

王是很注重史料的文学研究者，他自己说自己"研究过程中，深感史料的发掘、积累和整理的重要，实证的重要，并认为这是开拓新的研究领域的前提"。[82] 他的年轻同事吴怀东也替他说过类似的话，说他的《戴望舒传论》"显示了在追求史实、史信基础上更高层次的综合"。[83] 王很早以前就掌握着所谓的两个译本（引玉本和《宇宙风》本），他也意识到了两者之间"有明显差别"；[84] 他还认真地列举了差别的具体情形。"其一，由对前者的'批判'改为对后者的正面推荐。在《宇宙风》上发表的文本，望舒删除了自己《题词》，也删除三篇批判文章和所有附录部分，只推出正文部分（前记和六个章节）……其二，后者对于前者的文字有较多的修订和丰润，是文本的二度创作"。他还比较说："细玩文意，后者比前者更为明确、简劲、爽脆，富有哲理意蕴。"[85]

问题是：王对他所掌握的史料缺乏一点质疑精神和辨别能力。他万万没有想到，引玉版的译者可能是郑超麟。假如是望舒，那么他就是左右逢源的两面派，否则他怎么可能同时对纪德批判又推荐？假如是望舒，那么他就是一个势利鬼，按照施的猜测，望舒是为了高稿酬而同意引玉书屋去翻译此书的，而同时在杂志上发表，他就可以再拿一份稿费了。假如是望舒，那么他是一种新文体的开创者；我时不时听有些人说文学翻译是二度创作，以前却从未曾听说修订也可以搞成二度创作；按照王的说法，望舒是这种创作法的祖师爷了，而且是前无古人，后无来者！不过，他有一点认识非常正确。虽然郑翻译过大量的作品，但跟大诗人望舒比，在文字功夫上还是要差一截。戴译比郑译"更为明确、简劲、爽脆"和"丰润"，堪称定评。

正如严靖所推论的：王手头掌握有引玉版的《从苏联归来》。此书是郑译还是戴译，王只需通过比较正文即可轻易得出结论。"不过恐怕王先生也是受了施蛰存先生的影响，先入为主认为此书为戴译，因而未能将之与郑先生译本比较，而是与戴望舒先生的《宇宙风》连载本比较。"

我们且通过更多比较正文的工作，来进一步论证引玉书屋之非戴译，而为郑译。

亚东图书馆版纪德自撰之序言第一段郑的译文：

三年以前，我宣布过我对于苏联的爱和钦佩。那里正在进行一种空前的实验，这实验使得我们的希望的心胀大起来，我们期待由此造成巨大的进步，造成一种力量足以牵引全人类前进。为参与这个改革，是值得活下去的，——我想，而且值得牺牲自己生命去赞助的。在我们的心和我们的精神里面，我们都坚决向往于苏联的光荣的未来，亦即是文化的未来；这话，我们三番四次地说过了。我们愿意还能再说这话。[86]

这段译文与引玉版相应的那段只有几个字的差异。如果有人还是认为这只是巧合，那么，我们可以再来比较三个版本中的另一处译文。

纪德之序中另有几句：

亚东图书馆版：在我眼睛看来，这里头有些事情比我自身还更重要，甚至比苏联还更重要：这就是人类，它的命运，它的文化。[87]

引玉书屋版：在我的眼睛看来，这里头有些事情比我自身还更重要，甚至比苏联还更重要：这就是人类，它的命运，它的文化。

《宇宙风》版：在我的眼睛看来，有些东西是比我自己更重要，比苏联更重要；那就是人类，便是它的命运，便是它的文化。

其实结论真是可轻易得出：引玉书屋版与亚东图书馆版何其相似乃尔，而与《宇宙风》确实相差不小；因此，引玉书屋版译者不是戴，而是郑。

在我们认可引玉书屋版译者不是望舒之后，有些问题可迎刃而解，不必曲为之说。

望舒当年虽然不否认，但我想，他终归不会承认，不会掠人之美——他没有在引玉书屋出版此书，所以也就不存在隐匿名字的问题。硬要替他掠人之美的人则只好千方百计，替他寻找原因（甚至动机）——那个无果之因。

施蛰存认为，望舒同意翻译并出版的原因是：书商力劝他，还给了他较高的报酬。而匿名的原因是："他做这一翻译工作，是很勉强的。"[88]

望舒当时的基本思想倾向是亲苏亲共的，这跟纪德的反苏反共是抵牾的；望舒译此书，有违背自己心愿的成分，他对纪德可能是有意见的，以至于不愿意把自己的清名跟"纪德"的"浑"名放在一起。

王文彬认为，望舒同意翻译并出版的原因是：望舒读了《从苏联回来》后，"认同了纪德的考察"，[89] 进而要"让更多的人知道苏联出现的新情况"。而匿名的原因是："要保护自己"，[90] 因为左派、右派对此书都有意见。[91]

严靖认为，望舒之所以同意翻译并出版，是因为他长久以来的纪德情结，而匿名的原因是"隐晦地表示自己对纪德的不认同"。[92]

以上几位的解释都有点牵强附会。其实，还有（应该说）更多的研究者保持了谨慎的态度。严靖说，"无论是《戴望舒著译年表》《戴望舒著译目录》，还是戴望舒的各种文集都没有提及此书"。[93] 为此他还表示遗憾和不满，因为他想当然地认为这些资料的编著者们应该提及此书。殊不知，他们之所以不提，恰恰反映了他们的认真和严谨。没有望舒的署名，我们就不能贸然凭一条半条孤证和传闻，就说是他的。

现在大家都可以放松了，不必再苦心孤诣地去为望舒圆场了。

笔者揣测，"盗印"是引玉书屋版郑超麟匿名的原因。

真正要了解引玉书屋版匿名的原因，关键是要弄清楚这家昙花一现的出版社及其出版此书的背景，最好是能找到当事人的自述。但这一切似乎都不可能了，因为到现在为止我们对这家出版社没有任何其他信息可以来佐证我们的推测，所以我们的推测只能是推测，还需要做进一步的考证。

郑超麟和施蛰存都是这一学术公案的最重要的当事人，两人都超级长寿，郑一直活到1998年，而施则到2003才仙逝，两人一生的大部分时光（尤其是后半生）都在上海；但这两位上海滩上的文化名人相互之间似乎并没有交集。这导致了这一公案被长期搁置，得不到解决。如果两位老人有过直接的交往乃至交流，这层窗户纸早就一下就捅破了。但事实似乎是：直到去世，他们似乎都没有意识到这一公案的存在。

施之所以不知，是因为他就认为，那是望舒的译本，没有什么可以怀疑的。

而郑之所以不知，是因为他自始至终都被蒙在鼓里。此间有两个证据。

1. 郑晚年写过不少回忆文字，他人也写过不少关于他的介绍文字；无论是他自己还是别人，都提到过他翻译的《从苏联归来》，但都不曾提及引玉版。他有可能知道引玉版，但他肯定不知道引玉版用的是他自己的译文；假如他知道，尤其当他知道有人把这个版本说成是戴译时，他应该会出来发表维权声明。当然，还有一种可能性更小的可能，那就是他知道这个版本，也知道有人说那是戴译；问题是，他也相信了这种说法，所以没有想到去调查一下：那是否是他自己的译文。

2. 辽宁教育出版社重版他的译文时，他曾写了个序，题目就叫《关于〈从苏联归来〉》。这个序呢，在书出版（1999年1月）之前，先在广州的《随笔》杂志（1998年第4期）上登载了。极为微妙的是：在序言的题目下面，估计是杂志社的编辑加了注解："《从苏联归来》及续篇已在《读书之旅》第一辑发表。"要知道，《读书之旅》上译者的名字赫然署的是"戴望舒",而不是他郑超麟！这条注解显然是张冠李戴了,把戴译说成了郑译。郑恐怕没有读到这条注解,或者说没有读到这期杂志。否则,他应该是有兴趣去了解一下,《读书之旅》为什么在不通知他本人的情况下擅自发表了他的译作？如果他了解到那不是他的译文,而是戴译,那么,他有可能还会要求《随笔》的编辑更正这条注解的内容。因为他译的《从苏联归来》根本没有在《读书之旅》上发表过。他之所以没有读到这期《随笔》和这条注解,是因为《随笔》是双月刊,第4期的发行应该是在8、9月间,而他在当年8月1日就去世了。不久,钱伯诚发表《翻译家郑超麟》一文,悼念他,文章最后说,"郑超麟本人对纪德的书也很重视（他们二人在精神人格力量方面如此相似）,他特为此次重印写了新序,这恐怕是他的绝笔了。可惜未能'忍死须臾'及见此书出版,不能不说是一大遗憾。"[94] 在这篇序中,郑没有提到引玉版,这表明他在写作此序时（1997年）,仍然不知道这个版本或者说至少不知道这个版本用的是他的译文。本来,那条注解是一个绝佳的机会,郑有可能亲自揭开引玉版的真相。但是,直到他撒手人寰,也没有看到他再版的书,也没有看到发表他新序的杂志,也就错过了那条注解,错过了这个机会。引玉版的真相一直被掩藏到了今天！

关于引玉版的匿名原因,本人有一个未必不大胆的假设：那是"盗印"书。这里有两个问题：1. 为何要"盗印"？ 2. 为何始终没有被人（尤其是权利人郑超麟）发现？

1937年4月《从苏联归来》郑译本由上海亚东图书馆印行伊始,就引起了不小的轰动。据郑晚年说："我刚译好,尚未付印,就引起了一次争论。我出狱后，听说销售很多，重印了好几次，发生了相当大的政治影响；也引起了争论。但我出狱后已经是全面抗战时期，人们已不去讨论拥苏反苏问题了。不过，新中国成立后，我入狱，我译的《从苏联归来》一书还是被列为罪证，公安局的审讯员斥责道：你译的反动的《从苏联归来》的书阻止了好多青年人投奔延安！"[95]

这段文字里透露出非常丰富的信息。

首先，"重印了好几次"应该是亚东自己的作为，引玉的"盗印"不在其中。"发生了相当大的政治影响"是"盗印"的缘起。"争论"一词重复了两次，表示书出前后，都发生了，引玉的"盗印"可以看作争论的延续。争论必须至少有对立的两方。原书本身被认为是反苏反共的，那么，另一方必然是亲苏亲共。至今为止，我们对引玉书屋及其编者一无所知，但可以推断他们是亲苏亲共的。他们把《真理报》和罗曼·罗兰对纪德的措辞严厉的批评放在正文前面，已经说明了他们的立场。最前面的"题记"以前被王文彬放到《戴望舒全集》里，现在看来既不姓戴也不姓郑，而是无名氏。本来嘛，谁说"题记"一定由著译者自己来写？难道不能是某位编者所撰？总之，我们现在难以确定它到底出于谁的手笔。这个题记确实值得玩味，表面上显得比较客观，实际上是对纪德的微讽和为苏联辩护："我们之所以出版这本书，不是想毁谤苏联，那是一种无益的事。""读了这本书，任那些利用纪德的人怎样宣传，只要读者是纯洁的健康的，他会了解苏联的实在情况。"[96]只不过，通过这样的方式所进行的辩护显得力不从心，可能是由于"盗印"的量不大，销售得更少，远远没有取得预期的效果。否则，假如盗版能打败正版，正版的影响就会被削弱，也就不会有那么多青年，因为读了反动的正版而不去投奔延安了。

76年过去了，引玉的"盗印"勾当之所以始终没有被发现，笔者以为，有以下几个原因。

1. 1937年，郑超麟是政治犯，被国民党关押在中央军人监狱里。他是偷空偷偷译出《从苏联归来》的。监狱是一个闭目塞听的所在，书在监狱外面的出版和流传、影响情况，他是出狱后才有所知的。新中国成立后，他是托派政治犯，被关在上海提篮桥监狱里，长达27年。他就更无从去了解自己译著被"盗印"的情形了。

2. 他出狱后，如果社会太平，他工作生活都顺遂，那么他是有机会得到书被"盗印"的信息的。但他于1937年8月23日出狱，那时卢沟桥事变已经爆发，在全面抗战的文化语境下，"人们已不去讨论拥苏反苏问题了"。在连正版都不受人关注的情况下，盗版就更不会进入人们的视野了。

3. "盗印"本本身是隐的，所以被发现的概率偏低。

4. 他本人并不把翻译当作名山事业，出版译著时用的是不同的笔名，正如钱伯诚在《翻译家郑超麟》一文中所说的："那时他是作为革命工作一部分来从事翻译的，不为名，更不为利。翻译的书上不署译者名字。"[97] 我刚读到这最后一句话时，还以为它指的是引玉版的匿名现象；诚如是，则钱是知道引玉版实为郑译；但是，我再看下文，就明白，钱说的不署译者名字，是指不署译者的真名，而是署了笔名。由于郑用的笔名也有多个，恐怕连他身边的人也未必都了解，那么，万一有人发现引玉版实为亚东版之"盗印"本，也不一定会去跟他说。

由于上述种种内外原因，郑直到98岁高龄离世，也不知自己的作品仅仅出版一个月，就在同一座城市被人"盗印"！

他比戴幸运的是：他活到了足够的年龄，在逝世前，至少知道自己的这本早年译著要被官方出版社重版了。严靖的文章虽然可能因为立论基础的不存在而会倒塌，但他在文章最后表达的一个愿望，值得我们珍视：他"期待戴译能再出单行本"。我也在此呼吁：戴译能出版单行本——不过，不是"再出"——因为它压根就不曾单独以书的形式出版过。

第六节 /
加入"左联"并参加成立大会

望舒的革命倾向表现得最明显的是他参加过左联。

在左联研究界，望舒作为或者曾经作为左联作家的身份似乎从未曾得到充分的认可。

《三十年代在上海的"左联"作家》一书有"戴望舒"的词条，而且不短，是戴望舒研究专家应国靖撰写，但这是泛泛的介绍，对望舒与左联的关系着墨反而不多。而在左联研究界，望舒作为或者曾经作为左联作家的身份似乎从未曾得到充分的认可。姚辛先生被认为是左联研究的主要学者之一，他的《左联词典》和《左联史》被认为是两个重要的研究成果；但他对望舒与左联的关系，要么语焉不详，要么张冠李戴，甚至人云亦云。

《左联词典》中"盟员简介"中有戴望舒，不过，说他是"1931年加入中国左翼作家联盟"。[98] 后来《左联史》说，望舒参加了1930年3月2日的左联成立大会[99]。按照施蛰存的追叙，望舒不仅参加大会还加入了左联。[100] 不知是巧合还是故意，《左联词典》的"盟员作品简介"部分却没有了望舒的名字，倒是列出了望舒的几篇译文目录：《求真者》《唯物史观的文学论》《一周间》《高龙芭》和《良夜幽情曲》，但全部归到了左联作家"戴平万"的名下。事实上，只有《求真者》（美国作家辛克莱著）是戴平万所译（1933年4月亚东图书馆出版），其余都是望舒所译。此戴非彼戴也。这种张冠李戴的错误也太大了。

《左联史》只说望舒参加了成立大会，而且在440人左右的左联成员大名单中有望舒，[101] 这说明姚辛认可望舒参加大会时就加入了左联，成为左联第一批盟员。但是，盟员和另类盟员[102] 的专门介绍中都没有望舒。在加入左联前后，望舒翻译介绍了大量苏联革命作品。但姚对此却避而不谈。653页"左联作家对马列经典文论的翻译研究"章节旦没有望舒，661页"左联部分作家对俄国和苏联文学的研究成果"章节里也没有望舒，甚至663页"欣欣向荣的文学翻译"重点谈到了鲁迅、冯雪峰、郭沫若、胡风等人的翻译，唯独不提望舒；还专门谈到了"科学的艺术论丛书"，却没有谈到后来它演变成"马克思主义文艺论丛"，似乎故意在回避望舒，因为望舒翻译的《唯物史观的文学论》就是作为"马克思主义文艺论丛"之一种出版的；因为要回避，连"马克思主义"的字眼都省略掉了。不知这是什么思维？

《左联史》中还以大量篇幅谈到左联的诗人诗作，但望舒不仅被排除在外，而且只有在被作为反面典型时才出现他的名字。[103] 如姚首先介绍的是左联所属的"诗歌研究会"及其所创建的中国诗歌会，由穆木天负责，成员有森堡（任均）、蒲风、柳倩等，在研究会诗人们的推动下，建立了中国诗歌会，出版会刊《新诗歌》。这是左联所有研究会中较为活跃也相当有成绩的一个机构。无论是在诗歌研究会还是在中国诗歌会，无论是在《新诗歌》这块阵地还是在由左联主导的"诗歌丛书"[104]里，都没有望舒的一席之地。

那么，望舒从思想、文本到行动与左联到底是什么样的关系？他为何加入又为何退出？如何加入又如何退出？

前面我们已经说过，望舒年轻时，就被冯雪峰引上"左倾"的思想之路。

1930年3月2日，左联在中华艺术大学召开成立大会，接到雪峰的通知，望舒和杜衡就去了，还正式加入了协会，成为左联第一批盟员。

在加入左联后，望舒继续发表了大量无产阶级革命倾向的作品，尤其是译著，可以说是相当"遵""命"。

加入左联之后的一段时间里，尽管望舒的思想和著述继续"左倾"；但在行动上他与左联似乎不即不离甚至没有下文了。

望舒更加关注的与其说是革命文学，还不如说是文学革命。他认为，中国文学需要不断的变革和创新，才能有出路。而文学革命的契机和方式就是引进国外先进的文学思潮和风格。所以当时在为《无轨列车》刊登的广告词中，望舒他们表达了对外国文艺新潮的不倦而全面的追逐心理，这样的新潮主要包括新俄（即苏联）文学、日本新感觉主义、欧洲现代派等所谓的"世界新兴艺术"。其中新俄文学侧重于革命内容，而不是文学本身；后两者则属于文学革命范畴，他们译介得特别起劲。如第1—2期连载了徐霞村翻译的《哇莱荔的诗》，"哇莱荔"就是法国后期象征主义诗歌大师瓦雷里。第4期推出了另一位法国作家保尔·穆杭的专号，有望舒译的穆杭的两篇小说《懒惰病》及《新朋友们》，还有刘呐鸥译的克雷米厄写的《保尔·穆杭论》。第5期发表了望舒译的法国后期象征主义诗人保尔·福尔的诗作《我有些小小的青花》。第7期有日本新感觉派作家片冈铁兵的《一个经验》。第8期则有西班牙现代作家阿索林的《斗牛》。总之，在望舒他们眼里，苏联文艺包括马克思列宁主义，只是多种"世界新兴艺术"中的一种，而且还不是最重要的一种；他们只想借鉴之，而不想膜拜之。

正如陈丙莹所精辟指出的，望舒"他们的政治、文艺思想显然与左联文学运动是不同的"。[105] 当时左联的机关刊物是丁玲主持的《北斗》，望舒只在上面发表过两首小诗《昨晚》和《野宴》（1931年10月第1卷第2期）、一篇小文章《一点意见》。《昨晚》写的是诗人对日常事务的敏感，《野宴》体现出戴望舒人生境界向自然回归的倾向，他开始追求老庄式的人与自然合一的理想状态"[106]；可以说，这两首诗都没有多少革命气息。他的诗歌创作和文学翻译并没有同步影响的关系，甚至是有些脱节。《一点意见》显露的则是"与一般左翼作家在文艺思想上的距离"。[107] 他参加过《北斗》主持的一次笔谈，并发表讲话《创作不振之原因及其出路》；此外，他同左联没有更多的关联。而且，这点关系也仅仅因为他是当时的名诗人，跟丁玲还是同学，跟冯雪峰是挚友。左联可能并没有把他引为革命文学的同路人，他也可能并不认可左联的宗旨。他的革命诉求是隐含在文学之中的，这跟左联的直接在台上自白是不一样的。

不知道是望舒自己不愿意还是左联诸公不同意，反正他没有参与"诗歌研究会"及其所创建的中国诗歌会。论诗人的资历、水平和声望等综合因素，左联中无出其右者，但他不仅不是负责人，连"诗歌研究会"的普通会员都不是。

1930年4月29日，左联召开第一次全体盟员大会，但因通知不周，到会盟员仅30余人。[108] 不知道望舒是否接到通知，反正他没有参加。不知道是望舒的不积极参与惹恼了左联诸公还是他们本来就看他不入眼（也许他更不把他们放在眼里）。1932年9月，中国诗歌会在上海成立，他们觉得他团结起来作为一个集体可以超过他了，于是酝酿批他，而且是点着他的名骂到他的鼻子上去。"左翼诗人们一致认为，有必要组织一个诗歌团体，以对抗新月派、象征派和现代派"。[109] 中国诗歌会的大将任均在《略谈一个诗歌流派——中国诗歌会》一文中说："徐志摩、李金发、戴望舒所代表的三个流派的诗人，他们都站在资产阶级、小资产阶级的立场，严重脱离现实，或有意无意地歪曲现实！我们绝对不同意这种倾向，我们坚决反对这种做法！"[110] 另一员大将蒲风用《中国现代诗坛》一文来呼应："只有新月派、现代派的诗人是聋子，他们永远听不见大众的呼声。你看看那《新月诗选》和《望舒草》就明白，他们写的距离大众十万八千里！"[111] 他们认为，只有听见大众的耳朵才是耳朵。朋友的、爱人、大自然的声音，即使听见了，也还是聋子。听清风，望明月，被他们视作大逆不道。

类似的批评文章还包括柳倩的《〈望舒诗论〉的商榷》。左翼阵营颇有东风压倒西风、后来者居上的做派。

任均们的这些文章基本上都发表于中国诗歌会的机关刊物《新诗歌》，它于1933年2月创办；那时，徐志摩离开了人间，李金发离开了诗歌——转而专志于其美术本业，望舒虽然距离这一干人有十万八千里之遥——远在法兰西，但论诗歌而言，他一直在现场，而且他在上海还有"耳目"——施蛰存等朋友显然读到了这些文章，而且马上写信告诉了他。尽管他当时于穷愁间靠翻译度身，无暇多顾及诗歌乃至自己的诗名（已经是准第一把交椅了，可能这也正是穆木天他们要拿他当靶子的原因）。有论者说，"个人感情生活的悲欢成了他精神世界的轴心，也把他压得直不起腰杆。因而他自然无心关注就在身边发生的论争。"[112] "个人感情生活的悲欢"指的是他想结婚而未婚妻迟迟不同意，"论争"指左翼作家与"自由人"胡秋原和"第三种人"杜衡等的对骂。双方都有他的好朋友（冯雪峰和杜衡），他能说谁的不是？不过，他"当然并非没有倾向；他的同情是在杜衡一边的"。只不过，那时他还不愿意"同左联作家公开对峙"。[113] 光就中国诗歌会对他的骂阵而言，则并没有发生在他身边（远隔重洋呢），但他觉得对方的手指已经快要戳到自己的鼻梁，于是，他开始披挂上阵。

1933年3月23日，望舒在法国写了《法国通讯——关于文艺界的反法西斯蒂运动》，寄回国内，施蛰存很快就在6月份出的《现代》杂志上刊出。这篇文章引起了鲁迅的注意和反感，当时（六月四日）就写了批驳文章。戴文惹恼鲁迅的主要是两句话，这两句话被鲁迅概括为对左翼作家的两个指责，即"愚蒙"和"横暴"。鲁迅说："不过戴先生在报告这事实的同时，一并指明了中国左翼作家的'愚蒙'和像军阀一般的横暴。"[114] 之前，鲁迅虽然知道戴与"第三种人"杜衡是至交，戴的基本价值观是中偏右的；但由于戴没有公开表态，所以鲁迅一直没有对他"另眼相看"。恰恰相反，他认为戴参加过左联的成立大会，也译介过相当多的革命作品，大致属于同一阵营的，因此，他把戴文看作"从背后射来的毒箭"，令他倍感失望与愤慨。再说，望舒用的这两个词也着实厉害了点，所以鲁迅说："我却还想来说几句话。"[115]

戴的第一句话的原文是："忠实于自己的艺术的作者，不一定就是资产阶级的'帮闲者'，法国的革命作家没有这种愚蒙的见解（或者不如说是精明的策略）。"[116] 尤其是"愚蒙"二字，让鲁迅颇为恼火，因为他自认为革命作家，而戴的潜台词是中国的革命作家愚蒙。他辩驳道："左翼理论家无论如何'愚蒙'，还不至于不明白'为艺术的艺术'在发生时，是对于一种社会的成规的革命，但待到新兴的战斗的艺术出现之际，还拿着这老招牌来明明暗暗阻碍他的发展，那就成为反动，且不只是'资产阶级的帮闲者'了。至于'忠实于自己的艺术的作者'，却并未视同一律。因为不问那一阶级的作家，都有一个'自己'，这'自己'，就都是他本阶级的一分子，忠实于他自己的艺术的人，也就是忠实于他本阶级的作者，在资产阶级如此，在无产阶级也如此。"[117] 这段话分两层意思，一是回顾"为艺术的艺术"这个口号当初提出时是对"一种社会的成规的革命"，具有积极的先进意义。法国诗人、作家戈蒂耶于1836为其小说《莫班小姐》写了长序，不仅对种种扼杀艺术个性的政治、宗教或道德提出了强烈抗议，还鲜明地表述了"为艺术而艺术"的思想："只有毫无用处的东西才是真正美的；一切有用的东西都是丑的，因为那是某种实际需要的表现，而人的实际需要，正如人的可怜的畸形的天性一样，是卑污的、可厌的。"

第二句话是："我不知道我国对于德国法西斯谛的暴行有没有什么表示。正如我们的军阀一样，我们的文艺者也是勇于内战的。在法国的革命作家们和纪德携手的时候，我们的左翼作家想必还在把所谓'第三种人'当作唯一的敌手吧！"[118]鲁迅受够了军阀的罪和苦，最痛恨的就是军阀和军阀作风；所以，当望舒指桑骂槐地称他这样的左翼作家为军阀时，他就气不打一处来。请注意，戴原话中并没有"横暴"一词，那是鲁迅推理出来的，因为横暴是军阀的最典型特征。望舒虽然认可当时左翼作家与第三种人是敌手，但他可能还冀望双方携手；对此微妙含义，鲁迅觉察到了；不过，他是不同意双方罢战。"戴先生看出了法国革命作家们的隐衷，觉得在这危急时，和'第三种人'携手，也许是'精明的策略'。但我以为单靠'策略'，是没有用的，有真切的见解，才有精明的行为。""左翼理论家就必须更加继续这内战，而将营垒分清，拔去了从背后射来的毒箭！"[119]

据说，正是因为这次遭到了鲁迅的批评，戴一怒之下退出了左联。[120]但，据笔者了解，戴没有发表声明也没有办理什么手续；左联也没有一套正儿八经的退出机制。

1931年"九一八"事变后，越来越多的作家加入文学抗日的洪流中。1934年10月，周扬明确指出，当时中国所急需的是"国防文学"。稍后，诗歌界紧跟国防步伐，提出了"国防诗歌"的口号，提倡者正是中国诗歌会的成员。蒲风在《国防文学与诗歌大众化》一文中，提出"国防诗歌"的两个要求。一是"以反帝及组织民众鼓吹民众锻炼民众为内容"；二是"以大众化为唯一条件，作为形式去传达内容"。[121] 蒲风还举起言论的棍子，直接粗暴地"打"过望舒，他嘲骂望舒在《望舒草》中："轻轻的唱出他的虚无，写出他的古旧的回忆，他诚有没落后投到都市里来了的地主的悲哀啊！"[122]

望舒本来是同情左翼思潮的，但他在诗歌的艺术追求上与左翼理论家们背道而驰。他决不因为多数人如何说，他就随声附和；他宁愿背负骂名，也要坚持自己的见解。他在"国防诗歌"问题上，从维护诗歌艺术品位出发，不惜与左翼针尖对麦芒。1937年4月10日，他发表《关于国防诗歌》一文以阐述自己对所谓国防诗歌的见解。[123]

"戴望舒写诗不是凭着为政治服务的责任感，而是'情动于中而形于外'的流露"。[124] 望舒之所以反对国防诗歌，是因为国防诗歌的偏狭、粗糙、工具化和非人性，而不是完全反对诗歌对于国防的责任和意义。他尖锐地批评"国防诗歌"论者"不了解艺术之崇高，不知道人性的深邃"，对于他们来说"一切东西都是一种工具，一切文学都是宣传"，而且"他们本身就是一个盲目的工具，便以新诗必然具有一个功利主义之目的了"。望舒对于"国防诗歌"在艺术上的粗制滥造极为不满，他说："现在的所谓'国防诗歌'呢，只是一篇分了行、加了勉强的脚韵的浅薄而庸俗的演说辞而已。"[125]1939年初，在给艾青的一封信中，他也表达了类似的激动的看法："抗战以来的诗我很少有满意的。那些肤浅的，烦躁的声音，字眼，在作者也许是真诚地写出来的，然而具有真诚的态度未必就是能够写出好诗来。那是观察和感觉的深度的问题，表现手法的问题，个人的素养和气质的问题。"[126]他之所以看不起国防诗人，主要是因为他觉得他们的文学素养太差、太业余、还没有摸到诗歌的门道，就开始用诗歌来国防。他认为，首先应该把诗写好，然后才能用好诗去服务于国防建设。西班牙抗战谣曲是为抗战服务的，具有直接明显的功利要求，但那些诗都是"从内心深处发出来的和谐，洗练过的……不是那些没有情绪的呼唤"。[127]所以他译了许多西班牙抗战谣曲。为了达到抗战这一实用目的，蒲风主张大众化，只有大众化才能实用化。在《国防文学与诗歌大众化》一文中说，他强调，左翼和进步诗人应该多写民众易懂的歌谣体之类的作品。戴望舒用亲身经历和试验的事实证明，"国防诗歌"论者虽然大力鼓吹大众化，但他们的作品"所采取的形式，它的表现方法，它的字汇等等，都是不能和大众接近的（为了实用起见，那些国防诗歌的倡论者实在应该放开了诗而走山歌俚曲那一条路，我不懂他们为什么抓住了诗不肯放手），其结果只是自写自读自说的书斋里的东西而已——而且是怎样寒伧的一个书斋啊！"[128]最后望舒辛辣地说，"国防诗歌"在艺术上不是诗，而在效果上又于国防无补，所以根本没有存在的必要和根据。

与左翼诗人分道扬镳之后，望舒基本上采取与他们井水不犯河水的冷漠态度。《新诗》是他参与创办的一个刊物，从1936年10月创刊到

1937年7月不得不停刊，一共出了10期。据统计，在《新诗》上发表作品和译品的有八九十人，数量不可谓不多，也确实南北都有，而且"新月""后新月"和"现代"济济一堂；但客观地说，《新诗》只团结了当时诗坛一半的人马，那就是望舒在《关于国防诗歌》一文中所说的"但为'幸福的少数'或甚至但为自己写着的那些诗人们"。[129] 或许，《新诗》创办的初衷就是要把被左翼骂得狗血喷头的所有其他流派的诗人联合起来，以形成与左翼对峙的局面。因此，他们对于左翼诗歌界是采取排斥态度的，当然不可能在自己所主持的刊物上给左翼诗人留出版面。

第七节 /
第一部诗集《我底记忆》、从前期象征主义到后期象征主义、爱情诗与革命诗

《我底记忆》是望舒自己编定的第一本诗集，由他自己主持的水沫书店于1929年4月印行，初版印了一千册。诗集收录了他在1929年之前创作的诗歌共26首，分成三辑：《旧锦囊》《雨巷》和《我底记忆》。这些诗大部分都发表过。

《旧锦囊》中确实有浓重的旧文化痕迹或信息，甚至有人说是"象征派的形式，古典派的内容"，其实形式上的古典味也很浓烈。有研究者认为，"他的诗歌，无论是意境的创造，情感的抒发还是表现的技巧，选择的形式，都具有鲜明的民族特色"。[130] 早在1933年，《望舒草》刚刚出版后不久，诗人程千帆就发表评论，说到了望舒诗歌的旧的特征：

"不仅对于旧题目如《微辞》《少年行》《有赠》《游子谣》和《妾薄命》等，取来应用，就是富有旧的气息的句子，亦被利用。"[131]

在写作《旧锦囊》时期，望舒还没有达到对传统进行创造性转化的程度。这里涉及两个问题。一是他对传统文学的态度，二是他对自己诗歌的古化倾向的态度。前者他是明说了的，如《望舒诗论》第十条中说："旧的事物中也能找到新的诗情。"第十一条说："旧的古典的应用是无可反对的，在它给予我们一个新情绪的时候。"[132] 龙清涛认为，"'旧锦囊'一词有其本义上的否定之意"，[133] 吴晓东也认为："作者将第一辑取名为《旧锦囊》，显然有否定它们的意向。"[134] 吴是顺着说的，即这些旧作望舒自己后来都感到不满意；龙是反着说的，即它们虽然"很明显是诗人早期带有练笔性质的作品被保留下来的那部分"，不能让人满意；但"作为披沙拣金、数经筛选的最终还是被诗人决定保留的仅存之作……自当有其艺术上的存在价值和可取之处"。其实它们的可取的价值何止是"艺术上"的？笔者以为，"旧锦囊"一词的肯定之意要大于否定之意，因为锦囊虽旧，但也还可能是美轮美奂的，敝帚尚且要自珍，锦囊为何要"惟恐之弃不及"？事实上，在编选过程中，望舒已经做了"弃了又弃"的工作，已经把那些他认为不甚满意的作品排除在外了，所以留下来的都是他认为值得收留的；他不像我们当今的部分诗人那样，以为出一本诗集难于上青天，好不容易有机会出，拼命想把所有的作品都塞进去，弄得整部诗集像一个垃圾桶，里面塞得满满的，只有极少一点东西值得回收。望舒对于诗歌写作是极其认真而严肃的。《旧锦囊》只收诗作12首，但望舒的早期诗作绝对要多得多，因为青年时代要是爱上写诗，总是会上瘾的，有时一天不写就会感到难受，青春激情和初始兴趣往往产生大量习作，而望舒只保留了这么几首锦囊妙"诗"，我们怎么能口口声声说他自己要否定它们？

话说回来，《旧锦囊》确实具有许多学习和模仿的痕迹。习仿的对象主要是法国的浪漫派和象征派、英国的颓废派以及中国的新月派。卞之琳说："望舒最初写诗，多少可以说，是对徐志摩、闻一多等诗风的一种反响。"[135]

正如阙国虬所指出的，"戴望舒所受的法国浪漫派影响，这个问题往往为人们所忽视"。[136] 他认为，杜衡在《望舒草·序》中说："本来，他所看到而且曾经爱好过的诗派也不单是法国的象征诗人"，这不是空穴来风。他总结望舒受法国浪漫派影响的主要原因或者说路径有二。一是直接的，即望舒在求学期间，首先接触的是浪漫主义的作品，如雨果、夏多布里昂、拉马丁等人，而且他也喜欢并翻译过他们的作品。二是间接的，即望舒在开始写诗时，"正值新月派诗人大力介绍英美浪漫派诗歌及其理论，提倡新诗格律化，并给予了新诗坛极大的影响"。望舒自然也受到了闻一多、徐志摩这两位当时执新诗之牛耳者的影响，通过他们，尤其是"诗思、诗艺几乎没有越出过十九世纪英国浪漫派雷池一步"[137] 的徐志摩。

阙国虬认为，望舒所受的浪漫派影响主要表现在两个方面。一是"从夏多布里昂等消极浪漫派的作品中"接受思想，所以《旧锦囊》一辑中的那些早期作品"充满了自怨自艾和无病呻吟"。[138] 侯江也说："法国消极浪漫派的影响也在他的诗中有所表现"。[139] 其实望舒曾经痴迷过一阵子并作过翻译的英国颓废派诗人道生也可归入后期浪漫派之列，或者说是消极浪漫派的余绪。望舒早年作品中写得最没落、最绝望的莫过于《寒风中闻雀声》的最后一节：

> 唱吧，我同情的雀儿，
> 唱破我芬芳的梦境；
> 吹罢，你无情的风儿，
> 吹断了我飘摇的微命。

浪漫派对望舒的艺术上的影响是他的主观性，因为"主观性是浪漫主义文学最突出最本质的特征"[140]，即华兹华斯所说的"描写或模仿热情"，而不是寻求一个"热情"的象征物。正如我们在前面所说，《旧锦囊》中确实有不少直抒胸臆的作品。如《可知》的第一节：

> 可知怎的旧时的欢乐
> 到回忆都变作悲哀，
> 在月暗灯昏时候
> 重重地兜上心来，
> 啊，我的欢爱！

阕国虬还指出："望舒的《夜》一诗用了拉马丁的名诗《湖》中的诗句，而《夜》的缠绵悱恻的情调与《湖》又是十分相近的。拉马丁作品中忧郁、孤独的主题在望舒的《旧锦囊》中得到了呼应。"[141]

望舒从闻一多、徐志摩这两位诗坛先进那儿获取的主要是外在韵律和格式，而从英法诗歌那儿汲取的主要是"忧郁的情调"。如开篇第一首《夕阳下》，虽然它不是被切得方方正正的"豆腐干"体，但它在形式上的确非常整饬。如每节四行，每行的音步数是或三或四，前面以三音步为主，后面以四音步为主，而且还押韵，或二、四行押，或一、二、四行押（即绝句韵法），而节与节之间的韵脚则不同。这些做法确实可以看作是"新月派诗歌原则的不甚熟练的实验"。[142] 试看最后一节：

> 幽夜偷偷地从天末归来，
> 我独自还恋恋地徘徊；
> 在这寂寞的心间，我是
> 消隐了忧愁，消隐了欢快。

尽管诗人最后说是"消隐了忧愁"，似乎是不再有痛苦，还说是"消隐了欢快"，似乎心灵归于平静。但读罢全诗，并不能让人平静，诗人自己最后也未必真的平静下来了。整首诗弥漫着一股无法驱遣的无奈与愁怨，这种情绪是通过贯穿于全诗的几个带"幽"字的组合造成的，因为"忧"与"幽"同音。如"幽灵""幽夜""幽古"等，我们仿佛看到诗人独自徘徊、独自低语的寂寞身影。

第二首的格律就更加严整了，放到闻一多的《死水》集中，不会让人有不协调的感觉——当然，我说的只是形式上的感觉，而在内容上，闻一多没有这样的悲抑、颓唐和拖泥带水，闻一多的调子是明朗的，哪怕绝望也是决绝的；望与闻，一曲一直，一低一高，一向下一向上，截然不同。而望舒的情调当然根本上是他个人凄苦、无望的心境的写照，而从影响上来说，我们可以见出以道生为代表的英国颓废派和以魏尔伦为首的法国象征派的作用。而以魏尔伦的影响为最重要。

魏尔伦的《泪珠飘落萦心曲》对望舒当时的创作具有直接的影响，如《凝泪出门》便是。两人都写心境。魏尔伦的心境充满了"泪珠""离愁""忧思""凄楚""怨虑"等，望舒的心境何其类似，"凄凉""愁怀""凄绝""愁苦"。从总体情景到具体措辞，这两首诗如出一辙。两人都有女性化倾向，望舒也喜欢以女性化的花自比，像整日伤春悲秋、泪不离面的林黛玉似的。两人都喜欢用叠韵和内韵，都喜欢直接把表现心理状态的词语使出来，即"直接指称情感的词语"，[143]而不是通过具体丰富生动的形象，而且不厌其烦地反复用，直到读者厌烦了，他还在用；好在他作品总数不多，否则他的自我重复将达到让人无法忍受的程度。我们读他的一首诗，觉得挺受感动的，但如果把他早期的十几首作品放在一起读，则会感到厌倦，因为他的措辞是单调的，意象也就那么几个，至于心绪则更是一律的徘徊、凄恻、苍白。他抓住一个他喜欢的词，就拼命榨取它的功能，直到它成为渣滓，还舍不得扔掉。如他特别嗜好"泪"以及跟泪有关的词汇和表达法，譬如："低泣""哭泣嘤嘤地不停""堕泪""泪儿"（《静夜》），再如"呜咽"（《山行》），还如"泣诉""香泪"（《残花的泪》）等。

需要指明的是，望舒在接受魏尔伦的影响的同时，实际上也把魏尔伦望舒化了，或者说中国化了；这是诗人翻译诗歌的一个习惯做法。他早年的创作和翻译都带着浓重的旧诗词的痕迹，翻译和创作之间的界线几乎被这种痕迹给抹平了。措辞不用说，连句式也似乎是婉约词的某些句子的稀释状态。用卞之琳的话来说，是"倾向于把侧重西方诗风的吸取倒过来为侧重中国旧诗风的继承"。[144] 即望舒把翻译外国文学都当成继承本国传统的一种方式了。

试比较魏尔伦诗的最后一节和望舒诗的第一节：

魏：

> 沉沉多怨虑，
>
> 不识愁何处；
>
> 无爱亦无憎，
>
> 微心争不宁？

戴：

> 昏昏的灯，
>
> 溟溟的雨，
>
> 沉沉的未晓天；
>
> 凄凉的情绪；
>
> 将我底愁怀占住。

望舒早年诗歌形式上的传统还表现在段式上，如多用四行段，其次是三行段，这种合于传统的格律化追求的最集中体现是《十四行》，因为这首诗由两个四行段和两个三行段组成，采用的是所谓的意大利体的篇式。十四行是从欧洲舶来的一种诗歌体裁，原来具有非常严格的格律。但像现代中国的许多十四行一样，望舒的这一首，也徒然具有十四个诗行而已，连行与行之间的音步数都不一致，最长一行有七个音步，"那里／可怜的／生物／将欢乐的／眼泪／流到／胸膛"，而最短的一行才四个音步，"或是／死鱼／飘翻在／浪波上"。韵式更是他的自创，前面两节用的是双行换韵法，后面两节用的是随韵法。这种韵法在欧洲十四行中是没有先例的；所以望舒的十四行实际是一首"自度曲"。望舒在诗歌形式上的追求绝对不如闻一多、徐志摩那样的执着与认真，所以所用心力也不是太多；他对形式的态度是矛盾的，也是洒脱的。他不愿意因循，也不愿意自己打造形式的桎梏；兴致来时，他会刻意一下，但他不会在某一种形式上停留，他愿意不断有新的形式冒出来，他宁愿在破与立之间徘徊。正是这种求变的美学追求使望舒的诗歌成就超越了闻和徐，他的语式显得更加舒展、自由，更加合乎常人的呼吸模式和情绪节奏。

这种舒展自如更加明显地体现在《我底记忆》这一辑作品中。在那之前的《雨巷》一辑作品则体现了望舒在格律之中求自由的理想和技巧，这种理想不是没有合理的成分，这些技巧也不是没有高超的成就。

在体现闻一多诗歌美学原则上，望舒写于1927年的《雨巷》可以说是比闻一多还要闻一多，尤其在音乐美上达到了极致，"是戴望舒探索新格律诗的顶峰之作"。[145] 叶圣陶在《小说月报》编发这首诗时，"称许他替新诗的音节开了一个新的纪元"。[146] 朱湘在给望舒的一封信中说，《雨巷》在音节上完美无缺"，他说在"化西""化古"上，望舒实现了他一直在努力追寻的理想，还说这首诗"比起唐人的长短句来，实在毫无逊色"。[147] 由于叶圣陶的极力举荐，《雨巷》使戴望舒一夜成名，从此以"雨巷诗人"之名行世。关于这首诗的音律美，朱自清有过简短的定论，他说望舒"注重整齐的音节，但不是铿锵而是轻清的"。[148] 孙玉石一方面认为叶圣陶对它的盛赞"未免有些过誉"，另一方面又不得不折服于"它的音节的优美"，并作了精当、细致而全面的分析："全诗共七节。第一节和最后一节除'逢着'改为'飘过'之外，其他语句完全一样。这样起结复现，首尾呼应，同一主调在诗中重复出现，加强了全诗的音乐感，也加重了诗人彷徨和幻灭心境的表现力。整个诗每节六行，每行字数长短不一，参差不齐，而又大体在相隔不远的行里重复一次脚韵。每节押韵两次到三次，从头至尾没有换韵。全诗句子都很短，有些短的句子还切断了词句的关联。而有些同样的字在韵脚中多次出现，如'雨巷''姑娘''芬芳''惆怅''眼光'，有意地使一个音响在人们的听觉中反复。这样就造成了一种回荡的旋律和流畅的节奏。读起来，像一首轻柔而沉思的小夜曲。一个寂寞而痛苦的旋律在全曲中反复回响，萦绕在人的心头。"[149] 让我们来感受一下：

雨巷

撑着油纸伞，独自
彷徨在悠长，悠长

又寂寥的雨巷，
我希望逢着
一个丁香一样地
结着愁怨的姑娘。

她是有
丁香一样的颜色，
丁香一样的芬芳，
丁香一样的忧愁，
在雨中哀怨，
哀怨又彷徨；

她彷徨在这寂寥的雨巷，
撑着油纸伞
像我一样，
像我一样地
默默彳亍着，
冷漠，凄清，又惆怅。

她静默地走近
走近，又投出
太息一般的眼光，

她飘过
像梦一般地，
像梦一般地凄婉迷茫。

像梦中飘过
一枝丁香地，
我身旁飘过这女郎；
她静默地远了，远了，
到了颓圮的篱墙，
走尽这雨巷。

在雨的哀曲里，
消了她的颜色，
散了她的芬芳，
消散了，甚至她的
太息般的眼光，
丁香般的惆怅。

撑着油纸伞，独自
彷徨在悠长，悠长
又寂寥的雨巷，
我希望飘过

一个丁香一样地

结着愁怨的姑娘。

卞之琳先生曾指出，"丁香一样地结着愁怨"典自南唐词人李璟的《浣溪沙》中的句子："丁香空结雨中愁"，他说《雨巷》读起来好像是那句旧诗的"现代白话版的扩充或者'稀释'"。卞对望舒这首"最流行的抒情诗"并不看重，他严厉地说："用惯了的意象和用滥了的辞藻，却更使这首诗的成功显得浅易、浮泛。"[150]这样说仿佛是对望舒的面子的一种挽回和辩护，因为卞对望舒总体上的评价还是颇高的。而余光中则在总体上认为，望舒"只是一位二流的次要诗人"，所以他对这首诗的坏处说得更厉害："《雨巷》音浮意浅，只能算是一首二三流的小品……唯一真实具象的东西，是那把'油纸伞'，其余只是一大堆形容词，一大堆软弱而低沉的形容词……诗人真正的功力在动词与名词，不在形容词；只有在想象力无法贯透主题时，一位作者才会乞援于形容词，草草敷衍过去。"[151]凡尼也认为诗人只是"用一些皂泡般的华美的幻象来欺骗自己和读者"，"在内容上并无可取之处"。[152]其实望舒早年的知己杜衡早就指出过《雨巷》的"凑韵脚"的毛病。[153]

关于这首诗的外来影响，卞之琳说它"更接近魏尔伦的调子"。[154]宋乐永说它受到了法国象征派和西班牙诗人洛尔伽的双重影响。他说它"基本上是从外国象征派诗人那儿活脱过来的"。又说它"明显受西班牙诗人洛尔伽《低着头》一诗的影响"。他还引用了洛尔伽的那首诗，以证明那种影响的实证性存在。[155]但那显得有点牵强，因为两首诗从立意到意象到情调确实有相似之处，但正如卞之琳所说的，"无形中彼此有点合拍而已"，[156] 还谈不上实际的影响。宋本人在那个断语的稍前一点就暴露了他否定了自己的论据，他说望舒是"1932年去法国、西班牙等地学习考察，兴趣又先后转向了法国和西班牙的现代诗人"。[157]1927年的《雨巷》怎么可能受到1932年的阅读的影响呢？

关于这首诗的主题情思，曾对它作过专门研究的康林认为有三层："如以'我'的意象为中心来理解这个世界，本文可能是一个梦境的写照……如以'姑娘'的意象为中心来理解这个世界，本文可能是一段逝去的、让人依恋的实际经历的写照……如以'雨巷'的意象为中心来理解这个世界，本文可能是人生哲理或人生体验的暗示，结构关系传达着一种人生旅途中的孤寂和期待。"总之，是一个"多层的，立体的，象征的"语义体系。[158] 孙玉石则认为：虽然"就抒情内容来看，《雨巷》的境界和格调都是不高的"。但他觉得，《雨巷》还是有积极意义的，"人们读了《雨巷》，并不是要永远彷徨在雨巷。人们会憎恶这雨巷，渴望出离这雨巷，走到一个没有阴雨，没有愁怨的宽阔光明的地方"。当然，他最看重的还是《雨巷》在艺术上的优点，如运用象征主义的方法，如"接受古典诗词艺术营养的深深陶冶……诗人既吸吮了前人果汁，又有了自己的创造"，如它的音节的优美。

孙玉石还认为，望舒对音乐性的追求，"到《雨巷》是高峰，也是结束"。[159] 望舒一生最可贵的、最令人钦佩的，就是他的清醒的自我意识。《雨巷》使他出了名，但他并不因此而陶醉，而飘飘然，而不知自己姓甚名谁，从此躺在《雨巷》里享受已有声名带来的利益；别的人是会那么做的，哪怕对自我成就有所警惕和突破，也会在陶醉相当一段时间如十年八年之后；但望舒很快就对自己提出了更高的新的要求，很快就进行了自我反叛。他以一个现代诗人所具有的对诗歌本体的敏感，看出自己在音乐美方面的追求已不可能走得更远，因为现代诗的音乐性已经超越了那些外在格律的要求。或许正是他自信，在音乐美方面他已经走在了最前列，甚至已经超过了高举音乐性旗帜的闻一多和徐志摩；而且其中已经没有潜力可挖，连他自己也不可能再打破并重建新的纪录，也许他自己也感到了《雨巷》因为有空泛等毛病，而离着重形象和意义的现代诗相距甚远。所以，他决定对自己反戈一击。

在写作《雨巷》之后的第5个年头，即1932年，望舒发表了影响甚巨的十七条《望舒诗论》，开篇第一条就是："诗不能借重音乐，它应该去了音乐的成分。"如果说前半句还给音乐性一个面子，在诗歌中给音乐留了一个位置的话，那么后半句则彻底把音乐从诗歌中驱除了。他觉得这么泛泛一说，还不过瘾，于是在第五、第六、第七条，他又像扣动连发扳机似的，对那些音乐性外壳进行了扫射。第五条说："诗的韵律不在字的抑扬顿挫上，而在诗的情绪的抑扬顿挫上，即在诗情的程度上。"第六条说："新诗最重要的是诗情上的，而不是字句上的 nuance。"[160]"字"与"情"不正是一内一外吗？如果说《雨巷》没有得到读者的赞美和首肯，而是被人抓住把柄非议的话，那么他的这一180度的转变还容易让人理解些。望舒反叛的是他立足的基础，这充分显示了他在艺术创新方面的胆识。第七条说："韵和整齐的字句会妨碍诗情，或使诗情成为畸形的。"[161]这条让闻一多听来可能更加"耸人听闻"，因为它似乎是对闻一多诗歌观点的公然而直接的对抗，闻一多在发表于1926年的《诗的格律》中，一而再地强调"韵"，再而三地强调"整齐"，如他说："字数整齐的关系可大了，因为从这一点表面上的形式，可以证明诗的内在的精神——节奏的存在与否。"[162] 其实，闻一多是在"拨乱反正"的意义上来提出"整齐"之说的。在新诗草创时，在"旧传统如过街耗子"似的时代氛围里，谁敢冒天下之大不韪，承担那"落伍"的罪名？谁不曾反对过旧诗那种"平平仄仄"的整齐划一的劳什子？郭沫若论诗，主张"自然流露"，他在1921年时曾说："诗之精神在其内在的韵律"，即"情绪的自然涨落"，而"不是什么平上去入，高下抑扬，强弱长短，宫商徵羽；也并不是什么双声叠韵，甚至押在句中的韵文！这些都是外在的韵律或有形律"。[163] 闻一多在同年也曾说："诗的真价值，在内的原素，不在外的原素。"[164] 而到了1920年代后期，郭沫若反过来注意起了诗歌的外在韵律。他在写于1925年的《论节奏》一文中，对以前的激进观点修正说："于情调之上，加以声调时（即是有韵律的诗），是可以增加诗的效果的。"[165]

《望舒诗论》是望舒的自我反叛的一个理论总结，其实早在几年前，他在创作实践中已经有了自我突破，那就是写于1927年夏天的《我底记忆》。[166] 如果说《雨巷》是他的音乐性追求的里程碑，那么《我底记忆》就是他的反音乐性追求的里程碑。[167] 据孙玉石说，望舒"对这首诗的偏爱远远的胜过《雨巷》"。[168] 他称之为"我的杰作"。望舒的成名作是《雨巷》，而且至今为止，他最著名的诗作还是《雨巷》；《我底记忆》恐怕进不了他的所有作品中的前三名；但他偏偏用这首诗的题目作为整部诗集的书名，可想而知他对它的珍爱程度了。

如果《我底记忆》真是写于1927年夏的话，它离《雨巷》的出世时间确实相差极近，即都写于1927年他在家乡杭州短暂蛰居期间；而两者之间的变异又是如此之大；这使当年的诗歌兄弟都感到意外。杜衡回忆当时初读的感受说："我当下就读了这首诗，读后感到非常新鲜；在那里，字句的节奏已经完全被情绪的节奏所替代，竟使我有点不敢相信是写了《雨巷》之后不久的望舒所作。"[169]

朱自清在《我底记忆》出来后不久，说它具有"细腻，朦胧"的特点。[170] 艾青说，像《我底记忆》这样的作品"比过去明朗，较多地采用现代的日常口语，给人带来了清新的感觉"。[171] 卞之琳说得更具体："日常语言的自然流动，使一种远较有韧性因而远较适应于表达复杂化、精微化的现代感应性的艺术手段，得到充分的发挥。"[172] 对这首诗评价最高、最全面的是孙玉石，他说：《我底记忆》是他的第一个自觉的实践……完全用纯然的现代口语，使诗的叙述同读者的情感拉近了距离，增大了抒情的亲切性……开了中国三十年代现代派的一代诗风。"[173] 余光中对这首诗，就像对《雨巷》一样，进行了苛酷而激烈的批评。他主要说了三点。一、"知性的探讨，原非中国古典诗之所长。"望舒试图用诗来表现"像'记忆''希望''时间'这一类抽象观念"，但他的"处理是失败的。这首诗只有松散的情调，浅白的陈述，但是没有哲理的探讨，缺乏玄学的机智和深度"。二、"在颓废之外，更予人脂粉气息之感。"三、"句法不但平铺直叙一如散文，而且一再重复，显得十分刻板。"有些句子"简直不像中文"。[174] 其实比余光中早十多年前，卞之琳已经表述过类似的观点："缺少干脆、简练，甚至于硬朗。同时，偶尔在白话里融会一些文言和西语的辞藻和句法，也略欠自然。与此相结合，形式的松散也易于助长一种散文化的枝蔓。"[175] 不过，也有人认为，望舒的做法不是散文化，而是体现了散文美。如艾青就说望舒"那些用现代口语写的"诗虽然"不押韵，但有音乐性"。[176] 有人说得更加具体："他的许多抒情诗，用韵极为随便，他以一种柔软如波的诗句来表现他的忧郁和梦幻，这是一种解放了的语言。"[177]

我们且引一段，看看谁说得对，谁说得更有道理。

> 它是琐琐地永远不肯休止的，
>
> 除非我凄凄地哭了，
>
> 或是沉沉地睡了，
>
> 但是我永远不讨厌它，
>
> 因为它是忠实于我的。

望舒受法国象征主义诗歌影响的原因有两个方面，而其影响的进程则有两个阶段。

原因之一是基于他的性格特征的美学趣味。象征主义崇尚暗示、隐喻等间接烘托的手法，这"恰巧合乎他的既不是隐藏自己，也不是表现自己的那种写诗的动机的缘故"。文字，包括形象的表达既是一种彰显，也是一种遮蔽；作者既让读者透过文字看到他，也可以躲在文字背后不让人看见。在隐藏和表现自己之间腾挪的技巧，象征派是大拿；望舒学得也相当成功。不过，我想再次强调，这不是法国象征派独家替望舒撑持起来的门面；实际上，正如前引卞之琳所言，中国古典诗歌是很注重类似的象征手法的，尤其是李商隐所开启的晚唐诗风。

原因之二是基于他的美学趣味的音韵追求。"象征派的独特的音节也曾使他感到莫大的兴味，使他以后不再斤斤于被中国旧诗所笼罩住的平仄韵律的推敲。"

如果前者是对古典传统的顺从，那么后者就是逆反。正是在一"从"一"反"中，望舒完成了对传统的创造性转化，也对外来资源进行了革命性吸收，从而使传统遗产和外来影响对接起来，并达到了平衡。这种平衡保证了两方面的因素都没有被对方消泯，或相互抵消；也许正是在这个意义上，望舒的诗刚刚流传时，朋友中眼尖的杜衡就说："是象征派的形式，古典派的内容。"[178]

从《雨巷》到《我底记忆》，显示望舒所受法国诗歌的影响，从早期象征主义过渡到了后期象征主义。以《雨巷》为代表的一批诗作从创作理念到文本特征，都有魏尔伦的影子在。卞之琳说，"在法国诗人当中，魏尔伦似乎对望舒最具吸引力"，还说《雨巷》"多少实践了魏尔伦'绞死雄辩''音乐先于一切'的主张。[179] 郑择魁、王文彬说得更精彩："魏尔伦是他创作的最初的鼓舞者和守护者。似乎魏尔伦的某些诗行，都可能成为他灵感火花迸发的引线。"

他们举了一些影响的实例。如《忧郁》的第一节："我如今已厌看蔷薇色，／一任她娇红披满枝。"魏尔伦的同名诗篇有类似的开头："蔷薇全都是这样艳红"。魏尔伦在《小夜曲》中写到了曼陀铃：

请敞开你的心灵和你的耳朵

向我的曼陀铃：

我为你，为你奏起这支乐曲，

它残忍又温存。[180]

望舒则《闻曼陀铃》，所不同的是：魏尔伦以曼陀铃象征喜悦，而望舒则用之象征悲哀。请比较：

从水上飘起的，春夜的曼陀铃，

你咽怨的亡魂，孤寂又缠绵，

你在哭你的旧时情？

《雨巷》则近似于魏尔伦的《秋歌》，《秋歌》中反复出现的"on"音在法语的发音中跟《雨巷》中频繁使用的"ang"音听起来很相似，这些音不仅分布在行末，也有在行中的；让读者感觉是在整首诗中流动，"谱写出既浏亮又舒缓，既飘忽又蕴藉的节奏"。两者的句子都很短，而且在视觉上做了错落有致的安排。请比较：

撑着油纸伞，独自

彷徨在悠长、悠长

又寂寥的雨巷，

我希望逢着

一个丁香一样地

结着愁怨的姑娘。

——《雨巷》片段

Les sanglots longs

Des violons

De l'automne

Blessent mon cœur

D'une langueur

Monotone.

——《秋歌》原文片段

可惜魏尔伦在音韵上的讲究、造诣和经营，在汉语翻译中还没有达到哪怕是水平线上的体现。试看罗洛的译文：

长久的啜泣，

秋天的

　　梵哦玲

刺伤了我

忧郁

枯寂的心。[181]

再来看望舒自己的译文：

清秋时节，

凄凄咽咽，

琴韵声长；

余音袅袅，

颓唐单调，

总断人肠。[182]

前面三句押的是头韵："清""凄"和"琴"，而且以闭口音为主，第三句逐渐转为开口音，而以"长"为极致，后面"唐""单""断"和"肠"等大开口音作为脚韵和内韵反复出现；这充分展现了音乐情绪由低到高的变化，"颓""唐""单""调""断"这些浊辅音的连续应用，更加强了这种变化以及由此所造成那种戏剧性效果，从而曲尽了乐音与人心的那种冥合氛围。望舒的翻译比罗洛的，不知要高明多少倍；但也还让人觉得不够，一是没有模拟出原诗的那种音乐特色，二是他不惜袭用了颇有陈旧之感的四字格，不免显得呆板而滑腻。

郑、王总结说："戴望舒在《雨巷》中是把魏尔伦诗歌的音乐特点融化在中国诗里，表面上看是模仿，骨子里却是创造，既不与魏尔伦式完全相同，也和中国旧诗词音乐略有异趣，成为新诗中的一个新品种。"[183]

而以《我底记忆》为代表的另一批诗作，则受到的是法国后期象征主义尤其是耶麦的影响。卞之琳说："法国现代诗人，例如作为后期象征派的耶麦，还有艾吕亚，还可能有须拜维埃尔等人……在望舒个人风格的形成过程中，正像西班牙诗人洛尔加在他最后时期一样，都起了一点作用。"[184] 孙玉石具体指出耶麦的《膳厅》等诗对《我底记忆》产生了实质性的影响。[185] 试比较这两段：

膳厅：
有一架不很光泽的衣橱，
它会听见过我的姑祖母的声音，
它会听见过我的祖父的声音，
它会听见过我的父亲的声音，
对于这些记忆，衣橱是忠实的。[186]

我底记忆：
它生存在燃着的烟卷上，
它生存在绘着百合花的笔杆上，
它生存在破旧的粉盒上，
它生存在颓垣的木莓上，
它生存在喝了一半的酒瓶上。

另外，耶麦说："对于这些记忆，衣橱是忠实的。"又说老旧的碗橱："是个忠心的奴仆。"而望舒说："我的记忆是忠实于我的，／忠实甚于我最好的友人。"这是《我底记忆》的开头，而在结尾处，又重复似的说："它是忠实于我的。"可见，两人都强调了抒写对象之于"我"的"忠实"。

另外，《膳厅》的结尾说："当一个访客进来时问我说：/——你好吗，耶麦先生？"作者把自己的名字直接放到自己的作品中去，这是鲜有的做法；而且耶麦把自我作了戏剧化的处理，即设置了另外一个自我；然后又引进一个第三者"访客"，由这个第三者完成这一把"我"变成"耶麦先生"的处理。这种做法看起来很简单，如果是在戏剧中，那是再平常不过了，但用在短小的抒情诗中，则是一个大胆的创举。望舒也学以致用，而在《秋天》的结尾说："当浮云带着恐吓的口气来说：秋天要来了，望舒先生！"只不过把第三者由"访客"换成了"浮云"。

《我底记忆》一辑中的《路上的小语》也受到了法国后期象征派的影响。保尔·福尔在散文诗《我有几朵小青花》说：

我有几朵小青花，我有几朵比你的眼睛更灿烂的小青花。——给我吧！——她们是属于我的，她们是不属于任何人的……在路上到处都有，爱人啊，在路上到处都有。

路上的小语：

——给我吧，姑娘，那朵簪在发上的小小的青色的花

……

——它是到处都可以找到的

……

——它是我的，是不给任何人的

……

耶麦《屋子里充满了蔷薇》：

于是我会找到了，在你的嘴唇的胭脂色上，

金色的葡萄的味，红蔷薇的味，蜂儿的味。

路上的小语：

——给我吧，姑娘，你的像花一般燃着的，

像红宝石一般晶耀的嘴唇，

它会给我蜜的味，酒的味。

《我底记忆》的扉页题词是法文的："A Jeanne"（"给绛年"）；正如周良沛所说："诗人把自己第一个诗集献给她，也可以想到这位姑娘当时在诗人心中的地位。"[187] 这部诗集的总体格调是抑郁的，大多数篇章写的是绛年带给他的悲哀，他称之为"绛色的沉哀"：

在这里，亲爱的，在这里，

这沉哀的，这绛色的沉哀。

——《林下小语》

在诗集扉页的背面，望舒又引了公元前的古罗马诗人提布罗斯的两句话：

Te Spectem Suprema mihi Cum Venerit hora,
Te teneam morieans deficiente manu[188]

（意为：
当我生命的最后时刻来临时，让我看着你，
让我用生命将尽的双手紧紧地握住你）

据此，有人认为《雨巷》就是一首爱情诗，有人更认为《雨巷》一辑中的六首全是爱情诗，甚至有人认为："从总体看，《我底记忆》是一部爱情诗集。"[189]

不妨这么说，这部集子里有两类爱情诗。一部分是纯粹的情诗，如《不要这样盈盈地相看》《回了心儿吧》《路上的小语》《林下的小语》《夜》《独自的时候》《到我这里来》等，还有一部分是两可的情诗，即表面上是爱情诗，实质上包孕着比爱情更宽泛的主题，如《雨巷》和《断指》等。

我们先来讨论前一类的。这些爱情诗的本事是望舒的初恋，其对象就是绛年；这位小姐是施蛰存的妹妹。1927年，望舒在松江施家避居期间，与绛年抬头不见低头见，那时的绛年是个18岁的少女，正在上师范学校，美丽，活泼，可爱，具有"火一样的，十八岁的心／那里是盛着天青色的爱情的"（《路上的小语》）。这样的一位可人儿当然令年方22岁的望舒神魂颠倒。两人的性格根本是相左的，因为望舒在日常生活中是腼腆、严肃甚至拘谨、沉闷的，不能讨小女孩子的喜欢；加上他脸上的麻点，更使像绛年那样比较爱好虚荣的女孩不愿意跟他亲近。但绛年不是坏女孩，也不是那种没心没肺的人。也许她也能体会到望舒对她的一片痴情，男人的爱，不管是多少个男人的，也不管是什么方式的，对于不太懂事的女孩来说似乎永远不够，所以拥有它感觉总是挺好的；再加上望舒毕竟是她大哥的至交，所以绛年虽然内心里对望舒并没有多少好感，以她平常的资质和平凡的观念，她也未必理解诗人的心性，但她对望舒的热烈追求既不忍心也不愿意断然拒绝。有时候，她也同意望舒给她献殷勤，跟她接近。有时她会应邀跟望舒一起出去散散步，所以望舒写了《路上的小语》《林下的小语》等表现室外情事的作品。

《路上的小语》是对爱人的赞美和祈求，赞美的是爱人头发上的青花、红宝石一样的嘴唇、火一样的心；祈求的是对方的爱情。由于对方一直没有正式答应，所以最后他信誓旦旦，说自己愿意献给她永远的真诚。

《林下的小语》显得相当复杂。绛年有时可能拗不过望舒的追问，也会撒娇似的做些让望舒感到欣慰而又"想入非非"的举动，如拥抱、亲吻，或者调皮地说些让望舒狐疑而又"得寸进尺"的私语。前者如："当你拥在我怀里 / 而且把你的唇粘着我的的时候？"后者如："啼泣吧，亲爱的，啼泣在我的膝上，/ 在我的胸头，在我的颈边。"到了第三节，人称指代出现了问题。

　　"追随我到世界的尽头，"

你固执地这样说着吗？

你说得多傻！……

　　从前面的人称安排来看，这里的"你"指的是对方，"追随我到世界的尽头"这样调皮而似乎是故意逗引的话恐怕也只有绛年那样的女孩子才说得出。男的追，女的跑，这合乎恋爱的常例。但接下来说的是：

……你去追随天风吧！

我呢，我是比天风更轻，更轻，

是你永远追随不到的。

　　两个人的角色出现了逆转。你变成了我，追随者变成了被追随者。望舒让绛年去追，而且得追得更紧，而且即使追得更紧也不会追到。或许望舒看穿了，"追随我到世界的尽头"云云，只是对方的戏语或要挟，令他踌躇而绝望。那么，他自己是在故作豪语还是回逗对方？本来就无意的绛年会相信他的豪语或接受他的挑逗吗？当然不会。对此望舒是有预感的，所以他心里发了急，也转而要挟似的说："哦，不要请求我的心了！　/它是我的，是只属于我的。"意思是："你不愿意是吗？那好，我也把我的心收回。"可是，不可思议的是：难道他没有想到，他这么一说，就真的再没有回旋的余地了。敏感的他当然是感觉到了，所以他在诗的最后提到了"恋爱的纪念"。当一对恋人纪念他们的恋爱时，还有恋爱可言吗？"这沉哀，这绛色的沉哀"指的是悲哀的结局的后遗症，

"绛色"说明这结局是绛年造成的;"拿去吧,亲爱的,拿去吧"云云,大概是"解铃还须系铃人"的意思吧。

这场恋爱用望舒自己的一句诗来概括,便是:"你想笑,而我却哭了。"(《夜是》)绛年在笑,而望舒在哭。前面我们已经指出,那一段时间望舒的诗作中屡屡出现跟哭类似的字眼;其中一个最大的原因就是这恋爱的不遂心。而作品中的对方大多数时候都是在笑。也许是因为绛年太年轻,也许是因为她"无爱一身轻",她能笑得起来,她甚至会觉得连望舒求爱的举动和语言都是可笑的;她根本不可能了解望舒的心,更谈不上分担望舒的苦痛。一个在追,一个在跑;绛年即使有时停下来,也不是专门等望舒;那可能是因为她累了,可能是因为她碍于面子,还可能是她觉得挺好玩的。这可苦了望舒,在他的痛苦和对方的欢快之间没有交流的可能,他只是兀自痛苦着,看着对方欢快的样子,只能使他感到更加痛苦。一个是爱得太深,一个是根本不爱;这种严重不平衡的局面,恐怕只有望舒自己清楚。但内心的明白并没有说明他会采取理智的行动,断然斩断这没有希望的爱情。他还要挣扎,还要努力。于是他成了一个悲剧中的主角,而绛年仿佛是局外人,是旁观者。《残叶之歌》是在男女之间的对话中展开的,具有戏剧对白的性质;作者把男的比成微风,女的比成落叶。演出的是一场相亲相爱的场面,风与叶相互关心又倾心,风不忍心把叶吹到"缥缈的长空",因为风深爱着叶:"我曾爱你在枝上,也爱你在街上。"但叶子半是表白半是宣誓地说,自己其实一直是在"可怜地等待着微风 / 要依风去追逐爱者的行踪",风对它是误解了,它是喜欢、盼望着来吹它的,哪怕把它吹到天涯海角!哪怕自己的生命被吹灭！

> 来啊，你把你微风吹起，
>
> 我将我残叶的生命还你。

似乎叶比风爱得还要深、还要痴、还要义无反顾。但这恐怕是望舒对真爱的向往，对现实中自己爱情的阙如的一种想象性补偿而已。

对于艾青那样在思想和艺术上都具有革命倾向的诗人来说，望舒早年的诗歌恐怕只有一首可取，那就是《断指》。艾青说它是望舒"在抗战前所写的诗中最有现实意义的一首诗"。"尽管他写的只是从某个侧面，或是某种程度上美化了的，这样的诗，使我们读起来就比较亲切。"[190]

卞之琳说它"较有分量，远较有新意"，"在亲切的日常说话调子里舒卷自如，敏锐、精确，而又不失它的风姿，有节制的潇洒和有工力的淳朴。日常语言的自然流动，使一种远较有韧性因而远较适应于表达复杂化、精微化的现代感应性的艺术手段，得到充分的发挥。"[191]孙玉石说："比起《雨巷》的惆怅迷茫来，《断指》则展示了诗人另一番内心世界的景观。这里没有彷徨者的苦闷，而别具一种在宁静中激励自己奋斗的情怀。"[192]

那么，《断指》讲的到底是什么样的一个故事呢？这断指的主人是谁？他又为何要切断自己的手指呢？

有人说这首诗是"咏萧楚女之事"，不知何据？[193] 一般的说法是有关一个叫池菊章的中共党员。

　　1928年春的一天，受李立三盲动路线的蛊惑，各地都纷纷举行武装暴动；杭州也不例外。当时中共杭县县委书记叫池菊章，他主持在湖滨饭店开会布置暴动事宜；孔另镜当时受组织委派，也在县委工作，但池交代他当天晚上留守，第二天早上再到饭店去听取会议讨论的情况。翌日，孔另镜刚到饭店，一个茶役远远地就向他们摇手示意；他敏感到情况不对，立即拔腿跑出了饭店。事后得知，与会者全部都被捕了。据《孔另镜自传》说："我即携个人行李及池菊章一断手指瓶至一姓戴家躲避。"[194]

　　戴家肯定是戴望舒家，因为那时孔另镜与望舒的守寡姐姐戴瑛在谈恋爱，孔躲到戴家是情理中事。望舒自己也可以算大半个革命青年，他对同志的遭遇当然同情而支持，所以他不仅冒着窝藏罪犯的危险，长期地把孔另镜留在家中，而且还把那"浸在酒精瓶中的断指"保存下来，藏在那口"老旧的、满积着灰尘的书橱中"。望舒在诗中还说"这是我一个已牺牲了的朋友的断指"。望舒是否跟断指的主人池菊章有过或浅或深的交谊，现在不可考证；我想，由于望舒只是短时间回杭州居住，他即使跟池菊章有过交往，也是零星的；他之所以称池为朋友，主要地是因为两人的共同的革命理想，或者说望舒钦佩池为革命献身的勇气和精神。关于池的牺牲情况，孔另镜也有记载。"住戴家约一二个月，未得（组织）何种指示。一日，我出外至湖滨，突见有短工十余人，抬了七八口白皮棺材沿湖滨而来，我驻足而观，见每一材头均有黑字标明共匪×××之姓名，其中除县委池菊章等人外，尚有一口为张秋人。至此，我知被捕诸人都为反动派杀害了！"[195] 望舒诗中说到"他将这断指交给我的时候的情景"。这情景恐怕是虚构的，属于"由真实经过想象而出来的"内容[196]。不过，这首诗虽然有想象的成分，但它的最大的特征就是真实。在革命年代，青年们的人生两大要务一是恋爱，一是革命。革命者池菊章本来是沉湎于、痴迷于恋爱中的人，恋爱的成分可能还要大于革命的成分，后来因为失恋而全心扑到革命工作中去，并且为革命牺牲了生命；望舒并没有因为要顾及池菊章的革命烈士光辉形象，或者要故意拔高革命者的姿态，而隐讳其"可笑可怜的恋爱"。这就使这一青年革命家的形象显得血肉丰满、人情味十足。

这是一首小型叙述诗，或者说很像一篇叙述散文，整首诗一直是以第一人称"我"在叙述，而作品真正的主人公是那位革命者；由于两人有交往和交流，所以"我"并不是一个单纯的旁观者，而是事件的一定程度的介入者，尤其是良心和心理的介入者；"我保存着一个浸在酒精瓶中的断指"，指的是"我"在事件本身中的介入。"它就含愁地勾起一个使我悲哀的记忆"，指的是我在心理上对事件的介入。"这是我一个已牺牲了的朋友的断指"，则把叙述者"我"和作品主人公的命运连在了一起，即"我"对那位革命家朋友的命运是感同身受的。值得注意的是，像许多颂扬人物的作品一样，望舒也不惜以相对"贬低"自己的办法，来突出主人公的可钦可佩。如："正如他（指主人公）责备别人怯懦的目光在我心头一样。""我"有时是"颓丧"的，"我"会从那牺牲的革命者身上得到鞭策和鼓舞，所以在诗的最后，望舒说："让我拿出那个玻璃瓶来吧。"

前面我们说过，望舒他们自己办的《无轨列车》是因为"有宣传赤化之嫌"而被当局查禁的。这"赤化"的罪名恐怕跟《断指》直接相关。1928年12月的第7期《无轨列车》上刊载了这首诗。诗中有明确的"赤色"字样，望舒说那断指上染着的"油墨的痕迹"是"赤色"，还说那"赤色"是"可爱的光辉的"。这不能不引起谈"赤""色"变的反动当局的警惕和怀疑。也正是《断指》的严重"赤化"倾向，它虽然被收入了望舒的第一本诗集《我底记忆》中，但却没有编入他的第二本诗集《望舒草》中；因为前者是他自己亲手编定的，他可以勇敢地做出自己的选择，而后者是别人帮他编的，当时他身在遥远的法国，鞭长莫及。

《断指》是用来给《我底记忆》压阵的。在写作《断指》或者说出版《我底记忆》之后不久，望舒还至少写作发表了两首赞美赤色的诗篇，那就是《流水》和《我们的小母亲》。这两首跟《断指》具有同样政治倾向的作品自然没有荣登1933年出版的《望舒草》，而且也没有列入更后来的《望舒诗稿》和《灾难的岁月》。不过，在它们创作出来后不久，望舒就把它们发表在了他们自己的阵地《新文艺》第2卷第1号上（1930年3月15日）。前面说过，《新文艺》也是以"赤化"的罪名被当局取缔的，而这罪名确实可以至少在望舒的这两首诗中得到坐实。

《流水》中也直接出现了"赤色"字样："到升出赤色的太阳的海去！"这"赤色的太阳"的象征，在当时意识形态激烈斗争的环境里，很容易让人想起"可怕的"共产党、共产主义。张颐武说："这整整六段有关'流水'的声音，是集体的决心，是左翼革命运动对一个不公正的世界宣战的宣言书。"[197]望舒虽然在加入左联后没有更多地直接参加左联的很多活动，但他的革命思想是非常明显的，而且是深刻而持久的。当他说"随后是死刑吧，那等待着我们大家的死刑吧"时，他是在从"我"走向"我们"。《流水》开头的叙述者也是"我"——"我听见流水嘹亮的言语"；后来则变成了"我们"——"你，被践踏的草和被弃的花，／一同去，跟着我们的流一同去。"所以张颐武敏锐地指出："这里有一个第一人称的二元对立，我／我们间的复杂的矛盾和对立构成了这首诗的特点。'我'在这首诗中还是在流水旁倾听的旁观者，还是一个观察与思考的语码，一个并未投入运动之中的人。"而诗的最后又从"我们"回到了"我"——"我看见一切的流水"。这表明："'我'却依然是旁观者，'我'热切地肯定这一运动必胜，但'我'和'我们'之间却仍有距离，'我'仍站在流水之外，而不是流水中的一滴，这隐喻地表达了知识分子的困惑和游移，他肯定革命的伟力但又对个人的存在感到忧郁……他全心全意地皈依激进的革命，但又有对诗和'我'的留恋和回顾。"[198]

而到了《我们的小母亲》，"我"已经彻底退场，完全变成了"我们"，从第一节的最后三句：

> 用有力的，热爱的手臂，
> 紧抱着我们，抚爱着我们的
> 我们这一类人的小母亲

到最后一节的最后四句：

> 是啊，骄傲地，有一个
> 完全为我们的幸福操作着
> 慈爱地抚育着我们的小母亲，
> 我们的有力的铁的小母亲！

作者一共将"我们"用了16遍，看来他是真地认同了集体的视角和利益，愿意把"我"融入"我们"之中了。我们现在许多的所谓人文学者仍然对以机械为表征的现代科技文明表现出不能适应、恐惧、排斥甚至敌视的心理倾向，而在这首诗中，望舒"歌颂的却是机器……是未来的理想世界里机器的神奇的功用"。一般人之所以对机械文明表示反感，是因为他们怀着强烈而固执的温情脉脉的田园诗理想，以为机械对田园生活状态只有破坏作用。令人拍案叫奇的是，望舒偏偏采用了那种"温馨的田园诗式的笔调"，来赞美"机械文明"；他把那两种看似水火不相容的因素捉置一处，使它们相互间形成奇异而明显的张力。他是靠什么实现这种统一的呢？他靠的是强大的人性的和诗性的力量，所以他胆敢将机器比为母亲，胆敢将机械文明诗意化，胆敢相当率直地将未来理想社会中的机器加以礼赞。他坚信人性的力量是可以战胜反人性的东西的。所以"机器的特性"在这首诗里仿佛"被隐没了"，这首诗也几乎成了"一首以直抒胸臆的方式写成的母亲的颂歌"。尽管望舒的思想具有太多的乌托邦色彩，但对于身处科技文明压倒性胜利的社会氛围中的我们来说，这首诗仍然具有相当重要的参考意义。[199]

第八节 /
《现代》杂志的托举、喜欢上了西班牙文学、诗论

1932年，"一·二八"淞沪战争爆发；不久，上海的几乎所有文艺刊物都停业了，水沫书店也不例外。老板刘呐鸥去了日本，施蛰存回了松江，望舒与杜衡则回了杭州。

日本军队撤出上海市区后，社会生活渐渐恢复正常运转。现代书局的老板洪雪帆和张静庐计划创办一个文艺刊物。现代书局一开始也曾出版过左翼文艺刊物，如《拓荒者》《大众文艺》等，但都相继被国民党当局查封了；后来则干脆由左而右，办起了《前锋》这一替国民党法西斯主义"为虎作伥"的刊物。但洪、张的心里是不乐意的。《前锋》被日本炮火轰毁之后，两位老板一直觉得左右都不好把握，都不能靠得太近；他们一直在物色不左不右又有编辑刊物经验的人士。施蛰存正好符合他们的要求，于是他们邀请施出山，主编一份叫《现代》的新杂志。施即写信，邀请望舒回上海共事。

5月1日，《现代》匆匆创刊。施蛰存在发刊前夜，草拟了《创刊宣言》，说：

> 本志是文学杂志，凡文学的领域，即本志的领域。
> 本志……不是狭义的同人杂志。

……本志并不预备造成任何一种文学上的思潮、主义或党派。

　　本志希望得到中国全体作家的协助……

　　……本志所刊载的文章，只依照着编者个人的主观为标准。至于这个标准，当然是属于文学作品的本身价值方面的。

　　这些宣言的内容归结起来有两点是最重要的，一是打破门户观念，二是艺术标准至上。"创刊号"上所发表的东西正符合这一宣言。如望舒翻译的西班牙作家阿索林的六篇散文。阿索林是西班牙著名的小说家，但他的小说风格近似散文，非常富有诗意。早在1929年10月，望舒就在《新文艺》第一卷第二号上发表他自己翻译的阿索林的作品《修伞匠》和《卖饼人》。从此似乎一发而不可收，断断续续译了很多。他曾写信给阿索林，后者回信说望舒可以随意选译他的散文集《西班牙的一小时》的作品。望舒在抗战前已经译出了三分之一，沦陷期间则全部译完。其中发表在《现代》第一卷第一、二期上的有《西班牙的一小时》《老人》《宫廷中人》《虔信》《驳杂》《阿维拉》《文书使》《僧人》《风格》《西班牙的写实主义》等篇。几乎在同时，望舒在《文艺月刊》发表了他译的《阿索林散文抄》，包括《山和牧人》《戏剧》《旅人》《深闭着的宫》。一直到抗战晚期，望舒在香港滞留期间，从1944年3月12日到1945年1月7日，望舒在他自己所编的《华侨日报·文艺周刊》上，又分期发表了相当数量的阿索林的散文，如《几个人物的侧影》等。

　　阿索林是一个什么样的作家呢？我们先来听听他的自白："在近代的世界中，细巧而有耐心的手工艺是在很快地消灭下去了……我却赏识着那些匠人的爱，小心和感心的忍耐……传统，从父亲到儿子，形成了这些行业，慢慢地创造了又积起了那些运用它们的材料的技术、习惯和秘诀。而我这个旁观者所期望于文学的匠人者，便是这些卑微的劳动者的品性，这种传统的氛围气，这种工作的热忱。文学的工作应该是忍耐和爱。"[200] 阿索林这些对文学的观念跟望舒是相当合拍的，所以望舒将阿索林称为"无匹的散文家"。1930年3月，上海神州国光社印行了望舒与徐霞村合译的《西班牙的未婚妻》，题目是阿索林这本散文集中的一篇文章的题名。望舒在"译本小引"中说，阿索林的"作风是清淡简洁而新鲜的！"[201] 这三个形容词拿来概括望舒自己的诗歌风格不是很贴切吗？

望舒那时的诗歌创作也受到了阿索林的影响。《几个人物的侧影》中的多数篇章是写少女的，望舒也写了好几首关于少女的诗。如《百合子》《八重子》《梦都子》《前夜》《我的恋人》和《村姑》等。

百合子、八重子、梦都子以及《前夜》中的托密都是日本少女的名字，她们可能是当时上海娱乐场所中的舞女，望舒可能跟她们有过实际接触，因为望舒的一大爱好就是跳舞。

孙玉石说这几首诗"从各个侧面表现了诗人对初恋少女心态的把握与体认"，是正确的；但他说它们是"以并不存在的日本少女名字为题目的无题诗"，却未必正确。孙论证说，"《百合子》发表时就题名为《少女》，可见'梦都子'并非实有其人。作者借此名字为题，又寄给诗友徐霞村，就说明这是诗人对一种少女情态的感受，并以诗表示自己也劝慰友人珍重已经得到的爱情。"[202] 诗人要给某人写一首诗，或写一首

　　　　　　　　　　　　　　　让灯守着我：戴望舒传

关于某人的诗，就非得用那个人的名字来命名吗？未必。望舒写的关于日本少女百合子的诗，用的题目是《少女》，是不能证明百合子"并非实有其人"的；再说，望舒后来还是改题为《百合子》了，那按照孙玉石的逻辑，岂不是正好证明了百合子的确有其人？孙接下来的论证也站不住脚。《梦都子》的副标题确实是"致霞村"，诗写的确实是少女的情态，诗的结尾也确实是在规劝友人，仿佛是说："咱们现在都有老婆了，以后相互劝诫不要再去找那个舞女了。"以后不去了，难道前面就一笔勾销了，历史就不存在了？另外，百合子和梦都子是两个人，即使百合子不是确有其人，梦都子也可以是真的。我同意吴晓东的看法，即那三个舞女确实是存在的，只不过她们"未必真正是诗人所思恋的情人，至多也不过是诗人暗中单恋的对象"。[203]

以笔者愚见，如果不是有过真实的体验，望舒不会写得那么真切动人。试看：

> 她是冷漠的吗？不。
> 因为我们的眼睛是秘密地交谈着；
> 而她是醉一样地合上了她的眼睛的，
> 如果我轻轻地吻着她花一样的嘴唇。
>
> ——《百合子》

> 我们是她年青的爸爸，诚然，
> 但也害怕我们的女儿到怀里来撒娇，

因为在蜜饯的心以外，

她还有蜜饯的乳房，

而在撒娇之后，她还会放肆。

——《梦都子》

不过，话说回来。在这几首诗中，我们并不能看出望舒的别恋，只能看出他的移情，即他把对绛年的爱恋部分地移到了别的少女的身上。所以吴晓东说："可以推想诗人当年是怀着对恋人的眷顾的情怀写下这三首诗的。"[204] 孙玉石也说："《八重子》就带上自己热恋的少女的影子。"[205] 其实，其他两首也有恋人的影子。如《百合子》中的这几句：

她度着寂寂的悠长的生涯，

她盈盈的眼睛茫然地望着远处；

人们说她冷漠的是错了，

因为她沉思的眼里是有着火焰。

望舒成名靠的是《雨巷》一首诗作，但他在诗坛的领袖地位则是《现代》杂志造就的，或者说是"主编施蛰存的张扬与推动所致"。[206] 施私下里对望舒是寄予很高的期望的，他曾在给望舒的信中，以推崇的口气鼓励说："有一个南京的刊物说你以《现代》为大本营，提倡象征派诗，现在所有的大杂志，其中的诗大都是你的徒党，了不得呀！""我想你不该自弃，徐志摩而后，你是有希望成为中国大诗人的。"[207]

施蛰存的话有三个方面的意思。一是望舒与《现代》的密切关系。在创刊号上，他不仅发表了译作，还发表了五首诗作，即《过时》《印象》《前夜》《款步》和《有赠》；在1932年7月1日的第一卷第三期上，他又发表了四首诗作，即《游子谣》《秋蝇》《夜行者》和《微辞》。跟《断指》《流水》和《我们的小母亲》的进步积极倾向相比，这些诗作仿佛又回到了《旧锦囊》的意绪和心态，充满了孤寂、无聊、无奈的情绪，前面五首中，《过时》《款步》和《有赠》都是爱情诗，而《前夜》则是酬答之作，是用来给刘呐鸥送行的，但内容不是讲两人的友谊，而是讲刘与一名叫托密的日本舞女的缠绵而暧昧的关系的。怪不得艾青说那时的望舒"又很快地回到一个思想上紊乱的境地，越来越深地走进了虚无主义"。[208] 如《游子谣》中的

> 游子却连乡愁也没有，
>
> 他沉浮在鲸鱼海蟒间：
>
> 让家园寂寞的花自开自落吧。

一个连乡愁都没有的游子，他还有什么呢？那秋天的苍蝇是"觉得它的脚软"，连翅膀都变得沉重而僵木，哪还有飞的可能？恐怕连飞的欲望都已泯灭了。"夜行者""迈着夜一样静的步子"，简直已经成了夜的一部分，"从黑茫茫的雾 / 到黑茫茫的雾"，没有走向光明的希望！

那几首爱情诗写得并不太出色，大概那时他对爱情的最强烈的体验和追求已经过去了，他感觉最多的是疲倦和绝望。"托密已经醉了，而

且疲倦得可怜"。(《前夜》)他感到自己的心老了：

> 老实说，我是一个年轻的老人了：
> 对于秋草秋风是太年轻了，
> 而对于春月春花却又太老。

值得一提的是，《有赠》写得非常迷茫而没落，但艺术上比较成功。尤其第一节是很典型的望舒的风格，如设问句是他喜欢用的句式，"花枝""泪珠""憔悴"以及"梦"等都是望舒常用的措辞，前两行和后两行的对称结构也是望舒的拿手戏法，字里行间那种逐渐式微的情调也是望舒惯于营造的。试看：

> 谁曾为我束起许多花枝，
> 灿烂过又憔悴了的花枝；
> 谁曾为我穿起许多泪珠，
> 又倾落到梦里去的泪珠？

正是由于这首诗的魅力，1936年，大作曲家陈歌辛曾协助望舒把它改成了歌词并谱上了曲子，成为电影《初恋》的主题歌《初恋女》。这部电影的编剧是刘呐鸥，主题歌的原唱者就是影片中小云的扮演者张翠红。影片放映后，这首情歌传唱一时。不过，遗憾的是，歌曲把这原诗最精彩的第一段改成了通俗的这样几行：

我走遍漫漫的天涯路，

我望断遥远的云和树，

多少的往事堪重数，

你啊，你在何处？

不过，最后两句改得更加简洁、明朗而有力。原诗是：

终日有意地灌溉着蔷薇，

我却无心地让寂寞的兰花愁谢。

歌词是：

终日我灌溉着蔷薇，

却让幽兰枯萎。

《印象》是广为读者所喜欢、为论者所征引的一首名作。全诗如下：

是飘落到深谷去的

幽微的铃声吧

是航到烟水去的

小小的渔船吧

如果是青色的珍珠

它早已坠入古井的暗水中

林梢的颓唐的残阳
它轻轻地敛去了
跟着的浅浅的微笑

从一个寂寞的地方起来的
迢遥的，寂寞的呜咽
又徐徐地回到寂寞的地方。

　　这首诗遣词典雅而不呆板，这有赖于作者超常地、勇敢地动用虚词押韵、参差不齐略带欧化的句式以及"小小""轻轻""浅浅""徐徐"等叠词的运用，这些因素虽然本身的表现力比较贫乏，但在一堆来自历史文本的古旧词汇中，却有助于化解古板迂腐的头巾气，有利于造成一种活泼、鲜亮的气氛，充分显示了望舒高超的化用古语的能力和技巧。全诗可分成两部分，即前面两节为一部分，后面一小节为一部分。前半部分用四组意象来比喻"寂寞"，与之严格对应的是后半部分中重复地用了四个"寂寞"。那四组意象的含义有个共同特点，即都是从有到无，而寂寞就是对虚无的感知。为什么望舒要把第四组意象单列成一节，而不是跟前面三组放在同一节中，加强排比的气势呢？那是因为前三组是纯粹的客观性描写，而这第三组突然冒出来"颓唐"这个非常主观的词语，表明比喻由物转向了人，所以用了"脸上浅浅的微笑"。在结尾处，望舒把副词"寂寞地"突兀地放出来，也是极为高明的做法，一是使句式显得别致，音韵显得缠绵；二是突出了这首诗的主题，即寂寞，所谓印象都是寂寞的印象。

望舒在《现代》上发表的文字中，影响最大的不是诗歌创作，也不是翻译，而是"望舒诗论"。

1932年11月，《现代》杂志第二卷第一期发表了望舒的十七条诗论，据编辑（应该就是当时主持编务的施蛰存）说，望舒"本来答应替这一期《现代》写一篇关于诗的理论文章，但终于因为他正急于赴法，无暇执笔。在他动身的前夜，我从他的随记手册中抄取了以上这些断片，以介绍给读者"。从中我们知道，望舒的这些诗论断片是他在去法国留学之前写的，可能是断断续续随时随手记下来的；他本来打算在这些零星想法的基础之上写一篇比较体系化、逻辑性的所谓"理论文章"，但他没有写出来。施蛰存说那是因为他没有时间，实际上是因为他没有那样的思维。望舒不是那种擅长逻辑思维的人，在1932年之前，尤其如此。他虽然也练笔写过散文和小说，但都是在篇章结构上很散的东西，而且都很短，内在的归纳、演绎、推理、假设、求证等理论文章必需的要素都非常缺乏。直到1940年代，望舒在香港写作一些考证性文章时，他的理性思维才稍稍得到了加强，但也极为有限。望舒是一个极为纯粹的诗人，也就是说他天生是一个诗人。望舒写过大量的散文，但他并没有把散文看成真正的文学创作，只是随手写写而已，所以没有在散文上花费太多的精力。这一点跟艾青有相似之处。艾青也没有写过理论性很强的论文。当然，也跟艾青一样，望舒的诗论虽然像是东一鳞、西一爪的，但非常有创见，而且高度凝练而直率，能一针见血，都跟直接的创作、跟他那个时代的创作实况紧密相连，是对一时代诗歌创作经验的总结，也是教训的提醒，所以具有很强的现实针对性。由于他们的诗论是在他们有了高度的创作成就之后才抛出来的，所以一发表，就引起广泛的关注，产生巨大的影响。这样的诗论对于奠定他们在诗坛上的霸主地位是有相当助力的。

望舒的诗论一开始就是对闻一多"三美"主张的反抗和摒弃，闻一多是学美术的，而且对音韵也颇有研究，他力图把其他艺术种类的美学特征融合到诗歌中来，所以主张诗歌应该具有绘画美、建筑美和音乐美；而从创作的角度来说，望舒是个比较纯粹的诗人，或许他是受到魏尔伦的名言"绞死雄辩"的启发，他在诗论中，开门见山、斩钉截铁地说："诗不能借重音乐，它应该去了音乐的成分。""诗不能借重绘画的长处。"

注解：

1. 施蛰存：《自传》，载《中国现代作家传略》，四川人民出版社，1981年版，第480页。

2.《望舒草·序》，现代书局，1933年8月版，第3页。

3.《望舒草·序》，现代书局，1933年8月版，第3页。

4.《望舒草·序》，现代书局，1933年8月版，第4页。

5. 田子渝、任武雄、李良明：《恽代英传记》，湖北人民出版社，1984年11月版，第104页。

6. 施蛰存：《震旦二年》，载《新文学史料》，1984年第4期，第51-52页。

7. 罗大冈：《望舒剪影》，《中国作家》，1987年第7期，第164页。

8. 郑择魁、王文彬：《戴望舒评传》，百花文艺出版社，1987年版，第21页。

9. 陈丙莹：《戴望舒评传》，重庆出版社，1993年11月，第8-9页。

10.《戴望舒译诗集·序》，湖南人民出版社，1983年版，第2页。

11.《戴望舒译诗集·序》，湖南人民出版社，1983年版，第1页。

12.《戴望舒译诗集·序》，湖南人民出版社，1983年版，第3页。

13.《戴望舒译诗集·序》，湖南人民出版社，1983年版，第1页。

14. 卞之琳：《戴望舒诗集·序》，四川人民出版社，1981年版，第4页。

15. 郑择魁、王文彬：《戴望舒评传》，百花文艺出版社，1987年版，第23页。

16. 施蛰存：《震旦二年》，载《新文学史料》，1984年第4期，第55页。

17. 郑择魁、王文彬：《戴望舒评传》，百花文艺出版社，1987年版，第43页。

18. 王文彬：《戴望舒与穆丽娟》，中国青年出版社，1995年版，第25页。

19. 陈丙莹：《戴望舒评传》，重庆出版社，1993年11月版，第17页。

20. 施蛰存：《震旦二年》，载《新文学史料》，1984年第4期，第52页。

21. 赵景深：《我与文坛》，上海古籍出版社，1999年10月版。

22. 施蛰存：《震旦二年》，载《新文学史料》，1984年第4期，第53页。

23. 施蛰存：《震旦二年》，载《新文学史料》，1984年第4期，第55页。

24. 杜衡：《在理智与感情冲突中的十年》，收入楼适夷编《创作的经验》，江西人民出版社，1982年12月版，第78页。

25. 参看施蛰存：《最后一个老朋友——冯雪峰》，载《新文学史料》，1983年第2期。

26.《戴望舒全集》小说卷，中国青年出版社，1999年版，第15页。

27. 冯1928年3月1日致戴函，载孔另境编《现代作家书简》，花城出版社，1982年版，第149页。

28. 转引自王景山：《鲁迅书信部分人物事件考释——关于删掉"和〈爱经〉"三字》，载《中国现代文学研究丛刊》，1980年第3期。

29. 王景山：《鲁迅书信部分人物事件考释——关于删掉"和〈爱经〉"三字》，载《中国现代文学研究丛刊》，1980年第3期。

30. 转引自王景山：《鲁迅书信部分人物事件考释——关于删掉"和〈爱经〉"三字》，载《中国现代文学研究丛刊》，1980年第3期。

31. 转引自王景山：《鲁迅书信部分人物事件考释——关于删掉"和〈爱经〉"三字》，载《中国现代文学研究丛刊》，1980年第3期。

32. 施蛰存1932年11月18日给望舒的信，载孔另境编《现代作家书简》，花城出版社，1982年版，第72页。

33.《戴望舒全集》小说卷，中国青年出版社，1999年版，第14页。

34. 施蛰存：《最后一个老朋友——冯雪峰》，载《新文学史料》，1983年第2期，第199页。

35.《施蛰存散文选集》，百花文艺出版社，1986年版，第109页。

36.《施蛰存散文选集》，百花文艺出版社，1986年版，第109页。

37. 参见施蛰存：《我们经营过三个书店》，载《新文学史料》，1985年第1期。

38. 施蛰存：《最后一个老朋友——冯雪峰》，载《新文学史料》，1983年第2期，第202页。

39. 徐霞村1920年6月3日致戴望舒函，见孔另境编《现代作家书简》，花城出版社，1982年版，第105页。

40. 丁玲1928年7月25日致戴望舒函，见孔另境编《现代作家书简》，花城出版社，1982年版，第1页。

41. 罗大冈：《望舒剪影》，《中国作家》，1987年第7期，第162页。

42. 罗大冈：《望舒剪影》，《中国作家》，1987年第7期，第162页。

43. 孔另境编《现代作家书简》，花城出版社，1982年版，第148-149页。

44. 施蛰存：《最后一个老朋友——冯雪峰》，载《新文学史料》，1983年第2期，第202页。

45. 施蛰存：《最后一个老朋友——冯雪峰》，载《新文学史料》，1983年第2期，第201页。

46. 施蛰存：《戴望舒译诗集·序》，湖南人民出版社，1983年版，第45页。

47. 施蛰存：《最后一个老朋友——冯雪峰》，《沙上的脚迹》，第125页，辽宁教育出版社，1995年3月版。

48.《戴望舒全集》散文卷，中国青年出版社，1999年版，第105页。

49.《唯物史观的文学论》之"译者序"，新生命书局，1930年2月版，第1页。

50.《戴望舒全集》散文卷，中国青年出版社，1999年版，第106页。

51. 施蛰存：《关于鲁迅的一些回忆》，见《施蛰存七十年文选》，上海文艺出版社，1996年。

52. 施蛰存：《最后一个老朋友——冯雪峰》，载《新文学史料》，1983年第2期。

53.《中国现代作家大辞典》第302页，新世界出版社，1992年。本辞典的出版是在《关于鲁迅的一些回忆》发表12年之后了。

54. 里别进斯基：《一周间·出版说明》，戴望舒译，人民文学出版社，1962年。

55. 伊凡诺夫：《铁甲车·译序》，第2页，戴望舒译，上海现代书局出版，1932年。

56. 伊凡诺夫：《铁甲车·译序》，第2页，戴望舒译，上海现代书局出版，1932年。

57. 伊凡诺夫：《铁甲车·译序》，第4页，戴望舒译，上海现代书局出版，1932年。

58. 伊凡诺夫：《铁甲车·译序》，第4页，戴望舒译，上海现代书局出版，1932年。

59. 伊凡诺夫：《铁甲车·前言》，戴望舒译，人民文学出版社，1958年。

60. 本约明·高力里：《苏联诗坛逸话·译者附记》，第191页，戴望舒译，上海杂志公司，1936年。

61. 沈宝基1990年11月19日致陈丙莹函。转引自陈丙莹《戴望舒评传》，第69页，重庆出版社，1993年。

62. 戴望舒：《苏联文学史话·译者附记》，756页，《戴望舒全集：散文卷》。

63. 戴望舒：《苏联文学史话·译者附记》，757页，《戴望舒全集：散文卷》。

64. 戴望舒：《苏联文学史话·译者附记》，757页，《戴望舒全集：散文卷》。

65.《戴望舒全集》散文卷，中国青年出版社，1999年版，第756-757页。

66.《戴望舒全集》散文卷，中国青年出版社，1999年版，第116页。

67. 王佐良:《译诗与写诗之间——读〈戴望舒译诗集〉随想录》,北京:《外国文学》杂志,1985年第4期。

68. 上海社会科学院文学研究所编《三十年代在上海的"左联"作家,上卷》,第423页,上海社会科学院出版社,1988年。

69. 孙玉石主编:《戴望舒名作欣赏》,第71页,中国和平出版社,1993年。

70. 孙玉石主编:《戴望舒名作欣赏》,第71页,中国和平出版社,1993年。

71. 戴望舒:《苏联文学史话·译者附记》,第596页,《戴望舒全集:散文卷》。

72. 盛澄华:《纪德研究》,上海森林出版社,1948年12月版,第378页。

73. 许钧在2007年3月发表《相通的灵魂与心灵的呼应——安德烈·纪德在中国的传播历程》一文时(《江海学刊》2007年第3期),只客观地说引玉版"无译者署名"。但在10月份他和宋学智联名出版的《20世纪法国文学在中国的译介与接受》(湖北教育出版社,2007-10)一书中(第255页注1),却横空出世地提出:"据说该书由盛澄华所译"。然而,他们没有提供任何论据。

74. 严靖、杨联芬:《论〈从苏联归来〉在1930年代中国的译介与影响》,《天津师范大学学报》(社会科学版),2012年第3期。

75. 严靖:《文本旅行中的情知纠结——谈戴望舒译纪德〈从苏联回来〉》,《中国现代文学研究丛刊》,2012年第1期。

76. 王文彬:《戴望舒与纪德的文学因缘》,载北京《新文学史料》,2003年2期。

77. 王文彬:《雨巷中走出的诗人——戴望舒传论》,第219页,商务印书馆,2006年。

78. 施蛰存:《诗人身后事》,见《北山散文集》,第375页,华东师范大学出版社，2001年10月。

79. 林贤治主编:《读书之旅》第一辑，第44页，广东教育出版社，1999年。

80. 林贤治主编:《读书之旅》第一辑，第43-44页，广东教育出版社，1999年。

81. 林贤治主编:《读书之旅》第一辑，第47页，广东教育出版社，1999年。

82. 王文彬:《中西诗学交汇中的戴望舒》之"后记"，安徽教育出版社，2003年8月1日。严靖之所以说这两个版本之间只是"略有不同"，是因为他没有真正看到引玉版。

83. 吴怀东:《评〈雨巷中走出的诗人——戴望舒传论〉》,《中国现代文学研究丛刊》，2007年第4期。

84. 王文彬:《雨巷中走出的诗人——戴望舒传论》，第207页，商务印书馆，2006年。

85. 王文彬:《雨巷中走出的诗人——戴望舒传论》，第215-216页，商务印书馆，2006年。

86. 安德烈·纪德著、郑超麟译:《从苏联归来》之"序"，第1页，上海亚东图书馆出版，1937年4月。

87. 安德烈·纪德著、郑超麟译:《从苏联归来》之"序"，第四页，上海亚东图书馆出版，1937年4月。

88. 施蛰存:《诗人身后事》,《香港文学》（戴望舒逝世四十周年特辑），1990年第7期。

89. 王文彬:《雨巷中走出的诗人——戴望舒传论》，第213页，商务印书馆，2006年。

90. 王文彬:《雨巷中走出的诗人——戴望舒传论》，第215页，商务印书馆，2006年。

91. 施蛰存：《诗人身后事》,《香港文学》(戴望舒逝世四十周年特辑),1990年第7期。

92. 严靖：《文本旅行中的情知纠结——谈戴望舒译纪德〈从苏联回来〉》,《中国现代文学研究丛刊》,2012年第1期。

93. 严靖：《文本旅行中的情知纠结——谈戴望舒译纪德〈从苏联回来〉》,《中国现代文学研究丛刊》,2012年第1期。

94. 钱伯诚：《翻译家郑超麟》,上海《文汇报》,1998年9月12日。

95. 郑超麟：《关于〈从苏联归来〉》,广州《随笔》杂志,1998年第4期。

96.《从苏联回来》之《题记》,上海：引玉书屋刊印,1937年。

97. 钱伯诚：《翻译家郑超麟》,上海《文汇报》,1998年9月12日。

98.《左联词典》,第257页,光明日报出版社,1994年。

99.《左联史》,第6页,光明日报出版社,2006年。

100. 施蛰存：《最后一个老朋友——冯雪峰》,第202页,载《新文学史料》,1983年第2期。

101.《左联史》,第11页,光明日报出版社,2006年。

102. 指"左联盟员中也有少数叛徒及左联思想路线的反对者",他们是：周毓英、周全平、叶灵凤。见《左联史》,547页。

103.《左联史》,第9页,光明日报出版社,2006年。

104.《左联史》645页："1936年,上海诗歌刊行社出版'诗歌丛书',共22种,其中左联诗人著译的达17种。"没有戴,看来是从这个角度早把他事实开除了,或者说,戴早就自动退出了,或者说他压根就不曾进去。

105. 陈丙莹：《戴望舒评传》,第17页,重庆出版社,1993年11月版。

106. 罗昌智：《戴望舒的"雨巷情结"与中国传统文化》,见《文艺争鸣》,2008年第6期。

107. 吕家乡：《笔写自我　心系风云——评别开生面的政治抒情诗人戴望舒》，载《学术月刊》，1985年第11期，第47页。

108.《左联史》，第13页，光明日报出版社，2006年。

109.《左联史》，142页，光明日报出版社，2006年。

110.《左联史》，142页，光明日报出版社，2006年。

111.《左联史》，142页，光明日报出版社，2006年。

112. 郑择魁、王文彬：《戴望舒评传》，第64页，百花文艺出版社，1987年版。

113. 郑择魁、王文彬：《戴望舒评传》，第64页，百花文艺出版社，1987年版。

114. 鲁迅：《又论"第三种人"》，一九三三年七月一日《文学》第一卷第一号。

115. 鲁迅：《又论"第三种人"》，一九三三年七月一日《文学》第一卷第一号。

116.《现代》第三卷第二期。

117. 鲁迅：《又论"第三种人"》，一九三三年七月一日《文学》第一卷第一号。

118.《现代》第三卷第二期。

119. 鲁迅：《又论"第三种人"》，一九三三年七月一日《文学》第一卷第一号。

120. 吕家乡：《笔写自我　心系风云——评别开生面的政治抒情诗人戴望舒》，载《学术月刊》1985年第11期，第47页。

121.《大晚报》1936年8月21日。

122. 蒲风：《现代中国诗坛》之《五四到现在的中国诗坛鸟瞰》一章，

诗歌出版社，1938年3月版。

123.《新中华》第5卷第7期。

124. 应国靖言，见上海社会科学院文学研究所编《三十年代在上海的"左联"作家》，第419页，上海社会科学院出版社，1988年。

125.《戴望舒全集》散文卷，第175页，中国青年出版社，1999年版。

126. 周红兴、葛荣：《艾青与戴望舒》，载《新文学》第144页，1983年第4期。

127. 周红兴、葛荣：《艾青与戴望舒》，载《新文学》第144页，1983年第4期。

128.《戴望舒全集》散文卷，第176页，中国青年出版社，1999年版。

129.《戴望舒全集》散文卷，第174页，中国青年出版社，1999年版。

130. 张亚权：《论戴望舒诗歌的古代艺术渊源》，见《中国现代文学研究》丛刊1988年第2期。

131. 转引自潘颂德：《中国现代新诗理论批评史》，学林出版社，2002年8月版，第390页。

132.《戴望舒全集》散文卷，中国青年出版社，1999年版，第128页。

133. 孙玉石主编：《戴望舒名作欣赏》，中国和平出版社，1993年6月版，第2页。

134. 孙玉石主编：《戴望舒名作欣赏》，中国和平出版社，1993年6月版，第17页。

135. 卞之琳：《戴望舒诗集·序》，四川人民出版社，1981年版，第3页。

136. 阕国虬：《试论戴望舒诗歌的外来影响与独创性》，《文学评论》，1983年第4期第32页。

137. 卞之琳：《徐志摩诗集·序》，四川人民出版社，1981年版，第6页。

138. 艾青：《戴望舒诗集·望舒的诗》，四川人民出版社，1981年版，第1页。

139. 侯江：《戴望舒诗歌创作论》，见《北京社会科学》，1993年第4期，第75页。

140. 阙国虬：《试论戴望舒诗歌的外来影响与独创性》，《文学评论》，1983年第4期，第32页。

141. 阙国虬：《试论戴望舒诗歌的外来影响与独创性》，《文学评论》，1983年第4期，第32页。

142. 孙玉石主编：《戴望舒名作欣赏》，中国和平出版社，1993年6月版，第4页。

143. 陈丙莹：《戴望舒评传》，重庆出版社，1993年11月版，第39页。

144. 卞之琳：《戴望舒诗集·序》，四川人民出版社，1981年版，第3页。

145. 陈丙莹：《戴望舒评传》，重庆出版社，1993年11月版，第40页。

146. 杜衡：《望舒草·序》，见施蛰存和应国靖合编《戴望舒》，人民文学出版社，1993年版，第229页。

147.《朱湘书信二集》，安徽文艺出版社，1987年版，186-187页。

148. 朱自清：《中国新文学大系·诗集·导言》，上海文艺出版社，1981年7月版。

149. 孙玉石主编：《戴望舒名作欣赏》，中国和平出版社，1993年6月版，第54页。

150. 卞之琳：《戴望舒诗集·序》，四川人民出版社，1981年版，第4-5页。

151. 余光中：《评戴望舒的诗》，载《名作欣赏》，1992年第3期，第12-13页。

152. 凡尼：《戴望舒诗作试论》，载《文学评论》，1980年第4期。

153. 杜衡：《望舒草·序》，引自《戴望舒选集》，人民文学出版社，

1993年版，第229页。

154. 卞之琳：《戴望舒诗集·序》，四川人民出版社，1981年版，第4页。

155. 宋乐永：《戴望舒开创一代新诗风的履印》，《文史哲》，1988年第6期第47页。

156. 卞之琳：《戴望舒诗集·序》，四川人民出版社，1981年版，第6页。

157. 宋乐永：《戴望舒开创一代新诗风的履印》，《文史哲》1988年第6期，第46页。

158. 康林：《〈雨巷〉：本文结构分析》，见《中国现代文学研究》丛刊，1987年第四期。

159. 孙玉石主编：《戴望舒名作欣赏》，中国和平出版社，1993年6月版，第50-51页。

160. 法语，意为"微妙的变异"。

161.《戴望舒全集》散文卷，中国青年出版社，1999年版，第127页。

162. 闻一多：《诗的格律》，原载《晨报副刊》1926年5月13日。参观《闻一多论新诗》，武汉大学出版社，1985年版，第87页。

163. 郭沫若：《文艺论集·论诗三札》，人民文学出版社，1979年版，第204页。

164. 闻一多：《评本学年〈周刊〉里的新诗》，原载《清华周刊》第7次增刊。参观《闻一多论新诗》，武汉大学出版社，1985年版，第3页。

165. 郭沫若：《文艺论集·论诗三札》，人民文学出版社，1979年版，第236页。

166. 卞之琳猜测是1928年，见《戴望舒诗集·序》，四川人民出版社，1981年版，第5页。

167. 孙玉石主编：《戴望舒名作欣赏》，中国和平出版社，1993年6月版，第56页。

168. 孙玉石主编：《戴望舒名作欣赏》，中国和平出版社，1993年6月版，第77页。

169. 杜衡：《望舒草·序》，引自《戴望舒选集》，人民文学出版社，1993年版，第229页。

170. 朱自清：《中国新文学研究纲要》，《文艺论丛》第14辑，上海文艺出版社，1982年。

171. 艾青：《戴望舒诗集·序》，四川人民出版社，1981年版，第2页。

172. 卞之琳：《戴望舒诗集·序》，四川人民出版社，1981年版，第5页。

173. 孙玉石主编：《戴望舒名作欣赏》，中国和平出版社，1993年6月版，第80-81页。

174. 余光中：《评戴望舒的诗》，载《名作欣赏》，1992年第3期，第13-15页。

175. 卞之琳：《戴望舒诗集·序》，四川人民出版社，1981年版，第6页。

176. 艾青：《答〈诗探索〉编者问》。

177. 秦兀宗：《论戴望舒诗艺的美学特征》，见《杭州大学学报》，1984年12月号，第83页。

178. 杜衡：《望舒草·序》，引自《戴望舒选集》，人民文学出版社，1993年版，第228页。

179. 卞之琳：《戴望舒诗集·序》，四川人民出版社，1981年版，第4页。

180. 罗洛译：《魏尔伦诗选》，漓江出版社，1987年版，第25页。

181. 罗洛译：《魏尔伦诗选》，漓江出版社，1987年版，第25页。

182.《戴望舒全集》诗歌卷，中国青年出版社，1999年版，第654页。

183. 郑择魁、王文彬：《戴望舒评传》，百花文艺出版社，1987年版，第30-33页。

184. 卞之琳：《戴望舒诗集·序》，四川人民出版社，1981年版，第6页。

185. 孙玉石主编：《戴望舒名作欣赏》，中国和平出版社，1993年6月版，第77页。

186.《戴望舒译诗集》，湖南人民出版社，1983年版，第45页。

187. 周良沛：《戴望舒诗集·编后》，第170页，四川人民出版社，1983年。

188. 戴望舒没有标明这两行诗的出处。据笔者考证，是 Albius Tibullus（公元前55-19）写于公元前27年的代表作《哀歌》（*Elegies*）第一首之第59-60行。

189. 陈丙莹：《戴望舒评传》，重庆出版社，1993年11月，第33页。

190. 艾青：《戴望舒诗集·望舒的诗》，四川人民出版社，1981年版，第3-4页。

191. 卞之琳：《戴望舒诗集·序》，四川人民出版社，1981年版，第5页。

192. 孙玉石主编：《戴望舒名作欣赏》，中国和平出版社，1993年6月版，第65页。

193. 鲍晶：《留下履痕的诗人——戴望舒》，见《中国现代文学研究》丛刊，1981年第3期。

194. 孔海珠：《〈断指〉的本事》，载《香港文学》，1985年第2期，第21页。

195. 孔海珠：《〈断指〉的本事》，载《香港文学》，1985年第2期，第22页。

196.《望舒诗论》，载《戴望舒全集》散文卷，中国青年出版社，1999年版，第128页。

197. 孙玉石主编：《戴望舒名作欣赏》，中国和平出版社，1993年6月版，第71页。

198. 孙玉石主编：《戴望舒名作欣赏》，中国和平出版社，1993年6月版，第71页。

199. 孙玉石主编：《戴望舒名作欣赏》，中国和平出版社，1993年6月版，第73页。

200. 阿索林：《西班牙的一小时》，载《戴望舒全集》散文卷，中国青年出版社，1999年版，第463-464页。

201. 《戴望舒全集》散文卷，中国青年出版社，1999年版，第104页。

202. 孙玉石主编：《戴望舒名作欣赏》，中国和平出版社，1993年6月版，第140页。

203. 孙玉石主编：《戴望舒名作欣赏》，中国和平出版社，1993年6月版，第131页。

204. 孙玉石主编：《戴望舒名作欣赏》，中国和平出版社，1993年6月版，第131页。

205. 孙玉石主编：《戴望舒名作欣赏》，中国和平出版社，1993年6月版，第141页。

206. 陈丙莹：《戴望舒评传》，重庆出版社，1993年11月，第48页。

207. 孔另境编：《现代作家书简》，花城出版社，1982年版，第78-79页。

208. 艾青：《戴望舒诗集·望舒的诗》，四川人民出版社，1981年版，第4页。

　　　　　　　　　　　　　　　让灯守着我：戴望舒传

第三章

游学欧洲

——"这是幸福的云游呢，
还是永恒的苦役？"

第一节 /
爱情的许诺、出国准备、海上航行的寂寞与兴致

由于望舒不顾一切的追求，也由于父、兄的劝导，本来对望舒没有多少好感（当然也没有多少恶意）的施绛年终于心有所动，有时也同意望舒陪伴她聊聊天，走走路，使望舒深感欣幸；但望舒看得出来，绛年并没有对自己倾心，一直跟他保持着身心的距离，这使望舒甚为忧伤、烦恼。最后，望舒声言，如果绛年不接受他的爱，他将自杀，绛年遂勉强答应与望舒订婚；但她提了一个相当苛刻的条件，那就是要望舒出国留学；说只有在望舒出国留学取得学位并找到体面工作后，

她才愿意结婚。

在1920、30年代，出洋可不是件容易的舒服的事，光是孤独、寂寞而劳顿的旅途就够让人受的，更不要说是一个人在万里之遥的异国他乡独自生活的艰难困苦了。当时很多人虽然有崇洋倾向，看重几乎跟"洋"有关的一切；但要他们去长期在洋人鼻子底下讨生活，则会举棋不定。富家子弟尽管可以带着大量钞票出去，在物质生活上不用发愁，甚至还可以花天酒地，但他们受不了那种被看作二等公民的歧视，更受不了失去亲朋宠溺的孤寂。穷人家的孩子呢，出外的路费都要借，更不要说到了以后谋生的捉襟见肘了。所以，那时候许多年轻人视出洋留学为畏途。

望舒也如此。他一直拖着，当然最主要的原因是他家里没钱；其次，他在国内的工作和创作都进展得相当不错。而且他的法文已经到了这样娴熟的程度，似乎没必要出国深造。可是，施绛年看重的是一些大众化、标准化的东西，她要的是未婚夫的洋经历和洋文凭。在理性上，望舒可能也想过两人在价值观念上的巨大差异，如绛年根本不理解也不支持他的诗歌事业；望舒肯定也想到了两人的不合适，先不说这场恋爱的结果不可预知，就算两人能结婚，婚后的幸福也很难保证。但他太爱绛年，这份爱是那样持久、深入、固执，理性没有招数可以去破解，他的人生之路只能顺着这盲爱的方向；而确定这方向的其实就是绛年的意愿。她铁定了心，要望舒出国，望舒只好出洋；她要他早日起程，他不敢太耽搁。

1931年春夏之交，两人就订婚了，但望舒一直赖着不走；在绛年的连连催促下，望舒才于1932年10月8日搭乘邮船从上海出发，前往法国。

想到要离开熟悉的人和事，想到要跟刚刚有点亲密的绛年重新远隔，望舒几乎一夜无眠；这天早上六点，他就起来了。正在检查行囊时，绛年也起来了。她看上去睡眼惺忪，眼泡微肿，肯定也没有睡好，而且神情甚为悲伤。但她的悲伤是短暂的，因为她的感情是勉强被激发起来的，还远远没有像望舒的那样强烈、那样的不可收拾，还完全在理性的控制范围之内。她宁愿舍弃两人厮守的甜蜜和舒适，而要望舒表现出或者说去寻求她所认为的、实实在在的体面和好处。当然，在分别时刻，双方还是相当难舍和难过的，彼此都向对方显示了无比的柔情，都想到许多安慰，交代，甚至信誓。但他们都发现语言之路被浓情阻隔了，双方只是哽咽着，简单地告了别。

绛年、老友施蛰存、杜衡、穆时英、刘呐鸥、胡秋原以及施蛰存的父亲、望舒自己的姐姐等都到码头上送行。他们一起照了几张相片，后来施蛰存选了两张登载在《现代》月刊上，其中一张是望舒与绛年的合影。

一行人站在码头上初秋的风里，而望舒已经下到了甲板上。

船快要起航了。江面上水雾还没完全散尽，整个水面像一张离人的脸，瑟缩着，淌着泪，汽笛舒缓、低沉地鸣叫着，如同呜咽。此情此景，望舒感到几乎难以忍受，但他强行不让眼泪流出眼眶。绛年毕竟是女人，早已哭成了泪人儿。望舒赶紧写了张纸条，胳膊使足了劲，扔向绛年，一边顶着风大声喊着："绛年，别哭。"但是，那纸条很不情愿似的，轻易地被风刮向水面，绛年迅猛起身追赶，但没有追上，眼看着它像一支断翅，贴在水面上，浮荡了一会儿，便彻底湿透，然后渐渐下沉。看到绛年那副可怜楚楚的模样，望舒的泪水夺眶而出。他一边挥泪，一边挥手，望着那一行友好。只见绛年也踮起脚尖，使劲挥舞着一方白手帕，仿佛是一羽即将起飞的鸽子，动人极了；望舒几乎看呆了。直到整个码头成了一个模糊的影子，那方手帕似乎还在他眼前飘荡。

那些日子里，望舒特别疲惫，一是出国要做各种各样的准备，二是他心里感受极为复杂、紧张，所以身心交瘁。回到船舱里，望舒一下就倒在床上，呆呆地倚躺了很久。思绪不断地在心头翻涌。他感到疑惑的是：自己到底为何要万里迢迢地去留学？理由只有一个，那就是绛年的要求。但是这要求绝对合理吗？他为什么要顺从她？顺从的意义又何在？难道仅仅是以为他爱她吗？望舒进而又觉得后悔。他在日记中说："现在我全然后悔远去法国的轻率而愚蠢的决定。离开所爱者去远方是为了什么？如果可以，我真想返回，永远在所爱者的身旁，母亲、父亲和好朋友，这不就是世上生活得最快活的人了吗？"[1] 想起所爱者，他心里稍稍平衡了一些，因为经过了那么多的痛苦，绛年终于订婚，使自己的爱有了着落，心有了归宿，婚姻有了希望，这是他最感欣慰的。他原打算此去法国待上三四年，弄个文学博士学位回来，一方面满足绛年的要求，另一方面也算是对光宗耀祖有个交代。但临行前，当他跟绛年商量，希望她能去法国陪读时，绛年并没有爽快答应，使他不免心生疑虑，最后，他说自己只去两年就回国跟绛年完婚。他拿出绛年送给他的信物——一条项链，戴在了脖子上。绛年那娇滴滴的叮嘱仿佛又在耳旁回响："你要永远爱着我，永远想着我。"

由于海上旅行的极端寂寞，他不断地给绛年和朋友们写信。除此之外，他几乎一直是恍恍惚惚的。他怀着浓愁，想着家，想着绛年。他晚上睡不着，起身走向船舷，久久地仰望明月、星星和茫茫的大海。

那时，从中国去法国，走海路需要整整一个月，兴致好的可以在旅途中谈一场恋爱。钱锺书的《围城》中有过漫长航程中男女谈恋爱的描写，只不过小说中的方鸿渐、苏文纨他们没有谈成；而现实生活中的冰心和吴文藻却是在类似的航行中谈成恋爱的。

由于旅程太漫长，太寂寞，船上给乘客安排了一些娱乐项目，如跳舞、赌博、唱歌、喝酒等。望舒没有余钱也没有时间去赌博，他虽然一度酷爱跳舞，但最近一段时间以来他基本上戒舞了，因为他忙，更因为他有了绛年，他不应该也不愿意再去跟别的女人搂搂抱抱、灯红酒绿。在船上，他只偶然地去跳过几回。由于他经济上一向拮据，这回出国，又借了相当一笔钱，所以他得赶着翻译东西，来挣点小钱。他在船上，试图多译点阿拉贡的作品；但由于没有心思，他译得并不多。

也许是为了调节旅客们的烦闷心绪，船每到一个港口，他们都被允许上岸观光、购物。有些地方可以停留一两天，不失为一种相当不错的旅游方式。望舒跟大多数旅客一样，喜欢到岸上去欣赏异国情调，但由于囊中羞涩，他几乎没有买东西。不过，每到一处，他都要寄一批信。其实，他在整个航程中，做得最多的一件事可能就是写信了。

10月11日，船到香港，望舒第一次踏上香港的土地，只是散散步而已，他觉得，在晨雾中，远远地眺望香港，"它像一座魔术师的城堡"。

10月14日，船到西贡时，望舒的舞兴突然上来了，他跟几个旅伴一起，找了三位安南（即越南）姑娘，到当地最好的舞厅，着实玩了个尽兴。

10月19日，船到新加坡。土著人划着小船争抢着靠近邮船，向旅客们伸手要钱。望舒他们出于好玩，也是遵循惯例，把钱扔进水里，让那些土人下水去找。有些动作敏锐的，还没等钱完全沉下去，就捞上来了；有些水性好的，一直潜水到海底，把分币捞上来。有一个老头的技术已经炉火纯青，他可以一只手迅速伸到水中去抢硬币，另一只手里还夹着雪茄；脸上则露出从容而得意的笑容。居然没有一个硬币遗留在水底，这使望舒他们大为惊讶。其实，这种无聊游客取乐的风俗在好多作家的笔下都出现过，如英国的毛姆等。

第二节 /

拼命翻译以赚钱、转入里昂中法大学、与法国人的交往和合作

1932年11月10日左右，望舒终于到了巴黎。[2] 当时中国学子到法国留学的，一般都入里昂的中法大学。那是法国政府按照国际协议，用庚子还款建立的，实际上有两所，一在中国的北平，一在法国的里昂。北平中法大学的学生总成绩在前三名者可公费去里昂留学，享受学费和生活费全部免费的优厚待遇。望舒不是北平中法大学的学生，所以他当时没有资格申请去里昂，所以他去巴黎走昂贵的自费留学之路。

望舒一面在巴黎大学旁听，一面在一所语言学校学西班牙语。他觉得上学读书，主要是通过跟老师学语言，因为老师可以为他提供正确而便当的一些方法和窍门，在相对比较短的时间内，掌握一门语言。至于文学、学问，那些教授级的教书匠未必有他的领悟力，他们只能提供大量的知识，而知识之上的东西，恐怕跟他们学还不如自己看书。老师就像是一条筏子，学生到了知识的岸边，尤其是在开始进行自己的创造性思维时，应该有勇气把那筏子给放弃了。当然，这不是说从此断绝跟老师的关系，而是说应该摆脱对老师的依赖，与老师保持距离，免得过分地接受老师的影响，从而牺牲掉自己的个性。望舒对大学教育一直保持着一种即使不是不屑也是警惕的态度。他似乎对学位、学问没有多少兴趣，没有去找教授商量研究计划，甚至没有读书计划。他在巴黎时的挚友沈宝基先生说，望舒"是讨厌学院派教授的，不会太认真把很多时间花在听课上"。"他不会去死啃学校课程，而是大量阅读法国的、美国的、南欧的诗人的作品，或是某些可以翻译的作品"。[3]

　　实际上望舒并不是真地讨厌学院和学问，艾青说他是一个具有很高文化修养的诗人，他阅读范围很广、数量很大，他的诗作中有很深厚、浓郁的文化韵味，即是明证。他之所以没有在大学里沉下心来踏踏实实读书做点学问，他不是没有那个心，而是没有那个力；他是自费出国，学费、生活费都得自己掏，而他家里根本没有能力来支持他，所以他得靠自己的努力，不断地写稿、翻译，靠绵薄的稿费来维持基本生活；哪有时间一本本地阅读古典作品，做笔记，慢慢品味，以年度为时间单位写作论文呢？

当然，望舒没有进大学好好按部就班地读书，跟他那种自由散漫、我行我素的诗人性格也有很大的关系。而在巴黎的许多艺术家都过着而且喜欢过波希米亚式的生活，他们像吉卜赛人似的居无定所，日夜在巴黎的大街小巷中游荡。望舒没有时间模仿这种生活方式，但这种生活观念却是他所心仪的。

望舒在法国忙于写、译，忙得连有些该写的信都没写。1933年3月5号，他在给叶灵凤的信中说："你或许要怪我没有写信给你，你或许会说我懒。但是这实在是冤枉了我。我在这里是一点空也没有。要读书，同时为了生活的关系，又不得不译书。"[4]

作为望舒的挚友，现在又上升到了准大舅子，施蛰存在国内为他操着不少心。他身兼望舒的买办、代理、亲友、财务总管等数职。他们俩在望舒的经费方面大概有个基本的约定，即望舒每月给施一定数量的文稿，施则每月给他汇出一定量的款项。施在12月27日给望舒的信中说："现在我这里大概每月上旬以内寄汇七百五十法郎，请你一回也每月寄出这数目的稿子，好像银行往来那样地结算……如果有二个月不收到你的文稿，则这里的能力也就动摇了。"[5]施对望舒的压力是很明显的：望舒应该每个月交稿，如果连续两个月不交，则他想帮也很难帮了。

一方面，他负责帮望舒联系发表和出版事宜；但望舒写译的稿费很有限，而且有时还发生拖欠问题，所以根本不足以应付他在巴黎的生活。因此，施还得在国内为他筹钱，时时接济他，尤其是在他手头特别紧的时候。对于望舒在巴黎的经济问题，施似乎比望舒还要着急。在他给望舒的几乎每一封信里都会以大哥的身份和口气，谈论这个问题，而且是千叮咛万嘱咐的。如在他1933年11月18日写给望舒的信中说："希望能将你的日用账录寄一周，使我有一个参考。"[6] 显然，他可能对望舒的理财能力不太信任，需要亲自过问；更重要的可能是他怕望舒在外面乱花钱，他要心中有数，每一个月给望舒寄一笔数量相对固定的钱；这样他就可以确保望舒在巴黎待下去，以完成学业。施对戴的关心可想而知。在12月3日的信中，说："今天看了 Sous Les Toits de Paris [7] 回来，写信给你。我看见影戏里有一个扒儿手，心中就感到一阵恐怖，我恐怕你一朝在巴黎遇到扒儿手，把你怀中的全部财产都扒了去，那岂不糟糕！留心啊！"[8] 施对望舒的处处挂念、谆谆告诫，实在令人感动。

由于老是害怕望舒会在经济上发生问题，也担心望舒在巴黎那样的花花世界因为贪玩或懒怠而荒废金钱和时间，所以施蛰存除了经常提醒他要节流之外，还引导他要重视开源。其具体说来，就是像债主一样向望舒催逼稿件。如在上面的同一封信中，施说："你现在究竟是否先译中华的书？倘若没有决定，我想先编《法国文学史》也好。因为目下的现代书局，只要稿子全到，钱是不生问题的。《现代》转瞬二卷完满，第三卷的译小说你似乎也应当动手了……你如果决定译的，则收到此信后，请立刻先拟一个广告来，说明此书内容，我当在二卷六期登出。"[9] 短短几行文字中，施向望舒催了三份稿，而且都不是小活儿，都不是几天内所能完成的。望舒哪有喘息的机会？"中华的书"指的是望舒给中华书局翻译的书《比利时短篇小说集》。在临出国前，他已经领到了书局给他预支的一部分稿费，以应付他办理出国事宜的急用，所以他是不能耽误或推迟的。所以在12月27日的那封信中，施把事情说得比较严重："我很为你的经济担心事，而至今连第一批中华残稿尚未到，甚可危也。"[10]

不知是因为水土不服，还是工作太劳累，望舒到巴黎的第一年年底得了比较严重的肠病，急得他赶忙打电报向施求援，要了不小的一笔钱，弄得施非常紧张，还疑心是望舒想多要点钱，而故意说有病，或把小病说得重了些。他1933年1月15日给望舒的信中说："你究竟肠病如何？我疑心你是借题发挥，大概你的肠病不会使用到七百五十法郎吧。但我要警告你，以后真病则打电报，否则不要说生病。唬人一跳。电报也还是少打，太花钱了。"[11]

尽管望舒真地听从了施的劝诫，连电报都少打了，以至于后来连信都少写了，把开支压缩到了最低点，但他还是入不敷出。出国时带的那点钱很快就花光了，到1933年，他陷入了穷困潦倒的境地。有一段时间，甚至连吃饭都发生了问题，以至于落魄到在华人开的饭店里吃包饭，由好友陆懿付钱。

望舒"先在巴黎混了一年，没有正式上学，过着闲散的艺术家生活。一年之后，他手上的钱花光了，生活发生问题"。[12]于是他觉得自己留在巴黎已经没有什么可能，也没有什么好处；他越来越后悔自己的出国，他想回国。施赶紧给他筹钱，一共两次，第一次是三百元（其中两百四十元是望舒的稿费，六十元是施自己的）。望舒想把这笔钱用作回家的路费；他给父母写信，还是说要回来。他父母只好写信跟施商量。施决定让望舒死活都要在法国再多待一段时间，并展开第二轮筹钱活动，结果筹得了不小的一笔钱，他高兴地给望舒写信说："晓得你已不耐贫困急于回来，适巧商务印书馆稿费送来，再加上你父亲的三百元，大约在三日内总可汇上七百元之数，但同时我又打了一个电报请你对于回国事考虑一下。因为我想你这笔钱或许可以用三四个月，我劝你再耐一耐，试试看。"施蛰存还为望舒以后的生活作了周密的财务方面的安排，从而使他能安心地继续在法国多待几个月，他不厌其烦地在信中帮望舒算账："《法国短篇集》已讲好九月份支一百元，十月支一百元，十一月支一百六十元……此外我为你向良友接洽编一本《法国大观》……稿费可有四五百元……如是只差回来的钱，我想在明年上春头总有办法的。为了这样的设想所以写此一信，我以为你看到此信，则你想必已打消了回国之意。"[13]

施蛰存知道巴黎的生活费用高，自费留学更不是常人所能担负；所以他一方面帮望舒筹钱、筹划，稳住望舒的心，另一方面劝望舒转到收费较低的里昂中法大学去。尽管望舒连巴黎都不留恋，但他还是采纳了施的建议，向里昂大学提出申请，他是著名诗人、法国文学翻译家，中间再有人一推荐，中法大学居然破例接收了他这位曾经不屑于上中法大学而且与此大学没有任何关系的学生。这中间人据说还是大名鼎鼎的、在法国政界尤其是文化教育界颇有影响的马尔洛。望舒在法国期间最要好的朋友之一杜贝莱神甫说马尔洛帮望舒"住到里昂中法大学"。[14] 马尔洛是小说家、革命家，一直对中国很友好，与古久列同为中国之友委员会的会长。这个团体的目的之一——据马尔洛自己说——是"研究（继之以揭发）国民党的暴行"。[15] 望舒大概是通过艾登伯认识古久列，再认识马尔洛的。据杜贝莱说，马尔洛"很帮他忙"，还"可能""给他钱"。[16] 沈宝基晚年回忆说望舒是化名补上海外中法大学的公费名额的，恐怕不确；因为望舒在里昂并没有享受真正的公费待遇，只不过减少部分学费而已。

不管怎么样，望舒算是在物价比较低的里昂又客居了下来，开始了又一度的留学生涯。里昂中法大学实际上是北平中法大学的海外部。学校接收他，是有条件的，即他必须和别的学生一样，到里昂大学去注册，选修一张文凭。当时法国大学是文凭制，不是学年制。学生要拿到四张文凭，才能毕业，不过最后拿的是硕士学位。每个学年结束时，学生要参加文凭考试，如果通不过，可以再学一年。不过，如果第二学年再拿不到当年所修的文凭，则不仅要被开除，而且还要被遣送回国。真要拿到全部四张文凭，是很不容易的事；只有那些聪明的学生才能完成。这也是法方只让北平中法大学当年毕业的学习成绩名列前三的学生公费去法国留学的原因所在。

望舒因为喜欢文学，所以选了法国文学史这一相当难的专业课。据说，他正式注册了，也缴纳了学费，但他在巴黎的"老毛病"又犯了，几乎没有去教室里听过一堂课。其中的原因也一样，即他还是得挣钱，他无法跟沈宝基、罗大冈等公费生一样优游地、自由地上课、读书。他得抓紧时间翻译，那几乎是他谋生的唯一手段。罗大冈比望舒晚一年到里昂，曾与望舒同居一室，他是这样描写望舒的："他在里昂两年干什么呢？在我的记忆中，他成天坐在窗前埋头用功……他几乎用全部时间搞翻译。"[17]

不过，也许是由于生活和心情的不稳，虽然望舒给人的印象是一直在工作，而且工作效率也挺高；但产量并不多。沈宝基和罗大冈看到的或者说叙述的只是望舒工作时的勤恳的情形，大概还有许多时间他并未工作或并未能高效地工作。可以这么说，以他大学里已经打下的相当不错的法文基础，再加上他已经积累的丰厚的翻译经验，如果他留在国内，他的生活方式和工作环境以及人际关系都比较稳定、方便，他取得的成就会更大。他在法国的折腾真是得不偿失。

他在法国期间的译作主要有：

《俄罗斯革命中的诗人们》。《苏联文学史话》，是高力里用法文写的著作，法文原名叫《俄罗斯革命中的诗人们》（"*Les Poetes Dans la Revolution Russe*"），1934年由巴黎伽利马书店出版；书出一个月之后，望舒就把它全部译完了，可见他对革命尤其是苏联革命诗歌的热忱。但是，这部译作直到1941年12月才由香港林泉居出版。望舒在写于1941年10月17日的译者附记中，首先简单介绍了作为革命作家的高力里其人。接着他介绍了作者的用意，即："作者的意思并不是在于介绍几个苏联的作家，亦不在于对苏联文学作一个全盘的研究；他的目的只是要指出，俄国的文学是怎样地去和革命相结合，又从哪一条路去和它结合。"他也点明了本书的特点，即："在一切研究苏联文学的著作中，这是比较最亲切而容易接近的一部。"

望舒还说明了他之所以要把书名译成《苏联文学史话》的原由，即："书中所接触到的不仅是苏联的诗歌一方面，而是革命前后的整个苏联文坛。"

望舒还花费了相当的笔墨，以控诉的语调，愤怒地交代了本书在出版上的命运："但是把译稿寄到中国以后，却到处碰壁……单是这部小书的题名，已够使那些危在旦夕的出版家吓退了。只在1936年当我回来的时候，才有机会把这本小书的第一部出版；但为了适应环境，不得不用《苏联诗坛逸话》那个'轻松'的题名。至于第二部呢，那出版家以为还是暂不出版的好，为的是怕惹出事来。一直到今天，在译成之后的第八年，这部小书才能完整地出来和读者相见。"

《比利时短篇小说集》。望舒给《比利时短篇小说集》里的每一篇小说都写了译者附记，简要介绍了作者和作品。如集子中包括象征主义大师梅特林克的《婴儿杀戮》，望舒高度颂赞了梅特林克的代表作童话剧《青鸟》，称之为"近代象征派文学之白眉"，又说《婴儿杀戮》的描写"神似弗兰特画派初期之名画"。[18] 集子还收录了艾青所推崇的著名诗人凡尔哈伦的《善终旅店》；不过，后者不是望舒自己所译，而是著名翻译家徐霞村所译。望舒称凡尔哈伦为"近代比利时一大诗人"，并说："他的作品大都是诗。但他的少许的剧本及散文，亦显然可以看得出是一个诗人的作品。"[19]

1934年8月，他还给全书写了个"小引"，主要讲了两点，一是讲了比利时文学与法国文学的关系及其独立的过程；二是讲了本书的体例，望舒将全书分成两大部分，他是按照语言的不同来分的，因为比利时北部人讲弗兰特尔语、南方则讲法语。[20]

《意大利短篇小说集》，上海商务印书馆1935年9月出版。共收意大利短篇小说10篇，最早的是16世纪初的彭德罗的《罗米欧与裘丽叶达》（莎翁名剧《罗密欧与朱丽叶》即取材于此），最近的是20世纪初的泊洛斯贝里的《女教师》。其中包括现代意大利文学大师皮兰德娄的名作《密友》。

《法兰西现代短篇集》共选了十个短篇。望舒对意大利文学似乎不是非常了解或非常有兴趣，他在《意大利短篇小说集》的后面只附了一个诸位作者的生卒年表。但是法国文学是他的专业，他对法国文学，尤其是现代法国文学是相当熟悉的，所以他给每一篇作品都写了译者题记，简单介绍了作者和所选作品的出处以及他自己的一些心得和点评等，不乏精彩之笔。如他选译了立体派大诗人阿波里内尔的《诗人的食巾》，赞扬阿波里内尔是"法国现代文学的怪杰"，并说阿的小说跟诗一样，"也充满了 Cosmopolitisme[21] 的，他爱那些俗僧、奇怪的教士、异端……"[22]

法国梅里美的《高龙芭》(附《珈尔曼》)，上海中华书局1935年2月出版。

法国高莱特的《紫恋》(法文原名为 *Cheri*)，上海光明书店1935年4月出版。望舒在1934年7月写的译后记中，着重介绍了作者高莱特的生平以及小说的故事情节。他指出，"高莱特女士是一个有名的文体家。她在著作的时候非常注意着她的文体。"[23]

望舒不仅从事法译汉工作，还做了些汉译法工作。望舒搞翻译在很大程度上是为了挣钱糊口。但把中国文学作品翻译成法语在当时是很难发表的，更不要说是稿费了。那么望舒为什么要做这样的没有多少经济效益的工作呢？这主要是因为他与法国汉学家艾登伯的关系。

艾登伯比望舒还要小4岁，是个狂热的马列主义信徒，又是个热心的文学青年，非常同情中国的无产阶级革命，喜欢中国文学，总想在中国的革命和文学之间找到点什么。他的兴趣主要在革命，他是想通过文学或者说革命文学，了解中国当时的革命情况。他的工作做得很细致甚至不厌其烦。他在1934年1月18日给望舒的信中说，他"准备编一份与革命有关的'汉字表'……翻阅左翼杂志，俾得拟一幅简单的中国革命文学运动的草图。这些联系在我个人工作上的杂务，大大增加了我的辛劳"。[24] 为了更好地了解中国，直接阅读中国文学，艾登伯当时正在学习中文，并给自己取了一个中国名字"艾田蒲"。他一生多从事汉学研究，对中国一直很友好，1957年，他曾应周恩来的邀请，率领法国汉学家代表团来华访问，回去后写了颇有影响的《东游记》(副标题为"或称《新孙行者》")。

且说1933年初秋，不知通过什么途径，艾登伯认识了正在法国埋头做翻译的望舒，遂写信向望舒自荐并寻求望舒的帮助，即帮助他了解、理解并翻译中国左翼作家的作品。1933年10月6日，艾登伯在从巴黎给时已在里昂的望舒写信时，亲热地称望舒为"亲爱的同志"。他还希望望舒"及时寄古久列一篇丁玲的代表作"。[25] 他说他当时正在翻译丁玲的《囚歌》，他对丁玲似乎具有特别的热忱，这可能跟望舒有关。丁玲是望舒的老同学，望舒可能向艾登伯详细地介绍并高度评价过丁玲。在1934年1月18日给望舒的信中，艾登伯再一次更多地谈到了丁玲，他说："我自己准备翻译一篇较短的丁玲的短篇小说……重新校订《囚歌》的译文"；在同一封信中，他还说："我们岂非要悼念这位可怜的丁玲么？"[26]《囚歌》到底指丁玲的哪一篇作品，施蛰存老先生都说"未详"，笔者更是不敢贸然确定。"悼念"云云，是指1933年5月14日丁玲遭到国民党特务绑架，并被软禁在南京，旋即传出她遇难的消息。这个消息很快就传到了法国；大家都相信这个消息是真的，有人还写了悲愤的悼念文章，指桑骂槐地控诉了国民党的暴行。丁玲的声誉也如日中天，法国左翼汉学界对她的关注在当时达到了最高点，以至于他们都以各种方式来悼念这位"民族女战士"，艾登伯也用翻译丁玲的作品这样特殊而特别有意义的方式来悼念她。

信中提到的古久列即伐扬·古久列，乃法国著名作家，著有短篇小说集《盲人的舞会》。望舒曾从中选取并翻译《下宿处》一篇，收入《法兰西现代短篇集》。望舒热情地介绍说，他是"法国当代最前卫的左翼作家，共产党议员，雄辩家，新闻记者。他曾经入过狱，现在年纪还很轻，做着《人道报》的热心的社员，《世界革命文学》杂志的长期撰述者，法国革命文艺家协会的总秘书"。望舒还表示自己很欣赏古久列的作品风格："他具有一种他所固有的，活泼的，有力的作风……这种作风使他在文学上有了极大的成就。"[27] 古久列对中国革命在言论上多有声援。1933年9月30日，他曾到上海参加远东反战大会。10月6日那一天，他正在返回法国的路途中。

艾登伯还讲明了两人合作翻译的方法，即"我请您为我逐字翻译，您不必费脑筋去寻找法语中的等同字……我再负责润色"。由于这样的翻译很麻烦，需要付出很多的时间和精力，而且还不好发表，发表了也可能没有稿费；对于把翻译当成谋生手段的望舒来说，这样的翻译意义不大，所以他一开始可能有点犹豫，没有爽快地答应。所以艾登伯还在信的末尾，惴惴不安地担心望舒会全然拒绝，说："如果您不能接受我的请求，那就希望您立即将杂志退还给我，我将尽我所能，自己来翻译。"同时他又不甘心放弃希望，一面用感谢和请求的语气说："我只要在一月三十日收到您的译文就行了，您就帮了我一个大忙。"一面又信誓旦旦保证说："这篇小说一定可以发表。"[28] 望舒情面难却，于是勉强交了稿，登在了1934年2月的《公社》杂志中国专号上，他的翻译质量是很高的。艾登伯在1934年5月2日给望舒的信中，说："您所译的《仇恨》，大家都很欣赏。"或许他也明了望舒对稿费的关心，所以他说他愿意把望舒作为一个翻译家介绍给《新法兰西评论》和《欧罗巴》杂志，因为"这些是唯一能给稿费的杂志，唉，《公社》则太穷了"。[29]《公社》是法国共产党办的文学刊物，注重的是作品的革命意义和宣传作用。

《仇恨》是张天翼的一个短篇小说。望舒与艾登伯合作翻译的都是一些中国当时的短篇小说，尤其是具有革命倾向的作品。那是因为艾登伯的导师路易·拉鲁亚"是革命家，他爱革命的中国，佩服中国，祝望中国革命成功"。[30]"是中文教师中唯一思想开明、同情革命中国的人"，"深信中国只能靠左翼革命方能自救"；而艾登伯和拉鲁亚商定的论文题目就是《近代中国文学中的短篇小说》。[31] 他所谓的"近代"不是我们惯常说的"近代"，而是指当时，即1934年左右的时间。当时，或者说历来，包括现在的绝大多数西方汉学家都研究的是中国古代的尤其是上古的东西；他们不无偏颇地认为，中国近代和现代的东西处于劣势、都是对西方的模仿乃至拙劣的模仿，所以根本不值得他们研究。艾登伯当时连中文都很一般，更谈不上对汉学的深入了解；不过，这反而使他不至于在研究方向上因袭传统，而是把目光跳过古代，直接投向现代；当然，他对当时中国文学的研究主要可能还不在于学术，而在于革命，他把自己对中国小说的研究看成是对中国革命研究的一部分，他曾在信中明确对望舒说："我主要研究革命派的小说家"。[32]

艾登伯之所以胆敢向望舒求援，表面上是因为望舒熟悉中国文坛，能够在选目上、文字上给他提供宝贵的支持和顾问，实质上恐怕是因为他可能把望舒也当成了革命作家队伍中的一员，他曾赞扬望舒是一位"摆脱了官方偏见"的中国人。[33]至少他把望舒看成了革命的同路人。望舒能给他的帮助不仅是翻译上的，而且还是观念上的。

艾登伯的翻译工作是他的研究工作的准备，因为他还不能顺畅地阅读原文，所以他需要通过看译文或者说对照译文来进行研究。好在他所研究的主要是作品中的革命内容，而很少是语言上的艺术因素。所以，不通中文，也还能差强人意地研究中国文学。在翻译为研究服务的宗旨下，艾登伯所选的翻译篇目大多数都是革命派的作品，如前面所说的丁玲的《囚歌》以及茅盾的作品。至于他们也合作译了施蛰存的《魔道》（法文译名为《吸血鬼》），那与其说是因为施的思想倾向，还不如说是因为望舒与施的个人关系。当然，小说本身的魅力也是艾登伯喜欢它的重要原因。

在法国进行汉译法工作时，望舒还翻译过自己的一些诗，其中有的还在法国的刊物上发表过。如法国有一种叫《南方文钞》的杂志，在1935年3月刊登了望舒的6首诗，那就是《游子谣》《夜行者》《深闭的园子》《过时》《三顶礼》《妾薄命》等，它们的法译曾附录于《望舒诗稿》。[34]

　　望舒举荐并翻译施蛰存的几个短篇小说，或许是他对施的一种报答。他本打算多译一些施的作品，加上关于施的评传，再请法国文学界人士作序，弄一个施的法文版的小说集。

　　且不说那时他俩的准郎舅关系，施蛰存对望舒的恩情只能用兄弟情谊来作比。望舒在法国的花销再节省都是相当高的，而他作为一个穷学生，又远在巴黎，情况之艰窘可想而知。如果没有施在国内帮他联络翻译作品的出版事宜（而且很多都是由施自己所主持的《现代》杂志和现代出版社所发表的），没有施不断地给他筹钱、寄钱，他不可能在法国待那么长时间，因为他实在没有别的收入来源。两人之间通信的内容中有相当一部分是关于施替戴卖文的。再就是施像父亲和兄长那样"喋喋不休地"告诫望舒要节约、要努力，在他苦闷时给他安慰，在他绝望时给他鼓励。如施在1933年5月29日写给望舒的信中，就说："我总在国内尽力为你接济，你不要因一时经济脱空而悲观。苦一点就苦一点，横竖我们这些人是苦得来的。"[35] 可以这么说，望舒再如何为施做事，都很难报答施对他的帮助。

　　两人都爱书如命，而且都知道一旦望舒回国，就很难再有出国的机会。所以两人那时的通信中涉及买书的内容也不少。施曾多次要望舒给他买书，在望舒回国前夕，更是如此；他曾对望舒说："你回国时，乞为我买下列数书：买一本彩色版的 Laurencin 画集，[36] Picasso[37] 或 Matisse[38]，Jean Oactearu 的 *Orphee*[39]，有佳本则买佳本。"[40] 这是他直截了当地托望舒买书。在另一封信中，施则可怜巴巴地道出了他对书的拳拳爱心："我只恨无钱，不然当寄你三四百元给买大批新书来看看也。珍秘书之嗜好至今未除，希望继续物色，虽无书寄来，目录也好。"他还提到望舒是买了很多书的："听说你有许多书运来，甚想早日看见。"[41]的确如此，望舒虽然没什么钱，但他在巴黎的时候，把许多闲暇时间都用来逛书店，把从其他方面节省下来的钱买书了。

望舒后来在散文《巴黎的书摊》中，详细地描写过巴黎书摊的情形，如他把巴黎的书摊分成四个地带，其中第一个地带的书就分成四类。一是卖廉价新书的，二是卖英文书的，三是卖古版书的，四是卖色情书的。他已经达到了那种境界，买书之乐不在于买，甚至不在于书，而在于边逛边看。他说："其实，说是'访书'，还不如说在河沿上走走，或在街头巷尾的各旧书铺进出而已……就是摩挲观赏一回空手而返，私心也是很满足的，况且薄暮的塞纳河又是这样地窈窕多姿！"[42]这样的买书行为既是消磨时间的利器，也是消解愁闷的良方。而那些旧书摊——用研究戴望舒的法国学者利大英的话来说——是"罗大冈与戴望舒五十年以前玩过的可以不花钱而玩的地方"。[43]

巴黎是世界现代文艺的中心，如果他愿意，他可以有机会比较容易地去结识一些文艺界的大人物，用来作为自己日后进取的资本。但他没有那么做。这一方面可能是因为望舒性格内向甚至孤僻，不喜欢交际，更讨厌应酬；另一方面可能是因为他性情孤傲，他是凭实力在文坛披荆斩棘、打开一片天下的，他很自信，不需要通过"诗外功夫"去获取名利。正如罗大冈所说的：望舒"不势利，没有市侩气。不少中国青年到了法国，为了自己的'前程'，为了捞一点名利，不惜拜倒在炙手可热的法国文坛红人脚下，什么瓦雷里、纪德，以及国际声望甚高的罗曼·罗兰之辈，都是他们卑躬屈膝、恭维奉承的对象，求他们写一封介绍信，或写一篇短序，推荐自己的翻译或著作，成为回国以后哗众取宠、招摇过市的本钱。戴望舒绝不是那样的人。他结识的一两个法国作家、诗人，都不是当时法国文坛上第一流煊赫人物。虽然不那么红，但各有自己的特色"。[44]

许拜维艾尔（又译苏佩维埃尔）就是这样一个有自己特色的法国诗人，其风格接近超现实主义。望舒是何时、何地、通过何种方式与许拜维艾尔结识的呢？罗大冈在回忆文章中说："1934年或35年，望舒从里昂去巴黎和艾琼伯会面，也去拜访了'长颈鹿'（这是我们给苏佩维埃尔起的外号，因为他出奇地瘦长）。也可能是经过艾琼伯介绍的，也可能不是，因为望舒似乎早和'长颈鹿'有通信联系。"[45] 此间只有地点是确定的，时间和缘由都不确定。那么到底是1934年还是1935年？究竟是不是经过艾登伯介绍的？

望舒在《许拜维艾尔访问记》一文中，其实已有过明确的交代。他说："1935年，当春天还没有抛开了它的风、寒冷和雨的大氅的时候，我又回到了古旧的巴黎。一个机缘呈到了我面前，使我能在踏上归途之前和这位给了我许多新的欢乐的诗人把晤了一次（我得感谢那位把自己一生献给上帝以及诗的 Abbe Duperay）。"[46]

望舒说得很清楚，时间是1935年春天，机缘就是括弧中的 Abbe Duperay，此人的汉语译名叫杜贝莱。望舒是经罗大冈介绍认识杜贝莱的。尽管杜贝莱跟望舒他们"没有讲过一句宗教的话……就是讲文学。

没有讲过上帝一次，一次也没有"。[47]但他毕竟是一位神甫，所以望舒说他把一生"献给上帝"云云。他又特别喜欢、了解诗歌，所以望舒又说他把一生献给诗。望舒曾多次到杜贝莱神甫的家中拜访。

半个世纪后，杜贝莱回忆说，望舒曾用法文"连给我写两首"诗；但是，在第二次世界大战中，由于盖世太保找杜贝莱的麻烦，他不得不逃离巴黎，在慌乱中把望舒献给他的那两首诗的抄件弄丢了。[48]1986年9月26日，利大英去巴黎访问杜贝莱时，带去了那两首诗，即《古意答客问》和《小曲》；据说那是"从戴望舒笔记本里复制的"。[49]似乎是信史。

按照这一说法，那两首诗都是望舒在法国时写的，而且都是写给杜贝莱的。

但事实并非如此。望舒自己标明《古意答客问》的写作时间是1934年12月2日，而《小曲》的写作日期是1936年5月14日。[50]两首诗的写作日期相隔有一年半之久，恐怕不能说是"连写"吧。这两个日期有助于我们修正学术界的几个小小的传讹，或者说考订几个相关的日期。

望舒是何时开始去西班牙旅行的呢？

已过古稀之年的罗大冈先生的回忆往往有误。他说望舒去西班牙旅行是在1935年，为期大约一个月左右。[51]又是"大约"又是"左右"，这用词就表明老先生自己的不确定。望舒在《我的旅伴——西班牙旅行记之一》一文中，说得非常确切："一九三四年八月二十二日下午五时，带着简单的行囊，我到了里昂的贝拉式车站……送行的只有友人罗大刚一人。"[52]"罗大刚"就是罗大冈。瞧，他自己亲自去车站送的望舒，却把34年记成了35年，如果是34年年底和35年年初的错乱，倒还罢了；问题的严重性在于8月离年底还远着呢,更遑论1935年了。而孙玉石说:"1933年,在法国留学的青年诗人戴望舒,从巴黎到西班牙去作过一次旅行。"[53] 他把望舒出发的地点说成是巴黎,时间是1933年;则更是属于无稽之谈了。

那么,望舒是何时结束西班牙的旅行的呢?应国靖在《戴望舒年表》中说望舒于1935年"春,结束在西班牙的旅行回到法国巴黎"。[54] 如果像罗大冈所说,望舒在西班牙旅行的时间是一个月左右,那么他应该是1934年9月底回到法国;如果像郑择魁、王文彬所说,是"两个月后,望舒又来到了巴黎",[55] 那么应该是在10月份。无论如何不可能是35年。那么,望舒到底是何时回到法国的呢?陈丙莹经过考证后说:"他从西班牙归来不会迟于该年10月中旬。"[56] 他的论据是杜贝莱神甫早于1934年10月19日就曾从里昂给望舒写过信。[57] 但这并不就能说望舒10月19日左右已经回到了法国,因为杜贝莱可以把信寄到西班牙啊。望舒在西班牙时间比较长,住处是相对稳定的学生公寓,在那儿通邮是不成问题的。在散文《马德里的书市》的最后,有这样一句:"然而十月在不知不觉之中快流尽了。树叶子开始凋零,夹衣在风中也感到微寒了。马德里的残秋是忧郁的,有几天简直不想闲逛了。"这表明在十月快要结束时,望舒依然在马德里;不过,那时他甚至已经不想再闲逛了,于是他回到了法国。也就是说,他回到法国的时间应该是10月下旬的某一天。这一天应该早于10月27日;因为在27日杜贝莱写给望舒的信中,还曾邀约望舒见面,"一起去看现代画并进行讨论"。[58] 大概不久之后,两人就见了面，望舒就去杜贝莱的府上登门拜访，并很快就有献诗《古意答客问》的举动。

这首诗可以看作是望舒与神甫谈话的记录的改写，基本上采取一问一答的形式。神甫问了他一些问题，其中三个是："我的欢乐何在？""我的灵魂安息于何处？""我可有人间世的挂虑？"望舒的回答是极具诗意的："窗头明月枕边书。""看那袅绕地，袅绕地升上去的炊烟。""听那消沉下去的百代之过客的跫音。"吴晓东说，望舒的第一个回答的境界"是一种永远的诱惑""带有肉体和生理的性质"。此话恐怕不妥，因为明月和书在绝大多数语境中都是"超越性的""精神性的"。不过，他对第二个和第三个回答的解释很有道理。他说："灵魂随炊烟袅绕上升则说明诗人在大自然中也找到了心灵的栖息地。""诗人的本意正是力求传达独自面对永恒的时候所油然而生的历史忧患意识。"[59]

《小曲》的第一节很有谣曲风格：

啼倦的鸟藏喙在彩翎间，
音的小灵魂向何处翩跹？
老去的花一瓣瓣委尘土，
香的小灵魂在何处流连？

这首诗的"古意"比《古意答客问》更深，尤其是这第一节，一共四行，每行四个音步，脚韵的安排是第一、二和四行压韵，这种格律很像绝句；所以我们很容易把它大致上改成一首七绝：

倦鸟喙藏彩翎间，

音魂何处舞翩跹？

落花瓣瓣委尘土，

香魄何方去流连？

　　孙玉石先生不曾指出这首诗的古典风格，但说它："受洛尔迦谣曲的影响，又保持了新诗自身的品格，调子明快，语句整饬，透明而不俗气，曲折而不艰深。"分析和概括相当精彩，但他把这首诗归入"回国后的一些作品"，说"写作《小曲》的1936年5月，诗人戴望舒留法归来已经有了一个较安定的生活环境，美满的爱情给他带来了暂时的宁静和幸福，和一些提倡纯诗的友人筹备和创办《新诗》杂志，他更加意识到自己艺术追求的价值和个人在这一诗潮中的地位。青年诗人颇有些踌躇满志。整个宇宙似乎与他内心达到了完全的和谐。"[60]《小曲》一诗确实写得"踌躇满志"——"诗人却微笑而三缄其口"；也确实写到了宇宙与内心——"在他的心的永恒的宇宙"。但"美满的爱情""筹备和创办《新诗》杂志"云云则说明这首诗写于望舒"留法归来"之后。

　　还有一个证据也能证明《小曲》写于望舒"留法归来"之后。《赠克木》写于1936年5月18日，是望舒在与金克木见面之后写的。两首诗在表达方式上和题旨蕴涵上都有相当的相似性。所以孙玉石说《小曲》"与《赠克木》"几乎写于同时，两诗"连起来读，读者的体味可能更深切些的"。诗人在这两首诗中所表达的都是"快乐自足的心境"。[61] 5月14日离5月18日只有4天，以1936年时候的海上交通来说，从法国乘船回到中国大约需要一个月时间。望舒怎么可能14日还在法国给杜贝莱神甫献诗，而18日已经在中国向金克木赠诗呢？哪怕望舒一上岸就跑去跟金克木见面，他14日也应该还在海上。而实际上，望舒早于一年多前，即1935年的春天至迟夏天就已经回到了中国。如郑择魁、三文彬说："一九三五年春，戴望舒迈着沉重的步履踏上归途。"[62] 应国靖说望舒于1935年夏天从法国返回中国。[63] 陈丙莹也说，1935年夏天，"他从法国返回中国"。[64] 望舒怎么可能在回国一年后（后来再没去过法国），再在法国写诗并献诗呢？因此，哪怕这首诗真地是写给杜贝莱神甫的，那也应该是在望舒回国之后。况且，我们从这首诗中很难看出赠答的意味。孙玉石点出这首诗的主题是："赞颂了自己内心的永恒的宇宙，歌颂了超然物外的快乐世界。"[65]

我倾向于认为，《小曲》这首诗不是献给杜神甫的，更不是望舒在法国时写的。郑择魁、王文彬、陈丙莹等戴望舒的评传作者也从未把《小曲》列入他的法国时的作品（详后）。杜贝莱说是写给他的，恐怕有点自作多情吧。

望舒他们开始筹备《新诗》杂志是在1936年春，直到这年10月才正式创刊。1935年5月，望舒还在法国，《新诗》连影子都还没有，他怎么可能在写《小曲》时因为这本杂志而"踌躇满志"呢？

让我们言归正传。望舒自己认为与许拜维艾尔的会面是比较重要的事，所以他后来写了专文《许拜维艾尔访问记》，记叙了有关情况。这篇文章最初发表于1936年10月出版的《新诗》第一卷第一期。罗大冈在回忆文章中说望舒："就在《新诗》创刊号上，他发表了一篇详细的长文《许拜维艾尔访问记》，同时译登了这位诗人的《自选诗》八首。这是我们中国第一次比较全面地介绍这位重要的法国当代诗人。"[66] 可见罗是知情的。他后来之所以出了差错，恐怕是因为他没有查核原始资料的缘故。

罗大冈对望舒的这次译介工作表示了赞赏；而望舒对许拜维艾尔的赞赏则更加强烈。他在文章开头就说："二十年前还是默默无闻的许拜维艾尔，现在已渐渐地超过了他的显赫一时的同时代人，升到巴尔拿斯的最高峰上了。""显赫一时的同时代人"指公认的一些诗歌大师，如艾略特、叶芝、马雅可夫斯基和瓦雷里等。望舒之所以认为许拜维艾尔胜过他们，是因为"他们并不把诗作为他们最后的目的，却自己已制就了樊笼，而把自己幽囚起来。许拜维艾尔是那能摆脱这种苦痛的劳役的少数人之一"。望舒对艾略特他们的批评有一定的道理，但现代诗歌写作就是"苦痛的劳役"，而且是诗人自我设定或自我强加的劳役，现代诗歌就是在劳役和解除劳役之间、在创作和自我反思之间的紧张关系中生长起来的。现代诗歌是高度自我指向和自我暗示的，所以有纯诗的提倡。那时候的望舒有很强烈的纯诗倾向。事实上，正是这种倾向使他给自己"制就了樊笼，而把自己幽囚起来"了，即他把诗看成了写作的"最后的目的"。他反而去指责叶芝他们不为诗而诗，是否是因为他自己"久在樊笼里"，而不觉得自我的幽囚了？马雅可夫斯基他们之所以是诗歌的大家，就是因为他们没有到诗歌为止，他们赋予了诗歌更多的意义和责任，使诗歌包容了更多的价值和可能，从而使诗歌不仅与时代同步，而且与历史平行。许拜维艾尔和望舒的诗歌观念不免偏狭，不够大度、大气，所以他们只能是名家，而成不了大家。他们俩共同欣赏的也是这样的一些名家。当望舒告诉许拜维艾尔，他喜欢的法国诗人有兰波、耶麦、福尔和艾吕雅等人时，许拜维艾尔说他的趣味也跟望舒的差不多。[67]

望舒去拜访许拜维艾尔是在他刚刚由西班牙返回法国之后，所以两人谈到了西班牙的诗人和诗歌。望舒认为许拜维艾尔的诗歌带有明显的西班牙风格。许拜维艾尔表示认可。

第三节 /
游历西班牙、被开除、狼狈回国、被施蛰存鼓吹为诗坛盟主

对于望舒来说，与法国相比，西班牙似乎更具有魅力。早在1928年，他23岁时，就翻译出版了西班牙作家伊巴涅斯的小说《良夜幽情曲》和《醉男醉女》。

《良夜幽情曲》实际上是望舒译的伊巴涅斯的短篇小说集，共收作品13篇，《良夜幽情曲》是其中的一篇，而这篇和另外一篇《夏娃的四个儿子》是由杜衡从英译本转译的。望舒在精彩的"译本题记"中说："在闲空的时候，我随便将他的短篇译了些；这完全是由于我对于他的过分的爱好的本能的冲动。"这篇题记写于1928年2月10日，而伊巴涅斯已于1月客死他乡；所以望舒特别指出："在译者把这本集子编好的时候，伊氏的死耗传来了，于是本集子便成了对于他的记忆的献纳。"[68] 集子后面还附录了相当具有学术价值的孙春霆编写的《伊巴涅斯评传》。

伊巴涅斯是西班牙的战士作家，他一生苦斗，怀抱着西班牙共和民主的理想，流浪，奔波，最后死于法国。望舒之喜欢并翻译伊巴涅斯，可能就是因为伊巴涅斯的一生是"一篇活跃狂突的小说"。[69] 伊巴涅斯擅长写作各种题材和体裁的作品，其中包括短篇小说集《西班牙的爱与死的故事》。望舒曾从这部集子的法语译本选译了十二个故事，辑成《伊巴涅斯短篇小说选》印行。1956年，上海新文艺出版社还曾重印过。

《醉男醉女》译本的前后没有望舒自己惯常写的序或跋，而是再次用上了孙春霆编写的《伊巴涅斯评传》；而在这个选本的后面，望舒写了"后记"，他称伊巴涅斯是"西班牙近代文学史上的伟大作家，也是西班牙民主共和运动的领导人"。[70]

在去法国留学之前，望舒翻译得比较多的另一个西班牙作家是阿索林。如《新文艺》第一卷第二号发表了他译的阿索林的散文《修伞匠》《卖饼人》。1930年，他又与徐霞村合译出版了阿索林散文集《塞万提斯的未婚妻》。这部译作本来的题名是《西班牙》，可能是在出版商的要求下，改用其中一篇散文的题目作为书名，无非是为了更加吸引普通读者而已。全书共收文章26篇，其中有15篇是望舒译的。望舒还按例写了"小引"，说阿索林的风格是"清淡简洁而新鲜的！他把西班牙真实的面目描绘给我们看，好像是荷兰派的画"。[71] 书出之后，他还译过阿索林的不少作品。

望舒似乎有西班牙情结，他一直向往西班牙，想到那儿去旅行。他一到法国，就一边在巴黎大学旁听，一边在语言学校学习西班牙语，为日后的西班牙之行早早地做起了准备。罗大冈先生说望舒的"西班牙文是自学的"，[72] 恐怕有误。

刚到法国大概半年左右，望舒就想去游历西班牙。1933年5月19日和20日，他给施蛰存写信，说想去西班牙，他可能不仅想去游历，还想去游学；所以施给他回信说："你说想到西班牙去，我以为不妥，只要在下半年内有方法能使你在巴黎的学业有一个交代，我看还是仍在巴黎好。"[73] 这年下半年，他在巴黎的学业没有交代，但他仍留在了巴黎；只因为施蛰存不支持他，他没有足够的费用回国。

1934年夏天，望舒实在觉得自己在欧洲待够了，同时他也觉得自己在欧洲不会久待，而且一旦回国就很难有重返的机会；所以，他旧事重提，给施写信，又发电报，强烈而恳切地表示了自己想去西班牙看一下的愿望。施在7月份还是说他没有办法帮望舒实现愿望。在7月2日写给望舒的信中，施大叹苦经："除了为你而寝不安枕以外实在没有别的办法，哪里来的钱呢！现在一切的书局都不收单行本，连预支百元的创作集也没有出路，这是如何不景气的一个出版界啊！我固然希望你能玩一次西班牙，但万一太穷到没法，总以回来为是。"这回施同意了。尽管施当时自己的处境极为艰难，正如他在回信中所说的："你的电报飞机信都不能帮助我的无路可走，你叫我从何处去筹钱呢？我上次信中不是告诉了你吗？我现在天天躲在家里，上月曾回松江去住了二十天，靠慧华的金手镯维持了一个月生活，你总能谅解我的窘了。"但他还是竭尽全力支持并帮助了望舒，在同一封信中，他说："现在我已在设法，在下月五号以内汇你五百元，我想此款够你旅行西班牙了。俟《比国短篇集》稿费取得后，再作归国之计。"[74]

不过，望舒于22日就出发了，想必他早就留了一笔专门用于去西班牙旅行的"私房钱"；开始他之所以不敢贸然用那笔钱出行，是怕回国的路费都没有着落。既然施已经帮他落实了回国的费用，他也就可以放心大胆地出游了。《比国短篇集》就是《比利时短篇小说集》。

　　前面已经说过，望舒是于1934年8月22日，由里昂出发乘火车前往西班牙的。他本来可以走一条近道，但他反而走了一条远道；那是因为他想有更多的观感，正如他在游记中所说的："可以穿过'平静而美丽'的伐斯各尼亚，可以到蒲尔哥斯[75]瞻览世界闻名的大伽蓝[76]，可以到伐略道里兹去寻访赛尔房德思[77]的故居，可以在'绅士的'小作勾留"。

　　火车开动时，望舒非常兴奋，因为正如他自己所描写的："在我面前还有一个在我梦想中已变成那样神秘的西班牙在等待着我。"[78]

　　在法国和西班牙边境，望舒来到护照查验处，把护照颤巍巍地交给一个留着胡子的中年人，那人绷着脸，目光炯炯有神，手里拿着一本大册子，使望舒感到肃然起敬。但当那人看到西班牙驻里昂的领事的签字后，脸上露出了笑容，开玩笑似的说："西班牙是一个可爱的地方，到了那里你会不想回来呢。"就这样，望舒踏上了西班牙的土地。

　　望舒认为，西班牙有三个意义的存在。"第一是一切旅行指南和游记中的西班牙，那就是说历史上的和艺术上的西班牙。这个西班牙浓厚地渲染着釉彩，充满了典型人物……当人们提起了西班牙的时候，你立刻会想到蒲尔哥斯的大伽蓝，格腊拿达的大食[79]故宫，斗牛，当歌舞[80]，伺黄[81]式的浪子，吉诃德式的梦想者！塞赖丝谛拿式的老虔婆[82]，珈尔曼[83]式的吉卜赛女子，扇子，披肩巾，罩在高冠上的遮面纱等。""第二个存在是更卑微一点，更肃静一点。那便是风景的西班牙。的确，在整个欧罗巴洲之中，西班牙是风景最胜最多变化的国家……在西班牙，我们几乎可以看到欧洲每一个国家的典型。"第三个存在："是西班牙的底奥，它蕴藏着整个西班牙，用一种静默的语言向你说着整个西班牙，代表着它的每日生活，静默至于好像绝灭，可是如果你能留意观察，用你的小心去理解，那么你就可以把握住整个卑微而静默的存在，特别是在那些小城中。这是一个式微的，悲剧的，现实的存在，没有光荣，没有梦想。"望舒且认为，这最后一种存在是"最真实的，最深沉的，因而最难以受人了解"。[84]

　　望舒在西班牙的那段时间，除了闲逛，大部分时间用于做一些与书有关的事情，如上图书馆、逛书店和书市。罗大冈甚至说他旅行的目的就是"到马德里图书馆去查阅并抄录收藏在那里的中国古代小说"。还说"这件工作他确实是完成了。听说他返国之后，曾经发表过他从西班牙抄录回来的一部分材料"。[85] 这恐怕是夸大其词。因为望舒自己从来没有过这样的表述，在游记文章中没有专门地大量地谈及他在西班牙访寻中国古籍的情况。我们现在不知道他到底是在何时在哪儿发表他抄录回来的材料的。不过，在1940年代的香港，望舒确实写过不少有关中国古代戏曲和小说的文章；但我们还是不能肯定他当时在西班牙就着意收罗有关资料，似乎他早就有回国后以研究古典文学为业的打算。因为那时使望舒立命的是诗歌，而使他安身的是翻译。在关于自己游历西班牙的文章中，他谈得更多的是西班牙语的书籍，而不是中国古籍。

　　话说回来，他也的确在西班牙查阅并抄录了一些关于中国古籍的资料，这些资料为他日后的研究工作也肯定是有帮助的。如他在参观马德里近郊爱斯高里亚尔静院（即修道院）时，获见了两种珍本，即《新刊案鉴汉谱三国志传绘像足本大全》和《新刊耀目冠场攫奇风月锦囊正杂两科全集》。

前者具有非常重要的版本价值。《三国演义》有诸多版本，一般分为"通俗演义"系列、"三国志传"系列和毛本系列。毛宗岗本是一个经过多处加工、修改后，到目前为止最流行的版本。明嘉靖元年（1522）本是目前已知刊行年代中最早的版本。嘉靖二十七年（1548）刻印的叶逢春本是"三国志传"系列最早的版本（见魏安《三国演义版本考》）。有学者认为它比嘉靖元年本更接近罗贯中《三国演义》的原本。《新刊案鉴汉谱三国志传绘像足本大全》书名之所以如此长，是因为其中的"按鉴"是"按照《资治通鉴》的意思，'汉谱'是指《后汉书》，而《三国志》指史书《三国志》。这清楚地说明了《三国演义》的三个史书来源。"[86] 梅新林、韩伟表认为，由于马廉、孙楷等《三国演义》版本专家对此版本均未著录，所以它实为海内外仅存之孤本；他们进而认为，望舒的发现是1940年代《三国演义》"最重要的收获"[87]。这个评价有相当的道理，可惜他们俩把望舒撰文发表研究成果的年份（1941年）误认作寻访的年代（1934）了。在《爱斯高里亚尔静院所藏中国小说、戏曲》一文中，望舒对此书作了一些力所能及的介绍，包括书名、首页题字、序、卷数、版式等。他当然也知道这个版本的价值。他在文章中说"案《三国志演义》，除元至治刊《全相平话三国志》及嘉靖元年刊《三国志通俗演义》外，见存诸本，当以此为最早"。但他"以滞留时期不多，未遑细览，至今引为憾事"。[88]

后者也是嘉靖年间的版本，该书的编辑者徐文昭字云崖，自署"汝水"人。"汝水"即抚河，由临川县流经进贤县、南昌县入鄱阳湖。徐氏当是临川或进贤人。望舒当然也知道这个版本的价值。他在同一篇文章中说它"系天壤间孤本，所选传奇杂剧时曲甚富。时曲无论，传奇杂剧，亦颇多今已失传者。虽系选本，且仅录曲文而无宾白，然亦弥觉可珍"。[89]望舒当时只抄了一份目录，拍摄了几张书影。回到国内后，他曾力图把后者全书影印出版，但在跟修士们通了几次信之后，"终以摄影索价过昂未果"。[90]1941年他还在感叹说："未几而西班牙内战突起，爱斯高里亚尔沦为站场，静院所藏，未知流落何所"。[91]可以告慰他的是：该书现藏西班牙首都马德里近郊的皇家图书馆，而且，由戏曲史家孙崇涛、黄仕忠先生笺校，2000年8月由中华书局出版发行。

阿索林被望舒称作"无匹的散文家"，曾专门写文章比较过法国和西班牙的书店，望舒引用过他《记马德里的书市》一文中的句子："在法兰西，差不多一切书店都可以自由地进去，行人可以披览书籍而并不引起书贾的不安……在西班牙呢，那些书店都像神圣的圣体龛子那样严封密闭着，而一个陌生人走进书店里去，摩挲书籍，翻阅一会儿，然而又从来路而去这等的事，那简直是荒诞不经，闻所未闻的。"望舒虽然觉得"阿索林对于他本国书店的批评，未免过分严格一点。巴黎的书店也尽有严封密闭着……而马德里的书店之可以进出无人过问翻看随你的，却也不在少数。"但他与阿索林也有同感，他深刻地指出："法国的书贾对于顾客的心理研究得更深切一点。"[92]而西班牙的却"不明顾客的心理。他们大多是过分殷勤讨好。他们的态度是没有恶意的，然而对于顾客所发生的效果，却适得其反。"也因此，望舒最喜欢逛的、买书最多的地方是马德里的书市，因为除了价格便宜之外，书贾并不殷勤招待顾客，而是让他们任意来去、翻阅，买与不买，悉听尊便。他精妙地指出，书市的最大好处是驳杂，"新出版的诗文集和小说，是和羊皮或小牛皮封面的古本杂放在一起"。"那迷人之处，却正存在于这种杂乱和漫不经心之处。把书籍分门别类，排列得整整齐齐，固然能叫人一目了然，但是这种安排却会使人望而却步，因为这样就使人不敢随便抽看，怕捣乱了人家固有的秩序；如果本来就是这样乱七八糟的，我们就百无禁忌了……如果你能够从这一大堆的混乱之中发现一部正是你踏破铁鞋无觅处的书来，那是怎样大的喜悦啊！"[93]

望舒陶醉于书市，把对书的如命般的嗜好倾注在了对书的寻访之中；他说："我在马德里的大部分闲暇时间，甚至在革命发生，街头枪声四起，铁骑纵横的时候，也都是在那书市的故纸堆里消磨了的。"[94]他不愧为书痴，只要有书在，只要跟书在一起，他就可以"躲进小楼成一统"，就可以浑然忘却外界的任何变故、危险，哪怕是战争和死亡。难怪徐迟说，1941年12月25日日军占领了香港，香港成了随时有生命危险的虎狼窝，但望舒没有随大多数文化人离开香港，前往大后方，就是因为舍不得他在法国和西班牙辛勤而欣喜地淘来的几箱子珍贵藏书，那是他的命根子啊。

望舒在西班牙购买了不少西班牙语的书籍。光是《堂·吉诃德》，他就买了好几个版本。他还在马德里跟赛尔房特思（即塞万提斯）的铜像合影。据说，"他一直将翻译《堂·吉诃德》当作自己一生一个最大的志愿"。[95] 回国后，在他婚后，由于上有老下有小，生活异常窘迫，经胡适介绍，中英文化教育基金会曾约请望舒由原文直接翻译这部皇皇巨著，每月三万字，即每天一千字，月付稿酬两百大洋，这是一笔比较可观的收入。望舒认为，西班牙语中人名前的敬称"Don"相当于汉语中的"爷"，所以他把书名译为《吉诃德爷》。据施蛰存说："这个翻译工作是做完成的，但因为译稿按月寄去北京，经过战争，全稿至今不知下落。"[96] 但叶灵凤对此表示存疑。他说"望舒生平有一个大愿望，就是要从西班牙原文将塞凡提斯的《吉诃德爷》译出。这个愿望，本来是可以顺利完成的，因为在抗战以前，他已经从庚款文化委员会订好了翻译这书的合约，而且已经动手翻译了。"[97] 但是不久"就爆发了抗日战争，他从上海来到了香港，庚款委员会的译书计划自然也停顿了。但是十多年来，他仍一直在继续这件工作，有时抽暇修改旧稿，有时又新译几节，虽然进行得很慢，但是我知道他从未将这件工作完全停顿过。一九四九年后，他离港北上之日，《堂·吉诃德》译稿也随身带着北上了。""我不知他的《堂·吉诃德》究竟已经译成了多少"。[98] 不管怎么样，中国读者没能看到望舒的译本，是极为可惜的。我们现在能见到一些片段，如《香港文学》1990年第7期就登载过望舒的译稿《吉诃德爷传》第四章"单表我们的骑士出了野店以后的遭遇"。

望舒在西班牙还买了"阿耶拉全集，阿索林，乌拿莫诺，巴罗哈，瓦利英克朗，米罗等现代作家的小说和散文集，洛尔迦，阿尔倍谛，季兰，沙里纳思等当代诗人的诗集"[99] 等。这些书籍对他回国后的西班牙文学翻译起到了莫大的作用。如小说方面，他译过"西班牙二十世纪最伟大的作家"[100] 乌拿莫诺的《十足的男子》《沉默的窟》《雾》和《龙勃里亚伯爵》，米罗的《小学教员》，阿耶拉的《黎蒙家的没落》，阿索林的《沙里奥》《一个农人的生活》等；散文方面，他译了阿索林的许多作品，如《知道秘密的人》《深闭着的宫》《灰色的石头》等；诗歌方面，他译了洛尔迦的许多作品，译了沙里纳思的《无题》《海岸》《物质之赐》《夜之光》《更远的询问》《遥远的西方》等，阿尔倍谛的《什么人》《数字天使》《邀赴青空》和《保卫马德里·保卫加达鲁涅》等。

他最喜欢、翻译得最多的是洛尔迦和沙里纳思。从西班牙回到法国后不久，他前去拜访许拜维艾尔；当许氏说："那些西班牙现代的新诗人们，加尔西亚·洛尔迦（Garcia Lorca）、阿尔倍尔谛（Alberti）、沙里纳思（Salinas）、季兰（Guillen）阿尔多拉季雷（Aloaguirre）都是我的好朋友。"并且问望舒"你也常读这些西班牙诗人的诗吗？"望舒的回答是："我所爱的西班牙现代诗人是洛尔迦和沙里纳思。"[101] 不过，不善也不愿交际的望舒似乎没有跟这些西班牙诗人中的任何一位有过任何交往。他知道诗歌是诗人的精髓，他愿意跟他们进行灵魂上的交流；他觉得，那已经足够了。

10月下旬，望舒由西班牙回到里昂。在此后滞留在法国的半年多时间里，他大概归计已定，所以还是一如既往地弄他的翻译，此外就是阅读、访书，还有就是拜访许拜维艾尔，而对上课心不在焉。1935年春天的某日，他去巴黎拜访了许氏之后，旋即于5月14日，去拜访老友杜贝莱神甫；没过多久，他就踏上了回国的航程。那时从法国返回中国大概需要一个月时间，那么望舒回到国内时间不会早于这年的6月中旬。

望舒本人没有继续待在法国的愿望，而里昂大学也没有留他的意思，学校把他开除了。纵然我们不能说被开除是他回国的直接原因，但他被开除的原因又是什么呢？望舒在法国留学长达实足两年半，最后落得被遣送回国；望舒自己可能觉得没什么大不了的，一是因为他不是第一次被开除学籍，二是因为他本来就不想在学校里念书。但跟他有关的人，包括后来的研究者都觉得这是望舒一生的污点和耻辱，所以纷纷避贤者讳，施蛰存等至为亲密、又混迹于文坛的朋友当然不会说，两部《戴望舒评传》的作者也都没有说，倒是作为见证人之一、性格甚为旷达、直爽的罗大冈说了。罗的文章《望舒剪影》发表于1987年7月，郑择魁、王文彬二人合写的评传的出版日期也是1987年7月，所以他们两人没有看到文章是肯定的、情有可原的。陈丙莹所写的传记出版于1993年，而且他从1979年就"开始研究戴望舒"[102]，他没有看到罗的文章，就大不应该了。

有人说是因为他不仅在法国而且在西班牙上街参加游行示威。对此，罗大冈有比较详细的交代和分析。他说："戴望舒还有种特别的'脾气'，简直使我惊讶，那就是他对于进步的群众运动怀有热烈的同情，甚至可以说怀有自己不能遏制的激情。""1934年春季，巴黎以及法国若干大城市的工人和进步群众先后游行示威，反对法国日益猖獗的法西斯势力，要求将支持法西斯组织的法国警察总监撤职。""他去参加了游行示威，还和一些示威群众将停放在街旁的小卧车推翻，打开油箱，放火焚烧汽车。看见警察追过来，他们立即混入熙熙攘攘的游行群众队伍，警察抓不住他们"。"我埋怨望舒去干这类冒险的事，因为他肯定是群众之中唯一黄面孔的中国人，很难隐蔽，容易被警察逮住，而且游行群众队伍中，向来不缺少便衣暗探。他如被捕，至少挨一顿毒打，然后驱逐出国。即使当场活活打死，警察也毫无顾忌，而且很可能牵连别的中国学生。望舒说他当时胸中反法西斯的热血沸腾，也就不考虑什么后果了。"[103] 在西班牙时，望舒"又参加了西班牙进步群众的反法西斯示威游行"。这回却没有像上回那样运气，大概是西班牙警方通知了法国警方，然后警方又通知了学校，于是学校将他开除。[104]

这是罗大冈在写于1986年的文章中的说法；[105] 他在1981年接受利大英采访时，也有类似的说法，只是那时他所提供的细节有出入。罗说，望舒平日跟里昂中法大学中的国民党特务学生关系不好，他们伺机整他，就说他"是到西班牙去搞革命的"，"跟西班牙共产党有关联"。[106]

望舒在西班牙可能跟共产党真地有过接触，因为艾登伯曾在给望舒的信中充满敬意地说："您为了人权而去西班牙"。[107] 但笔者以为望舒在西班牙参加游行示威的群众运动的可能性不大。前面我们引述过他自己的说法，在发生街垒战时，他都没有去关心革命；而是沉迷于徜徉于马德里的书市；他怎么会去参加革命活动呢。国民党特务看不惯望舒"作为诗人的纯真而古怪的性格"[108]，或者不满他的"左倾"思想，故意陷害，乃至公报私仇，都是很有可能的。不管怎么说，如果望舒真是因为政治原因而被开除，则也算是重蹈了他1925年因为上街参加群众游行而被震旦学院开除的覆辙。

有人说是因为他既不去上课，也不参加考试拿学分，也就是说没有按照学校要求完成学业。这是学校当局的说辞。杜贝莱神甫也明确表示"中法大学不是因为政治的原因而把戴望舒开除的,而是因为他不上课,没有成绩"。[109] 里昂大学在1934年的第一个学期结束后就想开除他,理由正如罗大冈所说:"他从来未去上课听讲,也不参加考试,所以两年之后成绩毫无,照规定应当开除学籍,遣送返国。"不过,那次他求"有势力的人""替他从旁说话",学校才"又一次批准了他的申请"。[110] 这个"有势力的人"从望舒当时交往的圈子来看,除了大人物马尔洛,还能是谁呢?其实望舒是不怕被开除学籍的,但他害怕被遣送回国;因为他还没有实现他的美好愿望——游历西班牙。所以,学校刚刚碍于大人物的面子同意他留下,他就迫不及待地写信发电报要施蛰存帮他筹钱,而且明确说要用于去西班牙的旅行;还没收到施的汇款,他就匆匆出发了。待他从西班牙回来,他就什么都不怕了,坦然面对学校的开除通知。

那么里昂中法大学是什么时候通知他的呢?罗大冈说:"望舒从西班牙回到里昂,中法大学当局立即找他去谈话,当面对他宣布:学交已决定取消他的学籍,限他于三天之内离开法国。"[111] 假如罗的回忆是真,则望舒又想方设法在法国赖了差不多半年;如果罗的回忆有误,则学校当局通知望舒的时间大概是在第二年即1935年的5月下旬。

里昂大学对望舒这样不可教的孺子和屡教不改的差生由忍无可忍变得恼羞成怒,不仅开除他,还限令他三天之内就离开法国;弄得望舒手忙脚乱,非常狼狈。

他先得从里昂坐火车去马赛。他只有一件小行李,只有罗大冈这位室友一个人送他上车。罗还送了他一件纪念品，一本薄薄的马拉美诗集，是现买现送的新书，"书边没有裁开过"，"和处女一般冰清玉洁"；望舒非常高兴，"用干净的纸将书仔细包好，藏在衣箱里"。[112] 其实中国同学不送他，可能是因为平日就跟他没有什么交情，或者因为他是赤色分子而怕跟他沾边。

当时里昂大学有规定，中国学生在法国学成归国时，学校要给学生买由里昂到马赛的火车票和由马赛到上海的三等舱船票，个别优待的还可以享受二等舱，另外还要给一些零用钱，以供路上之用。但望舒是被开除的，所以学校只给他买了火车票和四等舱船票，也没给他零用钱。据说，"四等舱待遇的恶劣，还不如难民收容所：铁床上夜间不给毯子，冻得要命，白天舱内除铁床之外，没有桌凳，不是坐在床边，就得席地而坐，大盆伙食，粗得像喂牲口的饲料……"[113]

望舒在法国的两年半时间里，在诗歌创作上少得可怜。

施蛰存一方面催促他翻译，另一方面也催促他创作。如1932年12月27日，在望舒刚到巴黎一个多月时，施就给望舒写信，说了一大通有关翻译的事后，说："你的诗尤其应当随时寄来。"[114] 20天之后，即在1933年1月15日给望舒的信中，施又说："你的诗集我在《现代》上登了一个消息，说你有新作未发表者十余首编入，现在我想横竖未印，可否请你真的寄些未发表的新诗来，虽不必定要十余首，但总至少要七八首为佳。"[115] 诗集指的望舒的第二本诗集《望舒草》。关于这部诗集的出版，施蛰存有详细的交代：

水沫书店因淞沪抗日战争发生而歇业，《我底记忆》和其他的书都绝版了。1932年，我为现代书局编《现代》文学月刊，为望舒发表了新的诗作和《诗论零札》，在青年诗人中引起了很大的兴趣，各地都有人向书店中访求《我底记忆》，可是已无货供应了。于是我请望舒再编一本诗集，列入我编的《现代创作丛刊》，曰现代书局出版。我的原意是重印《我底记忆》，再加入几篇新作诗就行了。岂知望舒交给我的题名《望舒草》的第二个诗集，却是一个大幅度的改编本。他把《我底记忆》中的《旧锦囊》和《雨巷》两辑共十八首，全部删汰，仅保留了《我底记忆》一辑中的八首诗，加入了集外新诗，共四十一首，于1933年8月印出，杜衡为撰序文。

望舒之所以要从本来就只有26首诗的诗集《我底记忆》中大刀阔斧地删除18首，可能是因为他不想在新出的集子里给人炒冷饭的印象，也因为自从《我底记忆》出版之后，他又创作了相当多的自己满意、别人也叫好的作品，所以他要在第二个诗集里大胆地除旧布新，充分展示他旺盛的创造力。只保留8首旧作，而增加了33首新作；其改编的额度不可谓不是"大幅度"。

这部诗集从缘起到出版，期间望舒一直在法国。有关出版事宜都是施蛰存在上海代为操作。作为知情者，施解释了望舒这么做的另一个深层的原因：

《望舒草》的编辑，表现了望舒对新诗创作倾向的最后选择和定型。在《我底记忆》时期，望舒作诗还很重视文字的音韵美，但后来他自我否定了。他的《诗论零札》第一条就是"诗不能借重音乐，它应该去了音乐的成分"。为了符合他的理论，他编《望舒草》的时候，才完全删汰了以音韵美见长的旧作，甚至连那首脍炙人口的《雨巷》也不愿保留下来。这样，《望舒草》就成为一本很纯粹、很统一的诗集。[116]

不过，《望舒草》虽然新增了那么多首诗，但没有一首是望舒在法国创作的，所以施的广告是落空了的。

实际上施替望舒设计了一个野心，即他要望舒多写诗，是想让望舒成为当时诗坛的盟主。1933年5月29日，施给望舒的信中说得"赤裸裸"的："有一个小刊物说你以《现代》为大本营，提倡象征派，以至目下的新诗都是模仿你的。我想你不该自弃，徐志摩而后，你是有希望成为中国大诗人的。"[117] 如果说徐志摩是中国20世纪20年代最有影响的诗人，那么望舒确实是30年代最有影响的诗人；不过，从诗歌艺术本身的成就来说，望舒要胜出徐志摩。徐代表的是中国新诗的青春期，而望舒代表的是成熟期。"你不该自弃"云云大概是施在责备望舒的不创作。在几乎写于同时的另一封信中，施又对望舒说了类似的话："喂，《望舒草》快出版了，旅法以后的诗为什么不赶些来？有一个南京的刊物说你以《现代》为大本营，提倡象征派诗，现在所有的大杂志，其中的诗大都是你的徒党，了不得呀！"接着，施调侃了一把："但你没有新作寄来，则诗坛的首领该得让我做了。"[118]

为了使望舒成为名副其实的诗坛盟主；几年前，施蛰存就不遗余力地替望舒鼓吹，尤其是在他自己任主编的《现代》杂志上，更是大张旗鼓。

第一期一共开设了4个大栏目。即小说、诗、文和杂碎。小说栏中有望舒以笔名陈御月发表的两篇译文，即法国诗人阿保里奈尔的短篇小说《诗人的食巾》和以江思为笔名发表的西班牙小说家阿耶拉的中篇小说《黎蒙家的没落》的上半部分。诗栏中有望舒以本名发表的五首诗，即《过时》《印象》《前夜》《款步》和《有赠》。文栏中有他以本名发表的译文，即阿索林的《西班牙的一小时》的前半部分，还有他以江思笔名发表的译者题记，以配合《黎蒙家的没落》，他称阿耶拉是"西班牙当代的出众的小说家，同时也是诗人，批评家，散文家，是新生代中的不可一世的人物"；他说阿耶拉的著作有两个特点，一"是他的微妙婉转的话术，他底丰富的用字范围……其次，是他的那种尖锐，奸诡，辛辣而近于刻薄的天才（而他又是隐藏在他所聪敏地操纵着的迂回曲折的语言的魅力中的）"，最后望舒还对《黎蒙家的没落》作了精彩的点评，说它是"诗的中篇小说"，"是阿耶拉的杰作之一，颇足以代表他的全部的风格。这是一篇以寄寓的古典的描写开始的最残酷的故事，而阿耶拉又是带着那种不怕伤了读者的刁恶，热情和冷嘲讲出来的"。[119] 杂碎栏中则有他以月笔名发表的《阿保里奈尔》，其实也就是《诗人的食巾》的译者题记。

第二期也分四个栏目。小说栏中有他以笔名江思发表的译文，即《黎蒙家的没落》的下半部分。诗栏中，有他以陈御月笔名发表的译诗，即核佛尔第的几首散文诗：《心灵出去》《假门或肖像》《白与黑》《同样的数目》及《夜深》。文栏中有他以本名发表的译文，即《西班牙的一小时》的后半部分。杂碎栏中有他以笔名陈御月发表的《比也尔·核佛尔第》，实际上是《核佛尔第诗抄》的"译者题记"，他说核佛尔第"受着诗人们的景仰，正如三十余年前马拉美之受诗人们的景仰一样。苏保尔，勃勒东和阿拉贡甚至宣称核佛尔第是当代最伟大的诗人，别人和他比起来便都只是孩子"。望舒还归纳了核佛尔第的诗观和诗风："核佛尔第主张艺术不应该是现实的寄生虫，诗应该本身就是目的。他的诗是没有一切的虚饰的。他用电影的手腕写着诗，他捉住那些不能捉住的东西。"[120]

第三期也分四个栏目。小说栏中有他以笔名江思发表的译文，即伐扬·古久列的短篇小说《下宿处》。诗与剧栏中，有他以本名发表的四首诗，即《游子谣》《秋蝇》《夜行者》和《微辞》。杂碎栏中有他以笔名江思发表的《马里奈谛访问记》，但奇怪的是没有登出原作者的名字。马里奈谛是1909年创建于意大利米兰的未来主义文艺流派的首领。

从第四期开始，《现代》上所见望舒的写译明显减少。因为第四期是8月份出的，那段时间，他正忙于办理各种出国事宜呢。到了法国之后，他给《现代》的稿子也很有限。不是施蛰存不催，也不是《现代》不用；而是望舒实在没什么创作，而他的翻译一般又都是出版社的约稿。

第四期上只有在"文"栏中，有他译的倍尔拿·法意的《大战后的法国文学》。

第五期上只有在"小说"栏中,有他译的法国作家茹连·格林的短篇小说《克丽丝玎》。同时配有安华发表的关于茹连的短文。他高度评价说"茹连是一颗光芒万丈的彗星……在门户之见甚深的法国批评界,对于一部书,竟完全放弃了成见,一致推崇其作者为法国新时代的大作家,这种光荣,除了茹连·格林以外,在现代法国文坛中,实在可以说没有第二个人遭遇过"。望舒又引用格林自己的说法,概括了格林小说的特点,即"一个被天资所鼓励而描写远离于自身的事物的作家,他的想象力是应该自由的,不被现实的事件所阻碍。不错,他不会从目击的,或与他有关涉的偶然事件中去构成一个故事。凡他的著作中的情节,都是从他想象中得来,而凭了他的心智结构成功的。但是,这里不能忽略的,是他仍然不失为一个写实主义者。"其实,在望舒发表译文时,茹连才32岁,所以望舒预言说他"也许还有更卓绝的著作会显示我们"。[121] 这一期上,还有望舒译的法国当代著名诗人果尔蒙的诗集《西茉纳集》中的11首散文诗。玄迷·特·果尔蒙(1858-1915)是象征派诗人和理论家。1883年至1891年曾任职于巴黎国家图书馆,曾与友人合办《法兰西信使》杂志。法国象征主义分前期和后期,1886-1891年为前期,20世纪20年代为后期;果尔蒙则横跨前期和后期。

不过,第六期的"诗"栏中,有望舒以笔名"舒月"发表的两首诗,即《妾薄命》和《无题》。另有他以笔名"陈御月"发表的法国吕仙·伏吉尔执笔的《阿力舍·托尔斯泰会见记》。

正是在施蛰存不懈的宣传之下,望舒在法国期间的诗名已经相当高;这诗名使他能破例被里昂中法大学所录取。那时,他一写出来,就不愁发表。但他写的实在是太少太少。据郑择魁、王文彬说"望舒淹留法国的三年，也仅写了五首诗：《见毋忘我花》《微笑》《霜花》《古意答客问》和《灯》"。并说揣测其中原因是"诗情的枯竭，从一个侧面反映了诗人内心世界的寂寞"。[122] 这有点像外行说的话，因为从诗歌创作心理学来说，"寂寞"不仅不是诗歌的杀手，反而可能是诗歌的温床，古今中外因寂寞而写诗的人远远多于不寂寞者，也远远多于用其他方法消磨寂寞者。陈丙莹先生也认为望舒在法国的两年半时间里，总共才写了5首诗，但篇目不同，他说，"戴望舒在法国期间，仅见在1933年9月南京《文艺月刊》4卷3期上发表过一首《不寐》。以后一直到1935年10月出版《现代诗风》时，才又见到他所写的《新作四章》。除《霜花》外，其他3首皆著明写作日期：《古意答客问》（1934年12月5日），《灯》（1934年12月21日），《秋夜思》（1935年7月6日）。"[123]

郑择魁、王文彬没有考证性的说明，恐怕是以诗作中的某些语境因素来判断的吧；如《见毋忘我花》的第一节中连续两次用了"怀念"和"陌生"字样，第二节中还有"远方"一词，再如《微笑》一诗的最后一句中有"迢遥之旅愁"的说法；如果他不是身处遥远的异乡，面对的都是陌生的事物，他怎么会那么强烈地怀念、怎么会有旅人的哀愁呢？而陈只以发表为准。其实，双方都有猜测和武断的嫌疑，因为佛教所说的"在家出家"也是诗人惯常的心态和"伎俩"，而发表的时间未必就是写作的时间。比如，两种说法的差异在于：郑择魁、王文彬认为《不寐》和《秋夜思》是望舒去法国之前或之后写的，《见毋忘我花》和《微笑》才是在法国时写的；而陈丙莹的观点则正好相反，他在谈到望舒

1937年1月出版的第三部诗集即《望舒诗稿》时，说这部诗集收录了"新作4首：《古神祠前》《见毋忘我花》《微笑》《霜花》"。相当于1937年1月这个时间坐标上的新作可能是指1936年或1935年后半年的作品，陈表面上的意思就是说《见毋忘我花》和《微笑》是望舒在1935年夏天回国后写的；但1937年毕竟还在30年代，离望舒在法国时期的1934、1933乃至1932年都不算远，所以可以把他在法国时写的东西称为新作；可能也正是因此，陈丙莹把《见毋忘我花》《微笑》两首他本来并不认为是望舒在法国时写的作品，跟他认为是望舒在法国时写的作品《霜花》并列在了一起。这是他的一个自相矛盾。而正是由于陈丙莹的这个自相矛盾，也由于目前找不到任何别的时间证据，笔者姑且认同郑择魁、王文彬的说法，将《见毋忘我花》和《微笑》两首诗也列入望舒在法国时写的作品。

《不寐》现在很难从事实角度去考证，从诗歌的内容和情调上来看，可以归入望舒在异乡即在法国时的作品。

《秋夜思》的写作时间既然是1935年7月6日，而我们前面说过望舒至迟于那年夏天就回国了；我倾向于认为7月6日那天望舒已经在国内或者至少已经离开法国正在回国的航程中，也即这首诗不是他在法国时的作品。郑择魁、王文彬则直接把这首诗看成是望舒回国以后的作品。[124]

总之，《霜花》《古意答客问》和《灯》三首毫无疑问是望舒在法国期间写的；而《不寐》《见毋忘我花》《微笑》则极有可能也是他在法国时候的作品。

即使我们承认，这6首诗都是望舒在法国的两年半时间里写的，那平均每年也不到三首，其产量之低，对于像他那样的重要诗人来说，真令人感到有点匪夷所思。大概，正如某些论者所说的，写诗是母语行为，尽管望舒的法文已经相当好，但作为一种文学创作的媒介，他还不能说顺手。望舒不是一个包容性特大的诗人，很多事物他可能消化不了。他对法国文学、文化和社会乃至山川风俗的了解和体验可能还算可以，但他可能缺乏把所有这一切转化为诗歌资源的能力，而他又是那种不滥写和硬写的人；他宁愿不写，也不会胡乱涂鸦。

《古意答客问》前面已经论及，现在来看看其他几首。

《见毋忘我花》保留着《我底记忆》那样看似不经意实质缠绵悱恻的风格。吕滇雯认为，这首诗"展现出极为单纯的面目。简洁的字句，平和的语调，刻画出僻静的场景和诗人柔郁的心境，刻画出诗人和花朵间简单的相逢，简单的会晤"。[125]是的，诗人和他所思念的人儿都把灵魂交给了他眼前的花朵：

　　在僻静的一隅，

　　它为你向我说话，

　　它为我向你说话；

　　它重数我们用凝望

　　远方潮润的眼睛，

　　在沉默中所说的话，

　　而它的语言又是

像我们的眼一样沉默。

《微笑》是望舒写得最短的诗之一。但它的内部也有章法，已有转折，所表现的也是内心的波澜，其中有景的描写，也有心的絮语，还有拳拳的企求。我们先来看看诗作本身：

轻岚从远山飘开，
水蜘蛛在静水上徘徊；
说吧：无限意，无限意。

有人微笑，
一颗心开出花来，
有人微笑，
许多脸儿忧郁起来。

做定情之花带的点缀吧，
做迢遥之旅愁之凭借吧。

陈旭光洞幽察微，指出："从诗歌篇章结构看，这首诗歌的三节颇像黑格尔哲学著名的'正——反——合'三段论。第一节是形象化的'博喻'，第二节是略显抽象但仍富于象征意蕴的'陈述'，而且第二节中的两句'陈述'在语义上刚好一正一反，一明朗一暗昧。第三节则是在前面二节'一正一反'的基础上，水到渠成地'合'了起来，这种'水到渠成'之效果竟使得向为诗歌之所忌的篇末直抒胸臆，显得自然而然，几乎达到'羚羊挂角，无迹可求'的境界与效果。"[126] 第一节中的所谓"博喻"实际上只有两个比喻，严格意义上来说不能称为"博"。当然，这两个比喻实在是妙不可言。陈旭光也有精彩的赏析："这或许应理解为诗人对'微笑'这一生理机能性表情所作的诗性化的'形象化状貌'。要写活这个抽象'微笑'的'微'，自然不是件容易轻巧的事。诗人以两组并列基本对称的意象结构来暗喻'微笑'之'微'：'轻岚'与'水蜘蛛'相对，共同的特性都在于一个'轻'字。'远山'与'静水'相对，亦极言'山'与'水'之悠远缥缈，虚若无物；'飘开'与'徘徊'两个动词相对，除各在自己所属的意象结构系统内贴切巧妙、千金不换外，还共同指向归结于'微笑'的总体情境与主旨意蕴：'飘开'动作之轻渺微茫，'徘徊'动作为哀婉缠绵，都无不是如此"[127]。

《不寐》没有标明写作日期。杜丽说，这首诗"曲折地展示了一颗敏感的心灵在夜深人静、辗转不寐时眩晕、怀旧、惆怅、烦闷直至逃避的心理过程"[128]。望舒写得极为委婉，但字里行间流露的那种刻骨的思念我们还是可以明显地感觉出来，如第一节：

> 在沉静的音波中，
> 每个爱娇的影子，
> 在眩晕的脑中，
> 作瞬间的散步；

夜晚是安静的，孤独而睡的夜晚则更静；在那样孤寂的夜晚，他失眠了，也许他是一直没有睡着，也许他是半夜里醒过来而再难入睡。他失眠了，而且是整夜地失眠——"一宵的觉醒"。他开始回忆，夹杂着想象，而想象加剧着思念，于是他的思维不仅没有缓慢下来，而是加速运转。他所思念的人儿只有一个影子，仿佛是从梦中走来，时而显现，时而消失。他想去抓住那个"爱娇的影子"，但那影子的出现只是瞬间的事，所以他根本抓不住，但他还是力图去抓住。这种状况使他感到晕眩。但这一节写得还是相当克制、温和，到了第三节，他内心的欲望开始骚动起来，他浑身发热，连呼吸都急促起来，不，他简直不能再呼吸，他更深地沉浸于对那影子的贪恋之中。随着他的想象本身的加强，那影子也变得具体起来，仿佛是有血有肉的了，仿佛有了气息。而这使他更加不可控制地亢奋，他迷狂地久久地幻想着她的掌心抚摩着自己发烫的前额，而她的手腕上甜蜜的体温正在通过这抚摩像电流一样传遍他的全身，而且透过他的肌肤，深入他身体的内部。

> 掌心抵着炎热的前额，
> 腕上有急促的温息；
> 是那一宵的觉醒啊？
> 这种透过皮肤的温息。

于是抒情主人公再也控制不住自己。这夜晚是死寂的，他在表面上也许也是沉静的，但在他心底狂风大作，巨浪汹涌，有着"最高的音波";他宁愿——不，是祈求——自己的耳膜被震碎。以此为代价来打破眼前的沉寂，但他看到的依然是那包围他的、窒息他的、使他像笼中困兽般无法突围的帐子和墙壁，他感到自己甚至连喘一口气都不能，真叫生不如死啊。

> 让沉静的最高的音波，
>
> 来震破脆弱的耳膜吧。
>
> 窒息的白色帐子，墙……
>
> 什么地方去喘一口气呢？

《霜花》写得并不十分出色，弱点是非常明显的。旷新年对这首诗曾颇有微词："戴望舒的人生和思想是极为狭小的，他的爱情诗也常常写得十分收敛……戴望舒从晚唐五代的诗歌中蜕化出来，不仅他的诗歌长期难以摆脱那种颓唐的情调，甚至他的想象也不够恣肆和舒展。他的诗歌不仅披着古典诗歌词汇和意象的古装，却也损失了某些现代感性的尖锐与开阔。"[129]

不过，这首诗在望舒的心路历程中是非常重要的。用旷新年的话来说，它为望舒"所有的爱情诗下了最后的注释"。[130] 笔者以为，它还为望舒与施绛年的爱情做了最后的注解，而且还是对这份爱情最终解体的一个预言。望舒是带着绛年的许诺去法国的，但到了法国，他一方面没有像绛年所期待的那样勤奋地去拿洋学位，另一方面随着时空的间隔，他内心的火焰渐渐淡了下来，心智渐渐恢复，从而能冷静地判断出其实绛年并不爱他，只是被他感动了，只是拗不过他的纠缠而临时性地答应了他的求婚要求。而他对绛年的感情也太情绪化，其实两人根本志不同、道不同，根本不合适。这首诗不仅写到了他对爱情的怀疑，还写了怀疑之后的释然。既然没有真正的爱情可言，他何必放不开。他决心放弃，给自己自由与轻松。秋天使他终于从春天的狂噪和夏天的狂热中摆脱了出来。诗的最后一节写得难以想象的平静与豁达——也许那是绝望之后才会有的境界：

> 你还有珍珠的眼泪吗？
> 太阳已不复重燃死灰了。
> 我静观我鬓丝的零落。
> 于是我迎来你所装点的秋。

《灯》抒写了望舒对"美的渴求与幻灭的心态流程"。孙玉石认为，写《灯》时候的望舒，心境与以前已有所不同，不再那么执迷不悟。而是能反观自视："诗人有大寂寞，但又想用超越一切世事纠纷的处世哲学来观照人生，以求得心理上的平衡，于是在独对孤灯中展开了自己的幻象世界。灯，这一象征性意象，是自己孤寂之夜独坐无言的伴侣，也是自我内在情绪世界的外化。"[131]

"灯"象征着时间亲切而温暖的一面，而诗中"木马栏"则象征着时间无情而冷漠的一面。望舒在这首诗的第一节中，以一种相对舒缓而松散的笔调，写到了两者的对照：

灯守着我，劬劳地

凝看我眸子中

有穿着古旧的节日衣衫的

欢乐儿童，

忧伤稚子，

像木马栏似的

转着，转着，永恒地……

望舒以他最擅长的拟人手法，把灯比喻成一个忠心耿耿的人，可以相守、信赖的人。全诗以短句"灯守着我"起头，显得非常有力、肯定。它在第四节中又重复出现，而且是两遍："灯守着我。让它守着我！"在灯的陪伴下，诗人感到踏实，感到安全；他无法忍受与灯的分离，灯的存在是人生的亮色，是我们继续存活下去的内在理由。而诗人敏感到，灯可能随时会消失，所以在灯还在身边时，他急切地呼唤着，要灯守着他。灯"凝看我"实际上说的是"我"凝看着灯。在"我"与灯的相看中，灯仿佛成了童子，"我"也仿佛成了稚子，有欢乐，也有忧伤。这种人性的投射使灯的相守显得更加重要、更加必需。

而"我"在享受灯的脉脉温情的同时，也必须承受时间的无情，它像木马似的转动着、转动着，根本不理睬"我"的悲欢离合。时间的这一特征可能是无形的，但它更普遍，影响更加深刻，是我们无法摆脱的事实存在。

时间的两面相互间的这种残酷对照在第三节中有着更加集中的表达：

> 木马栏犹自转着转着……
> 灯徒然怀着母亲的劬劳

诗人感到时间的温情抵不过时间的无情，木马栏可以肆无忌惮地旋转，不顾人的感受，在它的旋转中，灯渐渐暗淡乃至熄灭。在自身的减弱过程中，它虽然像母亲一样，怀着对这个世界的无私的爱，但它救不了孩子，无法避免孩子被时间的控制和侵蚀。一个人成长、成熟直至老去，都是在木马的眼皮底下进行的，而且是木马转动的结果。

可谁能阻止时间的木马的转动？我们只能承受，无尽地承受；眼看着时间一滴滴地坠落：

> 这里，一滴一滴地，
> 寂然坠落，坠落，坠落。

对全诗的最后这两行，孙玉石有过很好的解说："你可以理解为'鱼烛'永恒地高烧时一滴滴烛泪'坠落'，也可以理解为诗人独对的孤灯烛泪一滴一滴地'坠落'，可以象征诗人的生命的流逝的时光中一点一点地过去了，也可以隐喻着诗人在独对孤灯中痛苦的泪一滴一滴地'坠落'。总之，它给你一种沉重的失落感，生命美好价值与意义追求幻灭之后的沉痛感，我们可以不隐讳地说这里有很重的虚无感，但这虚无的背后呢？诗人真的绝望地去歌颂永恒的死亡吗？一滴一滴坠下的烛泪已有诗人的心了。"[132]

让灯守着我：戴望舒传

注解：

1. 转引自陈丙莹：《戴望舒评传》，重庆出版社，1993年11月版，第61页。

2. 望舒的《航海日记》始于10月8日而终于11月8日，当后面的日期并不是他到达巴黎的日子，因为那天的日记里没说他已经到了巴黎，而是说："同往常一样，整天无事可做。饭后，草拟了一份到巴黎后准备拍发的电报。""到巴黎后准备"云云表明他写日记时还在船上。

3. 沈宝基1990年11月19日致陈丙莹函，转引自陈丙莹：《戴望舒评传》，重庆出版社，1993年11月版，第64页。

4. 孔另境编：《现代作家书简》，花城出版社，1982年版，第194页。

5. 孔另境编：《现代作家书简》，花城出版社，1982年版，第74页。

6. 孔另境编：《现代作家书简》，花城出版社，1982年版，第72页。

7. 法语，译为《在巴黎的屋顶下》。

8. 孔另境编：《现代作家书简》，花城出版社，1982年版，第73页。

9. 孔另境编：《现代作家书简》，花城出版社，1982年版，第74页。

10. 孔另境编：《现代作家书简》，花城出版社，1982年版，第74页。

11. 孔另境编：《现代作家书简》，花城出版社，1982年版，第74页。

12. 罗大冈：《望舒剪影》，载《中国作家》，1987年第3期，第163页。

13. 孔另境编：《现代作家书简》，花城出版社，1982年版，第80页。

14. 利大英：《戴望舒在法国》，载《香港文学》，1990年第7期，第20页。

15.《艾登伯致戴望舒信札》，徐仲年译，载《新文学史料》，1982年2月号，第217页。

16. 利大英：《戴望舒在法国》，载《香港文学》，1990年第7期，第20页。

17. 罗大冈：《望舒剪影》，载《中国作家》，1987年第3期，第163页。

18.《比利时短篇小说集》，第148页，戴望舒选译，商务印书馆，1935年6月初版。

19.《比利时短篇小说集》，第140页，戴望舒选译，商务印书馆，1935年6月初版。

20.《比利时短篇小说集·小引》第1、2页，戴望舒选译，商务印书馆，1935年6月初版。

21.法语，意为"世界主义"。

22.《法兰西现代短篇集》，第172页，1934年5月，上海天马书店。

23.《紫恋·译者记》，第5页。

24.《艾登伯致戴望舒信札》，徐仲年译，载《新文学史料》，1982年2月号，第216页。

25.《艾登伯致戴望舒信札》，徐仲年译，载《新文学史料》，1982年2月号，第215页。

26.《艾登伯致戴望舒信札》，徐仲年译，载《新文学史料》，1982年2月号，第216页。

27.《戴望舒全集》小说卷，中国青年出版社，1999年版，第413-414页。

28.《艾登伯致戴望舒信札》，徐仲年译，载《新文学史料》，1982年2月号，第216页。

29.《艾登伯致戴望舒信札》，徐仲年译，载《新文学史料》，1982年2月号，第217-218页。

30.《艾登伯致戴望舒信札》，徐仲年译，载《新文学史料》，1982年2月号，第220页。

31.《艾登伯致戴望舒信札》，徐仲年译，载《新文学史料》，1982年2月号，第218-219页。

让灯守着我：戴望舒传

32.《艾登伯致戴望舒信札》,徐仲年译,载《新文学史料》,1982年2月号,第219页。

33.《艾登伯致戴望舒信札》,徐仲年译,载《新文学史料》,1982年2月号,第219页。

34. 陈丙莹:《戴望舒评传》,重庆出版社,1993年11月,第67页。

35. 孔另境编:《现代作家书简》,花城出版社,1982年版,第79页。

36. 玛丽·洛朗桑(Marie Laurencin,1885-1956年),法国"立体派"画家,以优雅和谐的颜色刻画年轻妇女和儿童而著称。她的作品有《母子》和《克莱芙王妃》(The Princess of Cleves)。

37. 即毕加索。

38. 亨利·马蒂斯(Henri Matisse 1869-1954),法国著名画家,野兽派的创始人和代表人物,也是一位雕塑家、版画家。他以使用鲜明、大胆的色彩而著名。

39. 俄尔甫斯,希腊神话中的英雄和诗人,善弹竖琴。

40. 孔另境编:《现代作家书简》,花城出版社,1982年版,第79页。

41. 孔另境编:《现代作家书简》,花城出版社,1982年版,第82页。

42. 原载1937年7月16日《宇宙风》第四十五期,见《戴望舒全集》散文卷,中国青年出版社,1999年版,第39-45页。

43. 利大英:《戴望舒在法国》,载《香港文学》,1990年第7期。

44. 罗大冈:《望舒剪影》,《中国作家》,1987年第7期,第164页。

45. 罗大冈:《望舒剪影》,《中国作家》,1987年第7期,第163-164页。

46.《戴望舒全集》散文卷,中国青年出版社,1999年版,第30页。

47. 利大英:《戴望舒在法国》,载《香港文学》,1990年第2期。

48. 利大英:《戴望舒在法国》,载《香港文学》,1990年第7期。

49. 利大英：《戴望舒在法国》，载《香港文学》，1990年第7期。

50. 梁仁编：《戴望舒诗全编》，浙江文艺出版社，1991年版，第115、119页。

51. 罗大冈：《望舒剪影》，《中国作家》，1987年第7期，第164页。

52. 原载1936年1月10日《新中华》第四卷第一期。见《戴望舒全集》散文卷，中国青年出版社，1999年版，第4页。

53. 孙玉石主编：《戴望舒名作欣赏》，中国和平出版社，1993年6月版，第261—262页。

54. 施蛰存和应国靖合编：《戴望舒》，人民文学出版社，1993年版，第345页。

55. 郑择魁、王文彬：《戴望舒评传》，百花文艺出版社，1987年版，第43页。

56. 陈丙莹：《戴望舒评传》，重庆出版社，1993年11月，第73页。

57. 陈丙莹：《戴望舒评传》，重庆出版社，1993年11月，第70页。

58. 陈丙莹：《戴望舒评传》，重庆出版社，1993年11月，第70页。

59. 孙玉石主编：《戴望舒名作欣赏》，中国和平出版社，1993年6月版，第261—262页。

60. 孙玉石主编：《戴望舒名作欣赏》，中国和平出版社，1993年6月版，第279—281页。

61. 孙玉石主编：《戴望舒名作欣赏》，中国和平出版社，1993年6月版，第279—280页。

62. 郑择魁、王文彬：《戴望舒评传》，百花文艺出版社，1987年版，第118页。

63. 施蛰存和应国靖合编《戴望舒》，人民文学出版社，1993年版，第345页。

64. 陈丙莹：《戴望舒评传》，重庆出版社，1993年11月，第75页。

65. 孙玉石主编：《戴望舒名作欣赏》，中国和平出版社，1993年6月版，第281页。

66. 罗大冈：《望舒剪影》，《中国作家》1987年第7期，第164页。

67.《戴望舒全集》散文卷，中国青年出版社，1999年版，第33—34页。

68.《戴望舒全集》小说卷，中国青年出版社，1999年版，第575页。

69. 孙春霆编写：《伊巴涅斯评传》，见《醉男醉女》第99、100页，上海光华书局1928年版，列入《萤火虫丛书》。

70.《伊巴涅斯短篇小说选》，第105页，上海新文艺出版社，1956年。

71.《戴望舒全集》散文卷，中国青年出版社，1999年版，第104页。

72. 利大英：《戴望舒在法国》，载《香港文学》，1990年第7期，第20页。

73. 孔另境编：《现代作家书简》，花城出版社，1982年版，第78页。

74. 孔另境编：《现代作家书简》，花城出版社，1982年版，第84页。

75. 现在的译名是布尔戈斯。

76. 此处不是指佛教的寺庙，而是基督教的教堂。布尔戈斯大教堂为西班牙第三大天主教教堂，1221年由费尔南多三世国王亲自奠基兴建。

77. 即塞万提斯。

78.《戴望舒全集》散文卷，中国青年出版社，1999年版，第4页。

79. 中国史书称阿拉伯帝国为"大食"。

80. 现在的译名是"探戈"。

81. 即 Don Juan，现在的译名是"堂璜"。

82. 塞莱斯蒂娜是西班牙著名对话体小说《塞莱斯蒂娜》中的女主人公，小说作者是文艺复兴时期的费尔南多·德·罗哈斯（Fernando de Rojas）。1969年，根据小说改编的同名电影在西班牙上映，由 César Fernández

Ardavín 任导演，由 Elisa Ramírez 和 Amelia de la Torre 主演，直接被翻译成了《西班牙荡妇》。

83. 通译为"卡门"。

84.《戴望舒全集》散文卷，中国青年出版社，1999年版，第18—19页。

85. 罗大冈：《望舒剪影》，《中国作家》，1987年第7期，第164页。

86. 邓宏顺、周文业：《三国志通俗演义》（上下文史对照本）之"序"，中州古籍出版社，2013年6月版。

87. 梅新林、韩伟表：《〈三国演义〉研究的百年回顾及前瞻》，《文学评论》，2002年 第1期。

88.《戴望舒全集》散文卷，中国青年出版社，1999年版，第336页。

89.《戴望舒全集》散文卷，中国青年出版社，1999年版，第336页。

90.《戴望舒全集》散文卷，中国青年出版社，1999年版，第336页。

91.《戴望舒全集》散文卷，中国青年出版社，1999年版，第337页。

92.《戴望舒全集》散文卷，中国青年出版社，1999年版，第51页。

93.《戴望舒全集》散文卷，中国青年出版社，1999年版，第54页。

94.《戴望舒全集》散文卷，中国青年出版社，1999年版，第54页。

95. 叶灵凤：《读书随笔》第二集，第36页，三联书店，1988年。

96. 施蛰存：《诗人身后事》，载《香港文学》，1990年第7期。

97. 叶灵凤：《望舒和灾难的岁月》，载《文艺世纪》，1957年8月号，第9页。

98. 叶灵凤：《读书随笔》第二集，第37页，三联书店，1988年。

99.《戴望舒全集》散文卷，中国青年出版社，1999年版，第51页。

100. 戴望舒译：《龙勃里亚伯爵》译者附记，载《文艺春秋》第四卷第一期，1947年4月。

101.《戴望舒全集》散文卷，中国青年出版社，1999年版，第37页。

102. 陈丙莹：《戴望舒评传》，重庆出版社，1993年11月，第264页。

103. 罗大冈：《望舒剪影》，《中国作家》，1987年第7期，第164页。

104. 罗大冈：《望舒剪影》，《中国作家》，1987年第7期，第165页。

105. 罗大冈：《望舒剪影》，《中国作家》，1987年第7期，第166页。

106. 利大英：《戴望舒在法国》，载《香港文学》，1990年第7期，第20页。

107.《艾登伯致戴望舒信札》，徐仲年译，载《新文学史料》，1982年2月号第221页。

108. 罗大冈：《望舒剪影》，《中国作家》，1987年第7期，第165页。

109. 利大英：《戴望舒在法国》，载《香港文学》，1990年第7期，第20页。

110. 罗大冈：《望舒剪影》，《中国作家》，1987年第7期，第164页。

111. 罗大冈：《望舒剪影》，《中国作家》，1987年第7期，第165页。

112. 罗大冈：《望舒剪影》，《中国作家》，1987年第7期，第165页。

113. 罗大冈：《望舒剪影》，《中国作家》，1987年第7期，第165页。

114. 孔另境编：《现代作家书简》，花城出版社，1982年版，第75页。

115. 孔另境编：《现代作家书简》，花城出版社，1982年版，第76页。

116. 施蛰存：《戴望舒诗全编·引言》第2页，浙江文艺出版社，1991年。

117. 孔另境编：《现代作家书简》，花城出版社，1982年版，第78页。

118. 孔另境编：《现代作家书简》，花城出版社，1982年版，第79页。

119.《现代》第一期，第133-134页。

120.《现代》第二期，第269页。

121.《现代》第五期，第717-718页。

122. 郑择魁、王文彬：《戴望舒评传》，百花文艺出版社，1987年版，第128页。

123. 陈丙莹：《戴望舒评传》，重庆出版社，1993年11月，第65页。

124. 郑择魁、王文彬:《戴望舒评传》,百花文艺出版社,1987年版,第130页。

125. 孙玉石主编:《戴望舒名作欣赏》,中国和平出版社,1993年6月版,第251页。

126. 孙玉石主编:《戴望舒名作欣赏》,中国和平出版社,1993年6月版,第255页。

127. 孙玉石主编:《戴望舒名作欣赏》,中国和平出版社,1993年6月版,第254页。

128. 孙玉石主编:《戴望舒名作欣赏》,中国和平出版社,1993年6月版,第228页。

129. 孙玉石主编:《戴望舒名作欣赏》,中国和平出版社,1993年6月版,第258页。

130. 孙玉石主编:《戴望舒名作欣赏》,中国和平出版社,1993年6月版,第257页。

131. 孙玉石主编:《戴望舒名作欣赏》,中国和平出版社,1993年6月版,第266页。

132. 孙玉石主编:《戴望舒名作欣赏》,中国和平出版社,1993年6月版,第268页。

第四章

黄金时期——

"透过无梦无醒的云雾"

第一节 /
解除婚约、休整、《现代诗风》、结婚

　　早在1933年秋，由巴黎转往里昂之时，望舒就耳闻了施绛年的移情别恋。她觉得作为诗人的望舒不能在生活上给她提供保证，她后来爱上了一个冰箱推销员。望舒气得肺都快要炸了。从1933年11月初到1934年3月中旬，在长达约4个多月时间里，他埋头翻译，没有给未婚妻写信；甚至没有给施蛰存写信。他可能是以此来表达他对施家的不满。起初他应该有点不能肯定，或者不敢相信。他必定写信问过施蛰存，那到底是怎么回事。施出于好意，一直把这变故瞒着望舒。直到在1934年10月，望舒都决定要回国了，施还在给望舒的回信中轻描淡写地说："绛年仍是老样子，并无何等恼怒，不过其懒不可极而已。"[1] 此次情变对望舒的打击应该是极大的，他孤身一人在遥远的异国他乡扛住了这样的打击真不容易。从此他对感情心灰意懒，"对未来的婚姻已失去信心"；有人认为，可能就是因为这个原因，望舒不愿意好好上课、写论文、弄洋文凭。[2]

望舒一踏上黄浦江岸，就直奔施家，前去拿施绛年的父母是问。老两口一口一个对不起，说自己没有尽到管教好女儿的责任；但是也不能采取强硬措施让女儿听话。施父被逼得没法，甚至说他有几个女儿，让望舒另外再挑一个。望舒一气之下，当众给了施绛年一个耳光；然后愤然离去。于是，双方登报，正式解除婚约，两人各奔东西。施绛年后来也去了香港，于1946年病逝。

八年的苦苦等待，等来的却是这样的结局，望舒感到自己的心都快要裂了。为了疗治心灵的创伤，再从法国刚刚回国的那段时间里，他着实休息玩耍了一段时间，没有正式的职业，也没有繁重的翻译任务，最让他感到自由和高兴的是，尽管他一踏上上海，就得悉旧日恋人已属于他人，但他并没有感到特别的悲伤，因为他的心早就死了，他正好可以彻底从自我设置的爱情的桎梏中解放出来。经过两年半的分离，老朋友们的友情不仅没有疏远，反而更加亲密了。

望舒暂时住在刘呐鸥的公寓里，同住的除了刘本人外，还有穆时英、杜衡等挚友，他整天跟他们厮混在一起，玩得不亦乐乎。穆时英在1935年6月7日给叶灵凤的信中兴高采烈地描述道："这几天，我们这里很热闹，有杜衡，有老刘……有老戴；白天可以袒裼裸裎坐在小书房里写小说，黄昏时可以到老刘花园里去捉迷藏，到江湾路上去骑脚踏车，晚上可以坐到阶前吹风，望月亮，谈上下古今。希望你也搬来。"在6月28日，给施蛰存的信中，穆时英甚至偷偷报告了望舒"打狗的本事"："老戴这几天，天天到我们这里来，来了就到乡间去散步。我到近来才发现他在写诗以外，还有一种特长与嗜好。他打狗的本事真不错！在这一礼拜中，他至少打了十七头野狗。"[3]

但是，在新的希望到来前，望舒还不可能完全摆脱旧的阴影；他有时正在玩得兴头上会突然伤感起来。朋友们同情他、安慰他，也想给予他实际性的帮助。一天，穆时英对他说："施蛰存的妹妹算得什么，我的妹妹要比她漂亮十倍，我给你介绍。"[4]

从此，穆时英悄没声儿地替望舒制造与其妹妹穆丽娟单独相处的机会。望舒单独住一个套间，有一个书房，他主动勇敢地请穆丽娟到书房里来帮他抄写文稿。其实，穆丽娟也早已倾慕于望舒这位名诗人。她刚刚18岁，从上海著名的南洋女中毕业，可谓知书达理；也许是因为哥哥的关系，她也喜欢文学，对在文学上颇有成就的望舒自然仰慕不已。所以，望舒请她去跳舞、吃饭、看电影、打牌什么的，她几乎没打过回票；久而久之，她的美貌、文静与贤淑填补了望舒感情的空白，使他"熄灭的爱情火焰又重新燃烧起来"。[5]

1935年冬，望舒委托杜衡去向穆母提亲，由于这是大哥的安排，而且两人你情我愿，穆母爽快地表示了应允。虽然没有搞订婚仪式，但杜衡帮望舒把买钻石戒指的钱款给了穆母；由此，两人的关系算是定了下来。双方初步约定，半年后完婚。1936年5月，望舒的父亲突然病逝，但婚礼还是在6月里如期举行。徐迟当时是望舒的小兄弟、婚礼的男傧相，据他回忆说："新郎官仪表堂堂，从照片上看不出来他脸上有好些麻子。新娘子非常之漂亮。"[6] 郎才女貌，可谓天生的一对。

婚后，由于生活的稳定、甜蜜和静谧，望舒工作得更加顺利、带劲、有效了。除了写作和翻译《堂吉诃德》外，他开始了到离家很近的一个教堂去向俄罗斯神甫学习俄语。不久，他就开始翻译普希金、叶赛宁等俄罗斯诗人的作品。如他译了叶赛宁的《最后的弥撒》这首"很有现代敏感的诗"。王佐良虽然以为望舒不懂俄语，可能是"通过其他文字转译的"，但他倍加惊叹望舒"对叶赛宁的精神的体会之深"。[7]

这时期他投入时间精力最多的是创办《新诗》杂志。

1933年5月29日，当时望舒还在法国，施蛰存给他写信说："我现在编一本季刊，定名《现代诗风》，内分诗论、诗话、诗、译诗四项，大约九月中可出第一册。"施还向望舒开玩笑似的约稿来着："你如高兴，可请寄些小文章及译诗论文来，不过没有稿费，恐怕你也无暇写耳。"[8]

《现代诗风》创刊号基本上是如期出版的。不知是自己看错了，还是别人传错了；陈丙莹在引用施的信的内容时，把"九月"写成了"五月"，还说"可是当时这一计划未能实现"。[9] 1935年10月，由望舒主编、脉望社出版的《现代诗风》似乎如约问世。实际上它主要还是由施编辑的。大概望舒的诗名很盛，精明的施很懂得利用这一点；所以要以望舒的名义出这个刊物。不过，望舒回国之初，还是参与了实际的编务，如约稿等。

徐霞村是望舒的老朋友。早在1929年4月，望舒的第一本诗集《我底记忆》出版后不久，徐霞村就以笔名"保尔"在当年10月出版的《新文艺》第一卷第二号上发表评论文章，题为《一条出路》。徐主要说了三点。一是关于望舒诗歌的外来影响："受了不是正派的象征派的Francis Jammes 的影响。"Francis Jammes 就是耶麦，是法国后期象征派的主将，与早期由波德莱尔、兰波等人创立的所谓正统的象征派已经有所不同，所以说"不是正派的象征派"。二是关于望舒的独创性的，望舒把独创性视为诗歌创作的命脉，他的好些诗作具有前所未有的特性，正如保尔所说的："《对于天的怀乡病》写一种新奇的情绪，《断指》讴歌一个革命者的断指，这些题材都是在中国旧诗和外国旧诗找不到的。其次，它们的章法也是打破传统的。"三是关于望舒早期诗歌的音乐性的，保尔同意叶圣陶对《雨巷》的首肯，说这首诗"收了音乐的最大的效果"。由于新诗到了三十年代还受到不能入耳的指责，还有人认为没有什么出路，徐大胆断言望舒的这首名作替新诗开创了"一条出路"。望舒出国后，与徐基本上没有联系，但他没有忘记这位曾经为自己鼓与吹的老友。他把徐列入自己即将创办的刊物的第一批作者队伍。在1935年6月3日的信中，徐回答望舒向他约稿的事，说："在你所编的两个刊物中，对于《现代诗风》，我是爱莫能助，因为我创作既不会，译诗译出来又不像话，恐怕要塌你的台。至于《域外文学》，我自然义不容辞，不过我近来很少买书，都是借来看，还要请你点戏并供给材料才好。"[10]

照此说来，望舒一回来，就打算参与两份刊物的工作。可是，《域外文学》根本没露面，《现代诗风》也一出世就夭折了。尽管如此，尽管徐霞村谦虚得不行，但他还是"胡诌"了三首"歪诗"，给望舒供稿。在那年7月30日给望舒的信中，徐以惯有的幽默口吻说："上星期寄上歪诗一首，不知收到没有？昨天到西山小息，无聊之中，又诌了两首，特寄上，请斧正。假如我的诗能因老兄的润饰而有资格见人，我就算实现了一桩抱憾终身的大野心。千万请不要客气，无法救药的就不要勉强登出。日前寄的那首如合用，亦请改用'保尔'署名。"[11] 徐的这三首"无聊"的诗作大概经过望舒的润饰和斧正，确实在《现代诗风》创刊号上发表出来了。他主要是翻译家，曾与望舒合作翻译过《西班牙的未婚妻》一书。所以他自谦说写诗是外行，发表诗对于他来说是"大野心"。不过，在笔者听来，"千万请不要客气"云云，与其说是在推辞，还不如说是在要求。信中说到的"西山"，是指北京香山附近的西山。当时徐在北平教书，业余写稿、编稿，生活还过得去。所以，尽管不久前他死了儿子，当时又在"和病魔交战"，但他还是很乐观，又慷慨而诚挚地邀请望舒到北平他家去住。他在6月3日的那封信中说："假如你在上海下半年没有固定的职业，仍是卖文为生，则我劝你最好到北平来，到我家来住。在这里，只要我不失业，你的房饭是不成问题的，不过一切享受都清苦一点而已。即使你要编刊物，在北平也没有什么不方便。上海有许多刊物，如《世界文学》《文学季刊》，它们的编者都在北平。"[12] 两人间的兄弟情谊可见一斑。

望舒还曾向新友路易士约稿。只从这名字就可以看出他有多洋气。那时他与望舒刚认识不久，是杜衡介绍并陪同他去拜访望舒的。当时望舒已经在诗坛声名卓著，而且刚刚留洋回来，其影响力和吸引力可以说是如日中天。而路易士是小字辈，可算得是望舒的崇拜者之一，他无限崇敬地称望舒是"现代派诗人群的龙头"。[13]"现代派诗人群"中的大多数原来望舒并不认识，一是他们刚刚冒出来，二是他长期在国外。这些诗人都是施蛰存代望舒收的门徒。路易士就是一个典型的例子。

施蛰存、戴望舒、杜衡三人在20、30年代的上海，号称"文坛三剑客"。施的年龄最高，所以又被戏称为"施老大"，"而他也的确是足以当自由文艺阵营'大哥'之称而无愧。他主编《现代》，选稿极严，只看作品，不讲交情；只重视作品的艺术价值，而不管'意识'的'正确'与否……使优秀人才不至于被埋没，而无名作家终有出头的日子"。正如路易士所感激涕零般地坦承："我和徐迟等'现代派诗人群'，当初不也都是为施老大所赏识和发现出来的么？"[14]在拜访望舒时，路易士已经在《现代》上发表过一些诗作，并已出版了他的第一部诗集，算是已经成名。

路易士接到望舒的约稿函时，正在扬州家中；他"简直高兴得不得了，于是马上把一九三四年和一九三五年所写尚未发表过的东西整理出一个集子来，用快邮寄到上海"。[15]

《现代诗风》俨然是现代派的大本营，除了望舒、施蛰存、路易士外，还有徐迟、金克木、南星、林庚等。所以路易士说那一期的阵容："是清一色的'现代派诗人群'。"[16]陈丙莹则说："这大概是新诗史上唯一称得上具有纯粹现代派诗风格的诗刊。"[17]

路易士到了台湾，用的名字是纪弦，成为宝岛诗坛的三位元老之一（另两位为覃子豪与钟鼎文），他是现代派诗歌的倡导者，主张写"主知"的诗，强调"横的移植"。因此，我们可以说，由于纪弦的继承和中传，望舒他们的现代风一直刮到了台湾，而且蔚然壮观。

第二节 /
《新诗》、南北诗人大联合、诗界领袖、反对"国防诗歌"

由于作者的知名度和作品的质量，由于出刊前已有广泛的预告，第一期《现代诗风》一千册很快就卖完了。可是，望舒没有趁着这股热劲继续编第二期。那是为什么呢？"原来望舒有了新的构想，新的计划，他将要和'北方诗派'携手合作，出《新诗》月刊了。"[18]

中国文化中的南北关系一直比较复杂，时而对立，时而融合，无论是宗教、学术还是文艺都存在类似问题。1930年代初的诗歌界也存在着南北对峙问题。北方诗派包括"新月派"和"后期新月派"，代表诗人有卞之琳、何其芳、林庚、曹葆华等。南方诗派包括"现代派诗人群"及其后起之秀。不过，南北之分，并不只是地域的不同，而是由"作品的'精神'来加以区别的"。纪弦把两者的主要区别归纳为："'北方诗派'较为保守，'南方诗派'较为激进；'北方诗派'带有浓厚的学院气息，'南方诗派'带有强烈的革命精神；'北方诗派'使用韵文工具，'南方诗派'使用散文工具——此乃两者最大、最显著的不同之处。"根据这样的划分标准，纪弦认为，南星属于"南方诗派"，因为他虽然一向住在北方，在北方念书、做事，但他写的是自由诗而非格律诗。由于同样的理由，他认为，废名即冯文炳也属于"南方诗派"，因为他虽然常住北平，"而且和那些较保守的大学教授们混在一起，但其作品的精神则是南方的"。[19] 他还把上海诗人邵洵美归入北方诗人行列，因为邵写的是格律诗而非自由诗，而且"他那来自王尔德和巴尔拿斯派的唯美主义和颓废主义，乃是属于十九世纪的而非二十世纪的，故是陈旧的而非新兴的"。由于自己属于"南方诗派"，纪弦还洋洋得意地指出，"自从《新诗》月刊问世以来，'北方诗派'诸人，于不知不觉中，竟然一个跟着一个的南方化，而也写起自由诗来了。"由于林庚这位北方诗人没有南方化，还受到了纪弦的嘲讽和奚落，说少年林庚"在他写了不少自由诗之后，忽又开起倒车来，发明了所谓的'四行诗'，而竟回到旧诗的天地里去了，这是唯一的例外。记得望舒曾把他的'四行诗'译成唐人绝句，译得妙极，成为圈子里的一番笑谈"。[20] 大概他的意思是说，林庚本是在南方阵营里的，但后来投到北方去了，有点叛变的意味，所以让他耿耿于怀，在此进行了变相的讨伐。

望舒使林庚成为圈子里的笑谈的文章是《谈林庚的诗见和"四行诗"》。林庚生于1910年。他祖籍福建，但生于北京，1928年考入清华大学物理系，后来转入中文系。学生时代即开始写诗，1933年毕业后留校担任朱自清的助教，同年即出版处女诗集《夜》，又参与编辑《文学季刊》。1934年出版第二本诗集《春野与窗》。这两本诗集收入的都是自由诗，从1935年开始，他写了大量的格律诗，而且还写了不少诗歌理论文章，对现代汉语作为诗歌语言的音韵特征和可能作了多方面的探究，有收获，也有失败，都表现在他的《北平情歌》和《冬眠曲及其他》等诗集中。他虽然比望舒小了5岁，但诗龄到1936年时已经不短，其诗歌创作也已产生了一定的影响。所以望舒说他已有了"一两位小信徒"。[21] 望舒认为那是"很坏的影响"，即"鼓励起一些虚荣的青年去做那些类似抄袭的行为，大量地产生一些拿古体诗来改头换面的新诗，而实际上我们的确也陆续看到了几个这一类的例子了"。[22] 望舒毕竟在诗坛上是林庚的前辈，而且其影响更是林庚所不能望其项背的；所以望舒对林庚的批评显得毫不客气，当然他主要不是针对个人，而是针对当时诗歌创作界的一些普遍现象，他所要挽救的诗歌界的不良倾向，而不是林庚一个人的失误。他在文章一开始就不无刻薄地说，林庚写了许多关于自己的诗歌创作和诗歌观念的文字，"一位对于自己的诗有这样许多话说的诗人是幸福的，因为如果他没有说教者的勇气……至少是有狂信者的精神的"。[23] 而在文章的后面他更加严厉地指出："林庚先生并没有带了什么东西给现代的新诗；反之，旧诗倒给了林庚先生许多帮助。从前人有旧瓶装新酒的话，'四行诗'的情形倒是新瓶装旧酒了；而这新瓶，实际也只是经过了一次洗刷的旧瓶而已。"[24] 我们在此不妨引用望舒把林庚的"四行诗"译成绝句的例子，看看望舒他们对林庚的嘲讽是否有道理。《北平情歌》中有一首题为《偶成》的"四行诗"，原文是：

> 春天的寂寞像江南草岸
> 桥边渐觉得江水又高涨
> 孤云如一朵人间的野花
> 便落在游子青青衣襟上

望舒的译文是：

春愁恰似江南岸

水满桥头渐觉时

孤云一朵闲花草

簪上青青游子衣

其实纪弦的话里话外有重南轻北的倾向，思维没有跳出偏重自我的定势，与《新诗》的办刊宗旨是有距离的，与望舒的胸怀和境界相比，显得等而下之。因为望舒弃《现代诗风》而创《新诗》，就是想要实现他那"南北大团结"的构想。纪弦比卞之琳也要略逊一筹。因为卞之琳本来属于以徐志摩和朱湘等人为首的新月派，但他的诗风与徐、朱二人有所不同，尤其在徐飞机失事亡故、朱跳入长江自尽之后，卞之琳更是跳出了正统新月派的框框，并打破新月派与现代派的对立局面，也许他的南方人身份的优势起了作用，据说"他与南方诗人颇为友好，时常联络，并有逐渐倾向于南方精神之趋势"。[25]

其实，我宁愿把卞之琳等北方诗人的南方化看成是他们拓宽视野、争求变化的努力的表现，是主动的，而不是被动的。也许望舒正是看准了这种良好的趋势，并审时度势加以利用，遂加紧操作，使南北诗派联合起来，化干戈为玉帛，创办《新诗》就是他这方面努力的具体表现。在人际关系异常复杂、人们往往意气用事的诗歌界，这是多么可贵而难得的举动啊。无怪乎纪弦由衷地感叹道："一九三六年十月，《新诗》月刊的创刊号出来了，这是中国新诗史上自五四以来的一件大事，具有划时代的意义。"它"聚全国诗人于一堂，促进新诗坛之繁荣"。[26] 直到半个多世纪之后，徐迟还感慨说："在《新诗》这个刊物上，摆开了很强的阵容，展现了蓬勃的气势。半个世纪后，我协助编辑的《诗刊》，编辑的路子太狭窄，不尴不尬，根本不能比。"[27]

《新诗》是望舒为中国诗歌所做的最大的一件事，他为之花费的心血和时间也无以计算。社址就设在上海亨利路永利村30号他自己的家里。经费也主要来自他个人的腰包，他出了100元，徐迟和路易士各拿出50元。

《新诗》的编委是一个极为豪华的阵容，他们是卞之琳、孙大雨、梁宗岱、冯至、戴望舒。徐迟和路易士虽然是出资者，跑前跑后，做了许多诸如校对、印刷、联络等编务工作，而且他俩本人虽然辈分上要晚一些，但当时也是小有名气的诗人；不过，他俩并没有列入编委之列。这其中还有一段佳话。

一开始，在定编委名单时，望舒就犯了难；他知道《新诗》的创办是拉两个小兄弟、提升他们在诗坛地位的绝好机会，所以尽管他初拟的名单里没有徐迟和路易士，但他一度犹豫是否把他俩列进去。据路易士说，是他俩主动要求望舒别把他们放进去的。路易士的理由是，他出了钱而成为编委，会有"捐官"之嫌，而且那时他已成名，不需要靠这个编委的虚名。徐迟也表示了婉拒。望舒本来还想在杂志上指明他们俩是执行编辑，但他俩也拒绝了。[28]

《新诗》到1937年7月不得不停刊，一共出了10期。据统计，在《新诗》上发表作品和译品的有八九十人，数量不可谓不多，也确实南北都有，而且"新月""后新月"和"现代"济济一堂，但客观地来说，《新诗》只团结了当时诗坛一半的人马，那就是望舒在《关于国防诗歌》一文中所说的"但为'幸福的少数'或甚至但为自己写着的那些诗人们"。[29]《新诗》对于左翼诗歌界是采取排斥态度的。当然这种排斥实际上是一种回击，因为左翼这边先来叫阵、"挑衅"。

1931年"九一八"事变后，越来越多的作家加入文学抗日的洪流中。1934年10月，周扬明确指出，当时中国所急需的是"国防文学"。周扬熟悉苏联文学，这个口号正是他从苏联引进的。[30]一年多后，周立波对周扬的倡议做出了回应。从1935年12月到1936年2月，他连续写了三篇有关文章来鼓吹国防文学，分别发表在《时事新报》《大晚报》和《读书生活》等报刊上。稍后，诗歌界提出了"国防诗歌"的口号。提倡者主要是中国诗歌会的成员，这个团体成立于1932年，受到"左联"的直接领导。该会宗旨是不需要纯诗，诗歌不是少数人的奢侈品，而是人民大众斗争的武器。蒲风、任均、杨骚、穆木天等是该会的创始人，会员有林林、关露等。蒲风在《国防文学与诗歌大众化》一文中，提出"国防诗歌"的两个要求。一是"以反帝及组织民众鼓吹民众锻炼民众为内容"；二是"以大众化为唯一条件，作为形式去传达内容"。[31]蒲风还举起言论的棍子，直接粗暴地"打"过望舒，他嘲骂望舒在《望舒草》中："轻轻的唱出他的虚无，写出他的古旧的回忆，他诚有没落后投到都市里来了的地主的悲哀啊！"[32]

也就在1936年，有一个叫徐行的批评家，从"左翼"自己的阵营里杀出来，接连发表了数篇文章，反对"国防文学"。他的"反其道而行之"的另类言论受到了包括郭沫若、茅盾在内的大小作家的抨击。望舒本来也是同情左翼思潮的，但他在诗歌的艺术追求上与左翼理论家们背道而驰。他决不因为多数人如何说，他就随声附和；他宁愿背负骂名，也要坚持自己的见解。在这一点上，他是自信的也是勇敢的。也因此，他在"国防诗歌"问题上，从维护诗歌艺术品位出发，不惜站到了与左翼对立的位置上。

与左翼诗人分道扬镳之后，望舒基本上采取与他们井水不犯河水的冷漠态度，他当然不可能在自己所主持的刊物上给他们留出版面。

唯独一个例外是艾青。艾青是主张诗歌的大众化、为国家民族尽责、反映时事的，从本质上来说与望舒背道而驰。但艾青的诗歌修养却主要来自法国和比利时的象征主义。不过，艾青之所以没有被称作象征派诗人，是因为他只把象征主义看成艺术表现手法而已，只借用了它的器用层面上的意义；而望舒把象征主义看成了诗歌的本质和全部。望舒追求的是尽美，而艾青追求的是尽善尽美。我们举个例子来说明两者的区别。1936年11月，艾青自费出版了第一本诗集《大堰河》，望舒曾希望艾青把诗集的名字改为更加象征主义的《芦笛》，可见两者的美学意趣相去甚远。不过，这不妨碍这两位1930年代的大诗人的交往，可能是因为两人都来自浙江，而且两人都曾留学巴黎，都深谙并能熟练应用象征主义。

《大堰河》出来一个月后，《新诗》出了第三期，上面就有艾青的一首与望舒前期诗歌风格极为相像的小诗《窗》。当时艾青住在上海的一个狭小的亭子间里，望舒曾拿着刊物，登门去找艾青。不料，艾青却不在屋里，望舒只好留下了一张名片。艾青回来看到名片，不禁喜出望外；因为当时艾青才刚刚出道，而望舒早已经蜚声文坛了。艾青立即回访，两人尽管诗歌观念不同，但非常谈得来。望舒当场向艾青约稿，于是，《新诗》第一卷第四、五、六期和第二卷第二期上都有艾青的诗作。

第三节 /
诗集《望舒诗稿》、译介外国诗歌

一般而言，生活太安宁或太动荡，都不利于诗歌创作。在筹备和主持《新诗》期间，或许是由于生活的安定，或许是编辑工作占用了他太多的时间和精力，望舒的诗歌创作少之又少；所以有人说："比起参与纯诗运动的其他诗人，这个时期并非戴望舒创作的绚烂期，而是一个歉收的季节。"[33] 陈丙莹认为，他全部诗作只有《寂寞》《我思想》《小曲》《古神祠前》《赠克木》《眼之魔法》《夜蛾》等7首。[34] 郑择魁、王文彬也有7首之说，但篇目略有差异。他们俩把前面说过的《秋夜思》列入这一时期，而把《古神祠前》去掉了。我们前面已经考证过，《秋夜思》确实是望舒归国之后的作品，可以列入这一时期；问题是《古神祠前》到底该不该从望舒的这一时期作品中去掉，如果应该去掉，那么它究竟是什么时候的写的呢？

孙玉石认为，《古神祠前》是"望舒迈入艺术成熟期的一首象征诗"。[35] 所以在他所编写的《戴望舒名作欣赏》一书中，他把它置于《雨巷》之后、《我底记忆》之前，也就是说把它归入1920年代。笔者认同这一说法，所以认为望舒这一时期的作品是《秋夜思》《寂寞》《我思想》《小曲》《赠克木》《眼之魔法》《夜蛾》等7首。其中只有后面三首发表在《新诗》上。《小曲》前面已经介绍过，下面来看看其他几首诗的具体情况。

《秋夜思》写的是静夜的思绪。这是中国古典诗歌中一个特别发达的题材和主题。所以吴晓东说望舒的这首诗："是自觉地借用了一个'秋思'的传统题材，读者也就容易地把这首《秋夜思》纳入了传统的古典文学浩繁的文本长河之中。"不过，望舒的创新之处使这首诗与成千上万同类旧诗有了区别。一是"诗人淡化了主体性从而使《秋夜思》具有某种普遍性。诗回避了'我'的介入，而选取了'谁家''谁听过''诗人云''有人''仅使人'等等客观化倾向较强的陈述方式，从而诗人一己的悲秋情绪，便获得了一种普遍性"。二是"通篇充溢着声音的交响，心声与天籁，物我相契，既融合了古典诗意又达到了象征艺术的佳境"。[36] 我们来看看望舒是如何把中国古典的意象和西方最新的象征结合起来的：

> 听鲛人的召唤，
> 听木叶的呼息！
> 风从每一条脉络进来，
> 窃听心的枯裂之音。

不过，这首诗也明显犯有望舒很多诗所具有的毛病，那就是技巧上太圆熟，离现代生活却有点远了。正如刘呐鸥所坦率指出和要求的：
"技术的圆熟实有将烂的果物的味道……但从精神方面说，希望你再接近现实生活一点。"[37]

《赠克木》发表在《新诗》第一期上。白培德认为，"这首诗的哲理色彩很浓，而表露的人道主义思潮也很强烈，同时也带着一定的虚无感。但是我觉得情绪上无论是积极还是消极，戴望舒一直很诚恳"。[38]所谓"一定的虚无感"大概是指第二节的内容：

> 记着天狼、海王、大熊……这一大堆，
> 还有它们的成分，它们的方位，
> 你绞干了脑汁，涨破了头，
> 弄了一辈子，还是个未知的宇宙。

望舒在此宣扬的是某种不可知论，人类在浩渺的宇宙面前是微乎其微、可以忽略不计的，那种想去认识乃至控制宇宙的努力只能是徒劳。所以，金克木后来说《赠克木》其实是"嘲克木"。[39]所谓"人道主义思潮"最强烈地表现在最后一节：

> 或是我将变成一颗奇异的彗星，
> 在太空中欲止即止，欲行即行，
> 让人算不出轨迹，瞧不透道理，
> 然后把太阳敲成碎火，把地球撞成泥。

望舒在此张扬的是一种人的自由意志，只有凭借这种自由意志，人才能在宇宙中毫无挂碍地遨游，才能超越人世的种种束缚、算计和理性，而这种自由意志在很大程度上是一种强烈的破坏欲望，具有强大的毁灭性力量，并通过大毁灭带来大快乐。

《眼之魔法》又题为《眼》，发表在第二期。在望舒的创作中，这是一首相对比较长的作品，写得比较放肆、洒脱，读来能感觉到他的诗思的奔涌，在望舒的写作中很少见到如此奔放的时候：

> 我是从天上奔流到海，
>
> 从海奔流到天上的江河，
>
> 我是你每一条动脉，
>
> 每一条静脉，
>
> 每一个微血管中的血液，
>
> 我是你的睫毛
>
> （它们也同样在你的
>
> 眼睛的镜子里顾影）
>
> 是的，你的睫毛，你的睫毛

这是首新婚诗，即是望舒于1936年10月与穆丽娟结婚后，献给穆的。但它不仅仅是一首情诗；正如刘洪涛所说，它"是借写情之笔探讨了人生问题，特别是人类如何对待自然的问题。不妨把诗中的'我'与'你'分别客化为人类与其所处的外部世界，而'眼'则是宇宙对自身对人类的观照方式。正是这种方式使人与宇宙万物联系到一起。因此'眼'也可看作是人与自然之间的媒介"。刘洪涛并且敏锐地注意到,"'眼'始终是属于自然的"。[40] 望舒一下笔就用一系列自然物体来暗喻眼的种种形态:

> 在你的眼睛的微光下
> 迢遥的潮汐升涨:
> 玉的珠贝,
> 青铜的海藻……
> 千万尾飞鱼的翅,
> 剪碎分而复合的
> 顽强的渊深的水。

《夜蛾》发表于第四期。龙清涛说,它"虽然仍脱不了《望舒草》贯穿下来的凄惶孤寂的情绪,但也融入了更多的人生体验和终极关怀,诗歌的境界确实有了很开阔的拓展,诗歌的格调也多了一种苍凉沉郁"。[41] 确实,这首诗无论在节奏上还是在措辞上,都是摇曳生姿,意识的延续、转移、托举与消沉都恰到好处,堪称天衣无缝,尤其是最后一节,望舒用上了他最拿手的拟人手法,更加体贴入微地展现了自我作为对象的观照和反思,在朦胧的意境里突显出生命的清亮:

> 我却明白它们就是我自己,

因为它们用彩色的大绒翅

遮覆住我的影子，

让它留在幽暗里。

这只是为了一念，不是梦，

就像那一天我化成凤。

《寂寞》写得更加沉静、内敛，对自我的审视也更加执着，仿佛是生命本身的直接呈现。吴晓东说："《寂寞》昭示了生命的个体性。唯有当诗人感到自己是一个面对广袤的宇宙与时空的时候，这种亘古的寂寞感才会如此沉重。'寂寞永存'，它是一种挥之不去、弃之复来的感受。世俗的欢乐或许可以暂时压抑住这种寂寞感，但当诗人独自盘桓园中星下，或者独自听雨听风的时候，它便又悄悄潜上心头。"[42] 这首诗是以缓慢的仿佛承载着历史感的语调开始的：

园中野草渐离离，

托根于我旧时的脚印，

给他们披青春的彩衣：

星下的盘桓从兹消隐。

诗中重复出现的两个词汇是："寂寞"和"野草"。望舒"捕捉住了'野草'作为诗中的贯穿性意象，也就为他力图表现的'寂寞'情怀找到了载体"。[43]

《我思想》的灵感是庄子的"梦蝶"和笛卡儿的"我思故我在"两者的参合。这首诗一共只有四句：

> 我思想，故我是蝴蝶……
> 万年后小花的轻呼，
> 透过无梦无醒的云雾，
> 来震撼我斑斓的彩翼。

这首诗本来是为《李白凤印谱》而题写的。在现代史上，李白凤跟闻一多一样，也是兼治诗歌与篆刻，而且以篆刻为生。李曾给端木蕻良刻赠了两枚印章，一枚叫"走向十字街头"，一枚叫"三十年代诗人"。前者指他作为热血青年为抗战大业而奔走呼号；后者指他的诗人身份，他也曾在《现代》杂志上发表过诗作，属于现代派的一员小将。

望舒的诗向来都以短小精悍、意蕴深远见长，尤其是成熟时期的作品，更加显得惜墨如金，他的笔仿佛是思想和事物之间的一条水流，一条水流上的水蛇，轻快地游过去，又返回来，在似乎是不经意的点触下，完成了思想的漫游。这首诗的整体意境是高远的，情调是高昂的。林澎认为它"极其隐晦地表现了诗人消极、彷徨、颓唐的情绪，写出了一个'寻梦者'的心态……使我们看到了他那不甘寂寞、沉沦的灵魂的闪光"。[44]

在望舒一生的创作活动中，1937年1月《望舒诗稿》的出版可能还是需要记上一笔的。杜衡在为望舒的前一本诗集《望舒草》所写的序言中，说那部诗集虽然"搜集了《我底记忆》以下以迄今日的诗作的全部"，但"属于前一时期的《雨巷》等篇"和原来属于《我底记忆》的《旧锦囊》一辑全部删除了。[45] 不知道是因为他想做个总结，还是预感到自己创作量越来越小、出版越来越难；还是像周良沛所分析的："起初，他不愿那些诗使他再沉浸到'绛色的沉哀'，因此也不愿它再和读者见面。后来，事过境迁，诗人把过去的个人情感纪录，已看作一种艺术典型的表现"。[46] 所以一股脑儿基本上把前两部诗集《我底记忆》和《望舒草》中的全部作品都收了进去，并附录了《诗论零札》以及他自己翻译的法文诗6首。这部集子的意义在于它的资料性，正如陈丙莹所说的："《望舒诗稿》的影响不及《望舒草》，但它集中了戴望舒前期绝大部分诗作，便于我们对他的诗作做全面、系统的观察。"[47] 这部诗集出来后不久，正值《文学杂志》创刊，孟实（朱光潜的笔名）发表了关于它的评论。在四段印象式的读后感之后，孟实精彩而准确地指出《望舒诗稿》所表现的世界"是单纯的，甚至于可以说是平常的，狭小的，但是因为是作者的亲切的体验，却仍很清新爽目。作者是站在剃刀锋口上的，毫厘的倾侧便会使他倒在俗滥的一边去。有好些新诗人是这样地倒下来的，戴望舒先生却能在这微妙的难关上保持住极不易保持的平衡"。[48] 孟实也如实指出了望舒的缺点："戴望舒先生对于文字的驾驭是非常驯熟自然，但是过量的富裕流于轻滑以至于散文化，也在所不免。"不过，他说得极为委婉或者说辩证，他认为望舒的优点中就蕴涵着缺点，所以成于斯也败于斯："戴望舒先生所以超过现在一般诗人的我想第一就是他的缺陷——他的单纯，其次就是他的文字的优美。"[49]

　　　　　　　　　　　　让灯守着我：戴望舒传

这一时期，望舒利用自己手中的刊物，介绍、翻译了不少外国诗歌，都是现代诗人的作品，而且大多是法国和西班牙的，还有英国和俄罗斯等国的。如《新诗》第一期上有他自己写的散文《记诗人许拜维艾尔》和他自己译的《许拜维艾尔自描像》《许拜维艾尔自选诗》和《许拜维艾尔论》等。这一关于许拜维艾尔的专辑就是前面我们所引罗大冈所说的："我们中国第一次比较全面地介绍这位重要的法国当代诗人。"望舒在"译后记"中说："这里的八首诗，是承了苏佩维艾尔（许拜维艾尔的另一个译名）自己的意志而翻译出来的……这几首诗只是我们这位诗人所特别爱好的，未必就能代表他全部的作品，至多是他的一种倾向，或他最近的倾向而已。以后我们还想根据我们自己的选择，从苏佩维艾尔全部诗作中翻译一些能代表他的种种面目的诗，这想亦为读者所容许的吧。"[50] 不过，以后望舒并没有继续更多地翻译许拜维艾尔的作品。望舒之所以钟情于许拜维艾尔的诗，可能是因为许拜维艾尔"是轮回，万物变形，神秘的心灵感应的诗人"。[51] 正如批评家马赛尔·雷蒙在《许拜维艾尔论》一文中所概括的："当代的诗不大有比这更动人的，虽则在这些诗中感情并没有为了自己而被歌咏；不大有比这更少知识气的，虽则在这些诗里知识从来也没有被戏弄过；不大有比这更近人性的，虽则在这些诗里诗人只希望和大地形成一种精神的共同关系。"[52] 望舒译了许拜维艾尔的《肖像》《生活》《一头灰色的中国牛》《时间的群马》等作品。

《新诗》第二期又推出规模相对小一些的沙里纳思专辑，包括他自己翻译的《沙里纳思诗抄》和《关于沙里纳思》。望舒译了沙里纳思的五首诗，还写了不短的一篇《译后记》来介绍这位西班牙诗人。贝德罗·沙里纳思于1893年生于马德里，1917年年仅24岁就获得了文学博士学位，随后在塞维里亚大学担任八年的西班牙语言文学教授，受到了塞维里亚地域文化的深刻的影响，并在那时出版了他的成名诗集《预兆》。1914年至1917年期间，他曾担任巴黎大学西班牙文讲师；1922年至1923年期间又担任剑桥大学的讲师。此君游历甚广，除法国和英国外，他还去了差不多中欧和南欧的所有国家，并曾远游到北非。他是西班牙文学史家，曾将古代西班牙史诗（即中世纪欧洲五大史诗之一）《熙德之歌》译成现代西班牙语。他还是重要的法国文学翻译家，译过缪塞、梅里美、普鲁斯特等人的作品。沙里纳思对诗歌本质的解说采取极端主义和神秘主义立场。他说："诗存在或不存在；这便是一切。如果它是存在的，那么它便带着那样的当然性，那样的主尊和不顾一切的安堵性而存在着，以至我觉得任何防御都是不必要的了……我的诗是由我的诗解释的。我从来也不知道用别的方法去解释它，我也未作此想过。"[53] 望舒译了沙里纳思的《物质之光》《更远的询问》等作品。

第三期上有望舒译的《勃莱克诗抄三》。勃莱克（1757-1829，现通译为布莱克），是英国18世纪末19世纪初重要的诗人兼版画家。他出生于伦敦一个买卖内衣的小商人家庭。14岁时开始跟一雕刻师学版画，后遂以此为生。他打破了新古典主义的框框，多用清新的歌谣体和奔放的无韵体，充满热情而又想象奇特，是浪漫主义诗歌的先驱，并已经应用了象征手法。他的主要作品是两部诗集《天真之歌》和《经验之歌》，它们虽号称"姐妹诗集"，但实际上是相互对立的，后者是对前者的反思和否定。《天真之歌》主要用歌谣体,《经验之歌》主要用无韵体。前者富于幻想色彩,有对青春的歌颂和对生活的礼赞。后者充满了不幸的悲叹和沉痛的控诉。布莱克还写过一些具有史诗气魄的长诗,如《法兰西革命》《亚美里加》《英国女儿的幻想》《四天神》等。他讴歌革命,吁求自由,鞭挞专制,但也掺杂着许多神秘主义的宗教因素。徐志摩的诗集《猛虎集》的题名就取自布莱克的同名作品。望舒译了布莱克的《野花歌》和《梦乡》等作品。

第六期上有《阿尔托拉季雷诗抄》和《关于阿尔托拉季雷》一文。阿尔托拉·季雷生于1905年,是个出版家和戏剧家。作为出版家,他曾在马德里独力创办《诗》等杂志,作为戏剧家,他写有《完美无缺的生活》和《两种民众之间》等剧本。但他主要还是诗人,著有诗集《受邀的岛》《邻近的寂寞》和《迟缓的自由》等。他曾把写诗比成恋爱,说:"正和任何恋爱的表现一样,诗可以是一种希望和一种创造,而诗人呢,正和任何在恋爱中的人一样,需要睁大了眼睛看生活。"[54]望舒译了阿尔托拉季雷的《我的梦没有地方》《在镜子里》等作品。

第七期上有望舒用笔名艾昂甫发表的《叶赛宁诗抄》。叶赛宁(1895-1925)是俄罗斯白银时代重要诗人,自称是俄罗斯最后一位田园诗人。他的作品以俄罗斯乡村生活为背景和题材,是写作风景诗的好手,在日常景物中灌注浪漫激情。他的风格是想象大胆,比喻奇特,但在格律上他又是个古典主义者。他与美国舞蹈家、现代舞创始人邓肯的短暂而火热的恋情,一时曾传为美谈。叶赛宁进入而立之年自杀身亡。望舒译了叶赛宁的《母牛》《启程》《我离开了家园》《安息祈祷》《最后的弥撒》和《如果你饥饿》等六首诗。

最重要的是第七、第八期上分期发表了望舒自己译的梵乐希（现在通译为瓦雷里）的《文学》，那是瓦雷里关于文学的一些思想片段，极度深刻、精彩、精练。瓦雷里（1871-1945）是法国后期象征主义诗歌运动的旗手，同时又是思想家。他主张诗歌智性化，对同时期和后来的一代代诗人产生了极大的影响。他的长诗如《年轻的命运女神》和《海滨墓园》等是20世纪最伟大的诗篇。望舒也极为服膺瓦雷里的思想和艺术，从法国回来后的创作受到影响最深的就是瓦雷里。望舒曾译过瓦雷里的短诗《消失的酒》，后来在香港期间，还曾译过瓦雷里的两篇短文，即《文学的迷信》，发表于1945年2月1日的《香港艺文》；还有《艺文语录》，发表于1945年2月20日的《华侨日报·文艺副刊》。

注解：

1. 施蛰存1934年10月致望舒函，见孔另境编：《现代作家书简》，花城出版社，1982年版，第85页。

2. 王文彬：《戴望舒与穆丽娟》，中国青年出版社，1995年版，第80页。

3. 孔另境编：《现代作家书简》，花城出版社，1982年版，第192-193页。

4. 王文彬：《戴望舒与穆丽娟》，中国青年出版社，1995年版，第95页。

5. 王文彬：《戴望舒与穆丽娟》，中国青年出版社，1995年版，第95-96页。

6. 徐迟：《江南小镇》，作家出版社，1993年版，第186页。

7. 王佐良：《译诗与写诗之间——读〈戴望舒译诗集〉》，载《论诗的翻译》第7页，江西教育出版社，1992年8月。

8. 孔另境编：《现代作家书简》，花城出版社，1982年版，第79页。

9. 陈丙莹：《戴望舒评传》，重庆出版社，1993年11月，第77页。

10. 孔另境编：《现代作家书简》，花城出版社，1982年版，第107页。

11. 孔另境编：《现代作家书简》，花城出版社，1982年版，第108页。

12. 孔另境编：《现代作家书简》，花城出版社，1982年版，第107页。

13. 纪弦：《戴望舒二三事》，载《香港文学》，1990年第7期。

14. 纪弦：《戴望舒二三事》，载《香港文学》，1990年第7期。

15. 纪弦：《戴望舒二三事》，载《香港文学》，1990年第7期。

16. 纪弦：《戴望舒二三事》，载《香港文学》，1990年第7期。

17. 陈丙莹：《戴望舒评传》，重庆出版社，1993年11月，第77页。

18. 纪弦：《戴望舒二三事》，载《香港文学》，1990年第7期。

19. 纪弦：《戴望舒二三事》，载《香港文学》，1990年第7期。

20. 纪弦：《戴望舒二三事》，载《香港文学》，1990年第7期。

21.《戴望舒全集》散文卷，中国青年出版社，1999年版，第167页。

22.《戴望舒全集》散文卷，中国青年出版社，1999年版，第173页。

23.《戴望舒全集》散文卷，中国青年出版社，1999年版，第167页。

24.《戴望舒全集》散文卷，中国青年出版社，1999年版，第173页。

25. 纪弦：《戴望舒二三事》，载《香港文学》，1990年第7期。

26. 纪弦：《戴望舒二三事》，载《香港文学》，1990年第7期。

27. 徐迟：《江南小镇》，作家出版社，1993年版，第188页。

28. 纪弦：《戴望舒二三事》，载《香港文学》，1990年第7期。

29.《戴望舒全集》散文卷，中国青年出版社，1999年版，第174页。

30. 企（周扬笔名）：《国防文学》，载《大晚报》副刊《火炬》，1934年10月27日。

31.《大晚报》1936年8月21日。

32. 见蒲风：《现代中国诗坛之五四到现在的中国诗坛鸟瞰》一章，诗歌出版社，1938年3月版。

33. 郑择魁、王文彬：《戴望舒评传》，百花文艺出版社，1987年版，第131页。

34. 陈丙莹：《戴望舒评传》，重庆出版社，1993年11月，第82页。

35. 孙玉石主编：《戴望舒名作欣赏》，中国和平出版社，1993年6月版，第58页。

36. 孙玉石主编：《戴望舒名作欣赏》，中国和平出版社，1993年6月版，第268页。

37. 刘呐鸥1932年7月给望舒的信，载孔另境编《现代作家书简》，花城出版社，1982年版，第186页。

38.《戴望舒全集》散文卷，中国青年出版社，1999年版，第271页。

39. 金克木：《1936年春，杭州，新诗》，《金克木小品》，第16页。

40. 孙玉石主编：《戴望舒名作欣赏》，中国和平出版社，1993年6月版，第284页。

41. 孙玉石主编：《戴望舒名作欣赏》，中国和平出版社，1993年6月版，第291页。

42. 孙玉石主编：《戴望舒名作欣赏》，中国和平出版社，1993年6月版，第294页。

43. 孙玉石主编：《戴望舒名作欣赏》，中国和平出版社，1993年6月版，第293页。

44. 孙玉石主编：《戴望舒名作欣赏》，中国和平出版社，1993年6月版，第293页。

45. 杜衡：《〈望舒草〉序》，见《戴望舒选集》232页，人民文学出版社，1993年。

46. 周良沛：《戴望舒诗集·编后》，第171页，四川人民出版社，1983年。

47. 陈丙莹：《戴望舒评传》，重庆出版社，1993年11月，第82页。

48. 孟实：《望舒诗稿》，载《文学杂志》创刊号，1937年5月1日。

49. 孟实：《望舒诗稿》，载《文学杂志》创刊号，1937年5月1日。

50. 《戴望舒译诗集》，湖南人民出版社，1983年，第79页。

51. 《戴望舒全集》散文卷，中国青年出版社，1999年版，第582页。

52. 《戴望舒全集》散文卷，中国青年出版社，1999年版，第589页。

53. 《戴望舒译诗集》，湖南人民出版社，1983年，第164-165页。

54. 《戴望舒译诗集》，湖南人民出版社，1983年，第192页。

第五章

逃亡香港

——"你们走了，留下我在这里等"

第一节 /

逃到香港、林泉居的优游生活、娇妻爱女

1937年8月13日，中日淞沪战争爆发，日军很快就占领了上海。

戴望舒是杭州人，不是上海人。由于语言、风俗、习惯等的相同、相通，江浙一带人很喜欢到上海去谋生、做事，他们很容易融入上海的社会环境，没有没入异乡的感觉；相反，当他们由于种种原因离开上海时，他们会有离乡背井的漂泊感。

望舒在上海沦陷前，已经有了稳定和睦的家庭和蒸蒸日上的事业，战争击碎了他的生活，也剥夺了他的工作。由他和其他几个诗友合办的《新诗》那时已经有声有色，其七月号本来已经付印，但被战火直接摧毁。杂志虽然"不谈政治无关党国"，但由于编委会成员在日军的铁蹄前不得不作鸟兽散，遂因此停刊。

望舒本性上是一个懒得动弹的人，他当年到法国去留学，在很大程度上是受逼迫的。他留恋上海物质生活的舒适、社交环境的熟悉，所以他并没有因为战火烧到了家门前，而迫不及待地逃走。

望舒绝非一个对政治原则和国家命运全然不关心的人，只不过他的政治理念表达得比较间接、曲折罢了。日本占领上海以后，对舆论加强了钳制，对日军稍有不逊言辞，出版社或杂志社就会被勒令整顿，或彻底撤销。为此，很多留在上海的文人都封了笔；但是在上海当时商业比较发达的社会里，相当数量的文人是靠笔来谋生的，完全不写就意味着生活没有着落，于是有人违背兴趣，写起了一味讨好小市民的不痛不痒的通俗文学（那是纯粹以赚稿费、养家糊口为目的的写作，所以有些人都不好意思署上真名），还有人昧着良心，写起了所谓的"大东亚共荣圈"的颂歌，成为附逆的急先锋或帮凶。

望舒根本不可能为日本人襄赞一个字，也不愿意乱写一些下三流的文字，又想表达他对侵略者的愤恨和厌恶。他原来写或译的基本上都是文学作品或跟文学有关的东西；但"七七卢沟桥事变"发生之后，他马上着手编著了一本政治书，即《现代土耳其政治》。这部书的"蓝本"，是奥地利学者诺贝特·德·比肖甫《土耳其在世界中》；另外，望舒还参考了十多种有关土耳其的英语和法语书籍。当然，有人可能认为，也许这完全是因为商务印书馆要出这本书，然后委托他来编著，他呢，正好那时时间富裕而钞票匮乏，于是就牺牲趣味，勉强为之。实际上不是的，他之所以答应"商务"编著这样一本具有强烈政治意味的书籍，是他内心的政治诉求的一种体现。望舒在这本内容涉及颇多敏感话题的译著前面，不仅勇敢地署上了自己的名字，还写了更加勇敢的《编者赘语》。他说了许多有影射的话，有的是分析、揭露中国的现实问题及其原因的，如："土耳其之引起我们之研究的兴趣，实在是因为它和我国有许多相似之处：土地之丧失，经济和文化的落后，内政的腐败，外交的庸弱，帝国主义在经济上、政治上和文化上的侵略，种种国权的丧失，还有不平等条约的缔结等等，都是土耳其曾经有过而我们也有着的历史的污点。""帝国主义""侵略""不平等条约"等都是非常扎眼的词汇，日本人看了，肯定会认为那是危险分子所写的危险言论。望舒还有更激烈的言辞。他借口赞扬土耳其民众的觉醒，呼吁本国同胞："与其受人宰割，不如起来拼一死战。"[1] 这样的呐喊和号召，日本人听了恐怕不仅会感到愤怒，而且会感到恐惧。这种愤怒和恐惧无形中在望舒的周围形成了一种阴影般的氛围；他隐约感到了这种氛围的压力，预见到了这种压力可能带来的粉碎性的后果。他可能已经为此而被日本占领当局盯上了，他的名字可能已经上了他们的黑名单。于是，像鲁迅当年离开段祺瑞反动政府所严控的北京逃到厦门一样，望舒决定"逃走"。

当时，香港还没有被日本侵占。许多文化人都先到香港，然后或者出国，或者到国统区，或者走向更远的解放区。

望舒开始时也是这么打算的，先在香港把妻子女儿安顿好，然后只身到西南大后方去从事抗战活动。为了使自己的人格不至于在沦陷区沦陷，为了尽可能地为抗日做点事，望舒于1938年5月，挈妇将雏跟叶灵凤夫妇一起乘船前往香港。

望舒曾把自己的五首诗译成法文，发表在香港大学的外文刊物上。当时香港大学有一个叫马尔蒂的法国女教师，她读到望舒的诗后，大为钦佩，于是她到处打听作者。当她认识望舒并了解到那都是望舒自己翻译的时，对望舒更是佩服得五体投地，立即敬若上宾。老太太每周五都要专门请望舒到她府上去吃饭，有时望舒还可以带文艺圈的朋友一起去。

马尔蒂住在一栋三层楼的花园洋房里，后来望舒也搬到了那所洋房里。他是如何搬进去的呢？陈丙莹说："……马尔蒂夫人回国后将自己的住所让给戴望舒一家居住。"[2] 意思是说，望舒搬进去，是因为马尔蒂自己回国了，房子空出来了，是她邀请望舒住进去的；而且言外之意那房子好像是马尔蒂自己私人所有的。其实不是这么一回事。马尔蒂只住那所房子的一楼的一半，另一半住的是一位叫巴尔伏的爵士。那位爵士老爷是英国的世家子弟，绰号"南海岛王"。他秉承贵族传统，经常在府上举办聚会，邀请望舒这样的社会名流参加。房子二楼原本住的是一个德国人，1940年初，他奉命回国，房子就空出来了。马尔蒂是整座房子的掌管者，所以她大概是以比较便宜的价格租给了望舒一家子；这样她就有机会时常瞻仰大诗人的尊容，跟她心仪的诗人的来往和交流也就方便多了。[3]

这所房子的英文名字叫 Woodbrook Villa，望舒把它译为"林泉居"。这个译名非常有诗意，而且有一种超凡脱俗的禅宗意味，令人联想起中国古代那些隐居山林的化外高人。望舒很喜欢那房子和它周围的幽雅环境，也很得意于自己的译名。他在文章专门写过这房子，后来他把房子的名字径直用作了笔名，有时会用更加具有宗教气息的"林泉居士"一名。在后来回忆性的诗篇《过旧居》和《示长女》中，他对"林泉居"作了美得不能再美的描写。在《过旧居》中，对旧居房子本身和环境说得很简略，但是饱含激情的：

> 这带露台，这扇窗，
>
> 后面有幸福在窥望，
>
> 还有几架书，两张床，
>
> 一瓶花……这已是天堂。

而在《示长女》中则有详细而生动的描写：

> 我们曾有一个临海的园子，
>
> 它给我们滋养的番茄和金笋，
>
> 你爸爸读倦了书去垦地，
>
> 你妈妈在太阳阴里缝纫，
>
> 你呢，你在草地上追彩蝶，
>
> 然后在温柔的怀里寻温柔的梦境。

望舒甚至用了中国人所向往的最幸福的家庭生活模式"男耕女织"来比拟自己当时的生活状况，在那田园诗般的理想环境里，他感到了战乱年代难得的"安居"。他雇了一个手艺不错的广东厨子，不时举办家宴，请文艺界的朋友来喝酒、聊天、表演节目。他还和穆丽娟一起，在园子里开辟了一块菜地，真地种了番茄和金笋。在战火纷飞的岁月里，有这样宁静的一角，有娇妻和爱女相伴，有书读，还能写作。这是多么难能可贵的几乎理想的境界。[4]而那就是他没有马上转而去大后方的一个重要的原因。

望舒自愿滞留在香港的另一个更加重要的原因是"乐业"，他不仅找到了一份比较适合于自己的工作，或者说自己比较喜欢的职业；而且他觉得自己还可以凭着这职业，再利用手中的笔，在香港也能为抗战做点事，何必一定要辗转到大后方去呢？

第二节 /
中华全国文艺界抗敌协会香港分会的负责人、与艾青合编诗刊《顶点》、受命主持创办对外宣传刊物《中国作家》

望舒一到香港，就找到了工作，即主持《星岛日报》文艺副刊《星座》的编务。

望舒之所以去当《星座》的编辑，是因为《星岛日报》的少年老板胡好在跟他第一次见面时，给他留下了非常好的印象；胡好当时才19岁，但看去很老成、干练，而且善解人意，完全采纳了望舒提出的关于副刊的意见。望舒第二天就到报馆上班了。

望舒是有意拿《星座》来做点抗日宣传之事的。但开始时报社聘定的总编辑叫樊仲云，此人是国民党的一个党棍，是蔚蓝书局的老板，那个书局具有越来越明显的投降倾向。总编辑是个投降派，而报社意欲宣传抗日，这就产生了矛盾。望舒和社里同人都被这个问题困扰住了，况且樊仲云在业务上也是懦弱无能。这不免影响大家工作的情绪，只不过没有明确表示自己的担心和不满。少年老板胡好敏锐地看出来了，于是他毅然决然地把樊仲云开除了。果然不出大家的所料，那个投降分子第二年就跑到南京，跟着汪精卫伪政府同流合污，搞起了赤裸裸的投降活动——"和平救国运动"。他离开后，《星岛日报》这艘在香港的大型舆论舰艇就顺利驶向了抗战的第一线。

望舒的抗战倾向显现在他写于1938年8月1日的《创刊小言》中，他比喻说："若果不幸而还得在这阴霾气候中再挣扎下去，那么，编者唯一的渺小的希望，是《星座》能够为它的读者忠实地代替了天上的星星，与港岸周遭的灯光同尽一点照明之责。"[5] "阴霾"气候暗指当时法西斯主义盛行之下的黑暗而危险的氛围，望舒预感到香港也将遭受日军铁蹄的践踏；"港岸周遭的灯光"是觉醒，是启明，也是抗争和安慰，而且这种心意像星座一样稳定、坚决。后来在回忆性的文章《十年前的〈星岛〉和〈星座〉》中，他又一次暗喻说："那个副刊定名为《星座》，取义无非是希望它如一系列灿烂的明星，在南天上照耀着，或是说像《星岛日报》的一间茶座，可以让各位作者发表一点意见而已。稿子方面一点也没有困难，文友们从四面八方寄了稿子来，而逃亡在香港的作家们，也不断地给供稿件，我们竟可以说，没有一位知名的作家是没有在《星座》里写过文章的。"[6] 联系到当时沉闷、压抑、黑暗的现实，我们就可以理解望舒当时是如何喜欢用"星""星座"和"明星"这些字眼了。

也许光是这些字眼就使他感到明朗、开朗、爽朗。由于他在文坛的大名和人缘，他在约稿上确实不太费力；不过，他并不是什么人的什么稿都用，他在组稿、用稿方面还是有意突出抗战的，为的是使《星座》短时间内就成了抗战文艺的一个重要据点，把全国一大批作家团结在抗战事业的周围，如郁达夫、徐迟、萧乾、沈从文、卞之琳、郭沫若、艾青等。早在筹备阶段，他就"曾写信给西班牙共和国的名流学者，请他们专为《星座》写一点文字，纪念他们的抗战两周年，使我们可以知道一点西班牙反法西斯战争的现状，并使我们可以从他们得到榜样、激励。"[7]可见，望舒是想呼吁中国作家、学者，向同样遭受侵略命运的西班牙文化人学习，肩负起反对日本侵略的历史使命。

由于1941年美国对日宣战以前，英国与日本还是友邦，所以对日本军国主义实行观望态度和绥靖政策，香港当局严格控制中国人的抗日言行，专门成立了特别检查组，不定期给各报编辑下文，禁止任何人使用"敌""日寇"等字眼。《星座》是宣传抗日最有力、最热心的，所以成了香港政府的眼中钉。望舒对付检查的办法是干脆开天窗。他跟当时在香港主持《大公报》文艺副刊的萧乾相约，如果有文章被禁，就让它空着，"好让读者领教一下香港有多么民主！"他就是用这种方式跟检查官展开冷战、表达自己的抗议的。但是后来，狡猾而蛮横的检查官甚至不容许报社"开天窗"；这给望舒的工作带来了极大的麻烦。[8]更加严重的是，望舒还曾受到过香港警察署的传唤，因为他收到内地的一大包抗战宣传品；望舒为此非常生气，说："现在还没有亡国，就尝到了亡国的滋味；要是真的做了亡国奴，这寄人篱下的生活，那就更难过了。"[9]

在这种风声鹤唳、凝固了似的空气里，望舒一方面用手中的笔杆和报纸的版面，与检查机关进行迂回巧妙的周旋、抗争；另一方面，他也利用一些与时事完全无关的文字，从而在某种程度上缓和并掩饰报纸的火药味，以此麻痹敌人的鼻子，使他的宣传工作不至于无谓地夭折在反动派的手里。他所采取的策略之一，就是从1941年1月4日起，在自己的版面上开设《俗文学》周刊。在"编者致语"中，他说明了栏目对稿件的要求：

（一）本刊每周出版一次，以中国前代戏曲小说为研究主要对象，承静安先生遗志，继鲁迅先生余业，意在整理文学遗产，阐明民族形式。

（二）本刊登载诸家对于戏曲小说研究最近之心得，以及重要文献，陈论泛论，概不列入，除函约诸专家执笔外，并欢迎各界投稿。

从这一办刊宗旨来看，这个"俗"字所隐含的意义范围不是现在的含义，望舒只是沿用了它的以前固定的用法，即在中国古代直到清末民初，人们还普遍认为小说戏曲都不如诗歌文章高雅，都是通俗读物；实际上在1940年代，人们的观念已经发生了很大的变化，即他们不再对小说戏曲抱着鄙夷的态度。在望舒的心目中，"俗文学"指的是"中国前代戏曲小说"或者至少是其中的大部分，这是极为广泛的；从他自己所写的和他所采用的文章来看，也的确可以说是远远超出了"俗文学"的范围。

望舒的编辑工作风格认真而细致，约稿、退稿、改稿、编稿，花费了他许多时间，他不仅为成名的年长作家提供阵地，相互交流、鼓励，而且给予年轻作者以机会和指导，从而培养一批年轻作家。虽然忙于编务，但他为抗战所贡献的力量、所做出的牺牲，远远不止于此。

与许多从内地逃亡到香港的作家、艺术家一样，望舒到香港不久，就积极地参与了抗日运动的实际工作。1938年底，楼适夷南下到香港筹备中华全国文艺界抗敌协会香港分会，总会从当时的总部所在地重庆给望舒致函，邀请他参加筹备工作。1939年3月26日，中华全国文艺界抗敌协会香港分会成立时，协会名称不得不改为留港会员通讯处。望舒与马耳（叶君健）担任研究部西洋文学组负责人。协会名义上由当时在香港大学任教的许地山当家，实际上的领导工作"差不多落到了戴望舒肩头"，因为比望舒更有威望和领导才能的茅盾那时已经离开香港。大家之所以愿意围绕着望舒展开工作，可能主要是因为他一手操办起来的《星岛日报》副刊"是一个全国性的、权威的文学副刊"。[10] 在1940年第一届和1941第二届分会理事会中，望舒都是理事，并担任宣传部负责人、协会机关刊物《文协》的编辑委员会委员。《文协》是一份周刊，由于它不能独立发行，只能依附于报纸的副刊中，望舒主动请缨，到处奔走，与各大报社联系，请求他们相互协调轮着刊出《文协》。

望舒由上海逃亡到香港后，艾青也几乎同时离开了上海，先到杭州，再到武汉，最后到抗战期间的文化中心之一桂林，主持《广西日报》的文艺副刊《南方》。两人互通音问，并相互约稿。望舒在1939年初写给艾青的信中说："这样长久没有写信给你，原因是想好好地写一首诗给你编的副刊，可是日子过去，日子前来，依然是一张白纸，反而把给你的信搁了这么久。于是只好暂时把写诗的念头搁下，决定在一个星期内译一两首西班牙抗战谣曲给你。"[11]

望舒一直热衷于办刊物，尤其是诗歌刊物。《新诗》夭折于日军的炮火之后，他一直不甘心，想在香港把它恢复起来，并为此筹备过经费，具体办法是："在《星座》中出《十日新诗》一张，把稿费捐出来。"[12]他以为只要有优秀的诗歌作品，就可以把刊物办起来。他觉得比较好的几个作家，有的跟他失去了联络，如金克木；有的因为去了延安也难以通信，如玲君；还有的传说是打仗去了，如卞之琳。因此，他力争艾青的投稿："你如果有诗，千万寄来。"[13]艾青给他寄的是那部著名的长诗《他死在第二次》，望舒把它刊发在了《星座》上。不过，不知什么原因，《新诗》一直没有能够复刊。

可能在1939年初，望舒和艾青决定筹办《顶点》诗刊。在4月9日的《广西日报》上已经有杂志的稿约启事："戴望舒与艾青决定出版一种诗刊，刊名《顶点》，每月一期，选稿标准较高，现在筹划中，拟于五月间创刊，内容为诗的创作、理论、批评、介绍、翻译等等。精致的素描、木刻，亦欢迎。"[14]望舒与艾青是当时中国两位最有影响的诗人，所以他们俩的名字就是最好的广告。不过，也许是由于两人相距遥远，而且又是在战时，邮递的速度跟不上，所以影响了刊物的编辑进程；原定的5月推迟到了7月。徐迟回忆说："五月，望舒和当时在湖南教书的艾青，以两人的名义主编、出版了一种诗刊，命名《顶点》。"[15]徐迟显然在时间上搞错了，而且艾青当时已经不在湖南衡阳教书，而是在桂林编报，即主持《广西日报》副刊。

创刊号的《编后杂记》开宗明义地点明了这本诗刊的宗旨："《顶点》是一个抗战时期的刊物。它不能离开抗战，而应该成为抗战的一种力量……但同时我们也得声明，我们所说不离开抗战的作品并不是狭义的战争诗。"这是杂志对于抗战的意义，同时他们也指明了杂志对于中国新诗本身的建设意义："从现在的新诗的现状中更踏进一步……使中国新诗有更深远一点的内容，更完善一点的表现方式。"[16]

《顶点》出来后，由于其鲜明的个性和上乘的质量，也由于戴、艾两人的盛名，引起了广泛的注意和高度的重视。两人随即着手编第二期，望舒都已经准备好了自己的论文《关于西班牙抗战谣曲》了。但由于种种原因，第二期胎死腹中了。顶点的创刊号也就成了终刊号。徐迟半开玩笑似的说："《顶点》的出版是很好的起点，可惜这个名字不好，也难怪这起点就是顶点，再也无法往前了，自然只出了一期，就得寿终正寝了。"[17]

在那唯一的一期《顶点》上，望舒只发表了他此前答应给艾青的《西班牙抗战谣曲选》，包括阿尔倍谛的《保卫马德里·保卫加达鲁涅》和阿莱桑德雷的《无名的民军》《就义者》等8首。1946年12月，他编译的《西班牙抗战谣曲选》列入"大地文学丛书"，由香港大地书局出版。这本集子中所收的20首谣曲是从1937年西班牙出版社出的《西班牙战争谣曲集》中选出来的。望舒把那篇没有发表《关于西班牙抗战谣曲》，用作为本书的跋；他在文中对"谣曲"作了解释："是西班牙的一种特殊诗体，每句八音步，重音在第七音步上，逢双押韵，全首诗往往一韵到底，这便是它的形式上的特点……它是西班牙的'国民诗歌'，因为虽则它不是最古的……但却是最常用又是最普遍的……它是西班牙土地的声音，古旧，同时又永远地新鲜。"[18] 在文章的最后，他又说："现在，西班牙争自由民主的波浪已被法西斯凶恶压下去了，可是人民的声音是不会绝灭的……爱自由的西班牙民众总有一天会再起来的。"[19] 这话点明了这些谣曲以及望舒翻译它们的意义，即中国虽然暂时被日本打败了，但中国人民是不会屈服的，而且最终的胜利将属于中国。望舒是在借西班牙的声音和意志鼓舞中国人民的抗战。望舒对这些西班牙"国民诗歌"的翻译和鼓吹，也是他的自我革命的表现，是他在从抛弃小我到拥抱大我途中的一个自觉的重要的步骤，正如论者所说的："诗人通过这些译诗表达了自己呼应人民抗战的心声，和对于抗战诗歌现实主义与大众化潮流的某种支持。"[20] 从反对到支持，这是一个质的变化。

　　"望舒对于培育文学青年，是从来不吝惜他的精力的。"[21] 在编辑《顶点》时，望舒向身边的徐迟约稿，并发表了徐的《抒情的放逐》一文，引起广泛的争议，使徐迟不大不小扬了一回名。他又通过徐向当时也在香港的袁水拍约稿。袁是苏州吴县人，与冯亦代是前后届同学，他大概是通过冯的关系而结识徐迟与望舒的。他虽然在1938年就开始写诗，但几乎没有发表过，所以没有人注意到他。当徐迟代表望舒那样的大诗人去向他约稿时，他高兴极了，两天后，就送来了《不能归他们》。徐迟认为，这是袁水拍的处女作，"十分精彩"。徐迟还认为，他的这么顺手一牵线，望舒的这么随手一举荐，使袁水拍从此"一发不可收拾"，"找到了一种表现他自己的最好形式，诗。一个大诗人就这么出现了。写了不少的佳作，传诵一时"。[22]

望舒对文学青年的关心不仅在于在自己主持的报刊上把他们推出来，还有意识地对他们进行专业性的培训。1940年6月，香港文协主办了暑期文艺讲习会，招收了大约三四十名学员。由于大家没有经验，而这时正好施蛰存由上海到香港探亲，他曾在其家乡的松江中学当过语文老师，熟悉教育管理和教学实践，于是望舒把他"扣留"在了香港，让他主办学习班的各种事务。教员除了施蛰存和望舒外，还有杨刚、冯亦代、徐迟、袁水拍等人。望舒亲自讲授了两次，即"巴尔扎克研究"和"小说史略"。这次讲习虽然为期只有一个月，但由于教员讲得起劲，学员学得认真，效果非常好。这些学员中大部分人很快就成了香港文艺界的生力军，后来又成了教授、编辑家和出版家等。

在上海文化人大批南下香港之前，香港的本土文化非常荒疏、芜杂，"报纸的副刊上不是半文不白的似通非通的文章，就是用当地土话写的所谓小说；至于内容，不是卿卿我我的'咸湿'作品，就是飞檐走壁挥拳拼刀的武侠故事"。[23]1940年4月，望舒与郁风、黄苗子、叶浅予、叶灵凤、丁聪、冯亦代等自费创办了《耕耘》杂志，主编为郁风，望舒为编委之一。它是本"文学与绘画的孪生儿，这在当时还是创举"。[24]这本杂志不仅登载在港作家的作品，也刊登国统区甚至解放区作家的文章，所以也是旨在抗战。可惜不久后由于香港被日寇占领，杂志只出了两期。

1939年10月19日，香港文协、漫画协会和香港业余联谊社等救亡团体举行聚会，纪念鲁迅逝世3周年；1940年9月25日，这几个团体又举行纪念鲁迅60周年诞辰的活动。这些活动都是借纪念为名，实际上安排的节目大多都以宣传抗日为目的。由于文协一无钱，二无地，而且还要受到港英政府的种种刁难和限制，举行抗日活动是非常艰难、繁重的事。在筹备期间，望舒一直尽心尽力，亲自办理登记、接洽会场、与官府打交道等，真是事无巨细，事必躬亲。这些活动办得非常成功，起到了比预期还要好的效果，比如团结了在香港的各个救亡组织，使它们以相对统一的姿态和步子进行抗日斗争，从而显示了更加强大的力量和意志。另外，这些活动也教育了、感染了以前一直有点置身事外、超然于民族感情的许多高等华人，使他们顿时产生了民族归属感，强化了他们对救亡的责任意识。据说，活动当中和过后，许多高等华人纷纷捐钱捐物，支持抗战。[25]

参加香港文协的文艺界人士越来越多，文协的影响也越来越大，国民党政府很想阴谋争取香港文协的领导权，他们委派从广州撤退到香港的国民党立法委员简又文混入到文协之中，并伺机夺权。1939年上半年香港文协开会选举干事（相当于理事）时，由乔冠华在会上发表一篇痛快淋漓的讲演，接着投票，许地山、楼适夷、欧阳予倩、戴望舒、叶灵凤、刘思慕、蔡楚生、陈衡哲、陆丹林等9人当选为理事会干事，而作为筹备人之一的简又文则落选，仅以13票当选为候补理事，"把他气得七孔生烟"，于同年9月另行成立中国文化协进会，组成以他自己为首，包括岭南大学校长李应林、广州大学校长陈炳权、广东国民大学校长吴鼎新、广东省教育厅长金曾澄、香港国民日报社社长陈训畲、商务印书馆总经理王云五等著名文化界人士组成的理事会。这样文协香港分会便起不了"香港文艺界所期待的统一战线组织"的作用。这就是抗战时期香港文化界的所谓"双包案"。早在1937年8月中旬，中国共产党同中国国民党就展开第二次合作，形成了抗日民族统一战线。在这样的合作大背景下，一味排斥国民党是否合适？徐迟对此有过反思："这事太不应该，本来大可不必。""大敌当前，本来是可以协商共事的。他其实也干不了什么事，硬排斥了他，徒然给自己添了麻烦……唱了'双包案'，我们还不得不投入一部人去参加它，帮了它的场子。本来是可以在一起做好的事，一定要拆开作两摊……每回想起来，多少有点不以为然。"[26]

大概是想利用望舒的名声吧，这个中国文化协进会居然把望舒选进了第一届理事会，成了"我们还不得不投入一部人"中的一个。不过，从第二届开始，望舒跟他们划清了界限。

稍后，汪精卫伪政府也想夺取香港文艺界的领导权，他们组成了"中华全国和平救国文艺作家协会"，网罗了樊仲云、杜衡等一批汉奸文人。他们在报纸上展开论战，以讨论文艺为幌子，意图搅浑香港文艺界；此举遭到了以望舒为首的文协的强烈抵制。望舒组织文章，在《星岛日报》副刊《文协》上做了《肃清卖国文艺》特辑，对汉奸文人进行了无情的揭露和批判。那时报社的老板已被国民党右派拉下水，他向望舒提出了警告，要望舒掉转枪头或干脆保持沉默；但望舒"严词顶回去了"。[27]

挚友杜衡附敌，望舒毅然与他断绝了关系。杜衡一开始也是文协的会员，但他甘愿依附于樊仲云，在樊所办的蔚蓝书店供职。尽管他跟望舒他们住得很近，大家相互间抬头不见低头见，但望舒他们都不爱搭理他。[28] 大约在1939年春，他做了汉奸，望舒亲自宣布取消了他的会籍。

望舒还因此痛斥过以前的小兄弟路易士。在写给艾青的一封信中，他愤怒地说："路易士已跟杜衡做汪派走狗，以前我已怀疑，不对你明言，犹冀其改悔也。"[29] 路易士就是后来到台湾被捧为现代诗坛大佬的纪弦，他也曾跟望舒关系亲密。因为这封信，艾青写了篇咒骂杜衡的檄文，发表在1939年5月11日的《广西日报》上。他在文章中直指杜衡的鼻梁："杜衡没有作为一个中国人的起码人格。他连那使他的祖国陷进如此困厄的境地的敌人是谁都不愿意想起，他的卑怯使他不敢想起。"[30]

在香港，望舒虽然不能直接写作抗战诗歌，但他的抗日情绪也有隐曲的表达。如1939年元旦，他在《星座》上发表了自己的诗《元日祝福》，这首诗激昂的态度和铿锵的音调，对于望舒本人的诗歌风格和当时香港的文化氛围来说，都不啻一声晴天霹雳，具有掩耳不及的震撼力。

> 新的年岁带给我们新的希望。
> 祝福！我们的土地，
> 血染的土地，焦裂的土地，
> 更坚强的生命将从而滋长。
>
> 新的年岁带给我们新的力量。
> 祝福！我们的人民，
> 坚苦的人民，英勇的人民，

苦难会带来自由解放。

许多人一谈到这首诗，就被它感染了，也变得激动万分。如艾青说："写这样的诗，对望舒来说，真是一个了不起的变化。我们在他的诗中发现了'人民''自由''解放'等等的字眼了。"[31] 这的确是个很大的变化，因为望舒以前的诗是来自小我并给小众看的，而这首是来自大我并给大众看的。他以前站在小众的立场上，反对大众，现在转变了，采取了倾向于大众的姿势。他把自己的命运跟大众的命运结合了起来，或者说当他走出小我走向大众时，他把小我撇开了、牺牲了。他在1939年初给艾青的那封信中，表达了他对自己早年所迷恋的小哀小乐的反叛和蔑视："问题倒是在没有好诗……有的还在诉说个人的小悲哀，小欢乐。"[32] 他的逻辑是：那些写个人悲欢的东西不会是好诗。

像在他早年写的《我们的小母亲》中一样，《元日祝福》的抒情主人公由"我"变成了"我们"。不过，望舒笔下的"我们"跟当时泥沙俱下的大量抗战诗中的"我们"有所不同。触角精细的陈丙莹先生看出了其中的差异，即一般抗战诗歌中的抒情主人公都是冲锋的战士，或者至少是助威的鼓手，但望舒的抗战诗"很少作呐喊、宣传"，而是保持着平民身份以及共同的情感体验。另外，从风格上来说，望舒的抗战诗依然是抒情诗，而不是单纯的鼓动诗或战歌。[33]

这首诗采取的是大众的视角，看不出小我与大我的结合；大概望舒由于刚刚摆脱小众倾向，一下子就滑到了大众这边，还不能保持两者之间的平衡和互流。朱寿桐说："也许是在爆竹的鸣放声和枪炮的轰击声的交融混杂之中，诗人戴望舒同他的伤痕累累的祖国，同他的满目疮痍的民族，同他的饱经忧患的同胞一起，迎来了1939年的元旦。元旦之日是春天起步的时辰，是万物复苏、万象更新的起点，于是在这一天，人们自然会满面春风，彼此祝福：向着亲人，向着朋友。我们的诗人从时代的良心出发，以更加阔大的胸怀向着广袤的祖国母土，向着广大的中华同胞，吟诵着出自肺腑的《元日祝福》。"[34] 此时的望舒似乎只有把整个自己完全抛出去一条路，他还不能有效地处理好小我和大我之间的关系。

这一步也许跨得太大了，固然使我们感到高兴，但也使我们感到惊讶，同时也使我们感到遗憾，因为我们感到望舒在跨出这一步时，身子打了个趔趄，最终他虽然稳稳地站住了，但那个摇晃的影子在这首诗的艺术上留下了阴影，显示出望舒诗歌少有的粗糙和急促，不客气地说有退步的一面。有论家说望舒的大多数政治抒情诗中"小情"和"大情"，即日常生活和政治情绪是契合的。[35] 但笔者以为《元日祝福》不属于此列。卞之琳对这首小诗有着他自己的理性而客观的见解："虽然诗本身算不上优秀作品，它却在诗人的发展中，不仅仅在思想上，成了最后阶段的明确无误的前奏。"[36] 直到他的思想和肉体经过了实际斗争的洗礼，他才平衡了小我和大我之间的关系，并缝合了两者之间的缝隙，从而写出了大家一致叫好的杰作《狱中题壁》和《我用残损的手掌》。

《元日祝福》"语言浅白，意象明朗，朗朗上口，韵律谐和，又分明可以谱曲入歌"。[37] 具有明显的谣曲风格。这种风格在望舒以前的诗歌中从来没有出现过，所以陈丙莹说它"令人耳目一新"，并说"这自然是诗人对抗战初期抗战诗歌运动大众化潮流的一种呼应"。陈还精辟地指出，望舒跟其他抗战诗人不一样，他效仿的不是中国的民间歌谣，而"主要是借鉴外国谣曲的风格"。[38] 上面说的《顶点》一共才出了一期，但刊载了望舒翻译的8首《西班牙抗战谣曲选》，引起很大反响。正如茅盾当年对望舒翻译西班牙抗战谣曲所高度评价的："外国的民间艺术形式也有供我们借镜观摩的价值。在这意义上，戴译《西班牙抗战谣曲选》的问世，因不能使我们对于现代西班牙人民文学更多认识的要求得到满足，而对于我们新诗的大众化或许也是一种参考吧。"[39] 望舒自己在进行"大众化"探索时，肯定是借鉴了西班牙抗战谣曲，《元日祝福》就是最初的一例。但正如本书最初章节中，我曾指出的，望舒抗战诗歌的谣曲化尝试不能完全归因于他翻译西班牙抗战谣曲，也应看到少小时候他所受到的本土词曲和戏曲的影响。

1940年夏初，茅盾代表文协总会，给望舒写信，要他在香港联络几位得力的同道，以"中华全国文艺界抗敌协会香港分会"名义创办一份刊物，向海外介绍中国抗战文学作品，从而帮助外国人了解中国的亢战实情。接着老舍出面授权马耳（叶君健）担任主编，望舒担任经理编辑（徐迟语，大概相当于现在通行所说的执行编辑）。望舒很快就与冯亦代、叶君健、徐迟等人商量此事，大家都义不容辞地接受了任务。冯亦弋虽然是文坛小字辈，但主动请缨，负责在香港就地筹集出版费用事宜。不久，他们就创办了英文月刊《中国作家》。望舒自己出面请爱泼斯坦等美国朋友帮助润饰文稿并打开在国外的发行渠道。这是文协总会负责对外宣传的机关刊物，也是中国第一份直接用外语向世界介绍中国文学的刊物，当时有向国外报道中国抗日战争实况以赢取国际支持的意图。这本杂志一共只出版了三期，由叶君健、徐迟、冯亦代三人分别主持。望舒的英语不太好，所以一开始并没有实质性地参与编辑事务，他们三人相继离开之后，他只好亲自操刀，编辑第四期；但由于资金用光，香港情势吃紧等原因，这第四期没能印行。不过，这本杂志在欧美各国引起了相当的关注。

望舒的诸多抗日言行使他成为当时香港抗日阵营中的一名活跃分子，这引起了日本人的高度警惕和厌恨，也给望舒带来了牢狱之灾。

第三节 /

为何不撤离、被捕、日本鬼子的酷刑、硬骨头的抵抗、苦难的结晶

由于英国殖民统治者"自顾不暇，在香港殖民地的安全布置上，只好听天由命"。[40] 香港防务异常松弛，形势急转直下。

1941年12初，日军已在香港的外围结集，随时有围城并攻打的危险，而且已经加紧进行野蛮的空袭。

如12月18日，香港第一次遭到了强烈的空袭。关于这次空袭中望舒他们躲避的危险情形，徐迟有过生动的记述。那天早上，当望舒听说战事已经起来，便匆匆穿上衣服，跑到报社里去了解形势。徐迟写道：

······好在这时日本飞机已经炸掉了我们对过的摩星岭的山下

的英国兵营。一场战事告一段落。林泉居又回到它的幽静之中。

一会儿，望舒从《星岛日报》报馆回来了，已了解到了太平洋上的全部消息，包括珍珠港的消息在内。他建议我全家暂时和他一起，到叶灵凤的姐姐家里去。她家就在一个防空洞的对门。灵凤在等我们。于是稍稍收拾了一点东西，带着一个小包袱，我和妻子女儿，跟着望舒到坚道，上了陌陌生生的叶灵凤姐姐家的三楼。还没坐定，警报响了。大家赶快下楼，慌慌张张冲过马路，到一个防空洞的门口。钻进门里，是一个水泥砌的长长的隧洞。两侧有座位。那时人还不多。找好位子坐下，才算安全了。不过，这可不是世外桃源。坐了好久，忽然说是解除警报了。于是又出去、上楼；然后说是又有了警报了，大家再下楼，再进洞。不知不觉到了下午五点，坐在隧洞一侧的座位上。望舒紧挨着我的旁边。大概也是因为空气不够了，他忽然"哦"的一声，晕了过去，我正好搂住了他。好在他很快悠悠地醒过来了。于是又解除了警报，又出了洞子。然后，第三次警报，再次进洞。我们刚进洞，忽听洞口一道火光，一声巨响。所有的人又惊惶地从洞里往外面逃出去，在逃经洞口时，看到有人躺倒在地，身边一摊血水。这是坏人故意制造恐怖事件，扔了一颗手榴弹。我和望舒就不再上楼了。我们商量了一下，看来在这晚上，敌人是不会再来轰炸和投弹的了，我们最好还是回林泉居吧。这样下去，可不是个办法。我们就慢慢地往回走去。回去我们弄了一顿饭吃。这一天都没吃饭。明天呢？明天可以躲进大防空洞去，就不怕坏人捣乱了。[41]

那天晚上，徐迟居然还诗兴大发，写了一首篇幅不短的诗，叫《太平洋序诗：动员起来，香港！》。第二天，望舒就把它给签发了。第三天就见了报。

不过，尽管战争已经来临，情势万分紧急危险；但那时几乎所有中西文报纸都向当局宣誓，哪怕战争真的爆发，他们也将坚持继续出刊，为广大市民服务。[42] 可是，在此后的短短几天内，日军飞机就两度轰炸香港，空气一下子变成极为紧张；许多人已逃出香港，在家里的则尽量不出门。大多数报纸在人心浮动、人员锐减、读者减少的情况下，不得不收回誓言、减少版面。12月10日出的《星岛日报》砍掉了大多数版面，副刊《星座》也改称《战时生活》，由望舒、叶灵凤和另外两人轮流编辑。以后的几天里，望舒他们的工作变得倍加艰辛而悲壮：

……因为炮火的关系，有的同事已不能到馆，在人手少的时候，不能不什么都做了。从此以后，我便白天冒着炮火到中环去探听消息，夜间在报馆译电。在紧张的生活中，我忘记了家，有时竟忘记了饥饿。接着炮火越来越紧，接着电也没有了。报纸缩到不能再小的大小，而新闻的来源也差不多断绝了。然而大家都还不断地工作着，没有绝望。

接着，我记得是香港投降前三天吧，报馆的四周已被炮火所包围，报纸实在不能出下去了。消息越来越坏，馆方已准备把报纸停刊了。同事们都充满了悲壮的情绪，互相望着，眼睛里含着眼泪，然后静静地走开去。然而，这时候却传来了一个欺人的好消息，那便是中国军队已打到新界了。[43]

望舒虽然并不相信这消息，但为了安抚民心，鼓励士气，他还是决定把它公布出去。那时排字工人都已经跑完了，用报纸发表是不可能了。于是，望舒和一位同事找到了一张白报纸，"用红墨水尽量大的写着：'确息：我军已开到新界，日寇望风披靡，本港可保无虞'。"他们把它贴到了报馆的门口，然后才沉默地离开报馆。[44]《星岛日报》被迫停刊。

日军很快就占领了香港，1941年12月25日对于香港人来说，是个黑色圣诞节。港英当局没作抵抗就树起了白旗，港督亲自到九龙半岛酒店日军司令部签署投降书。

次年春天，经过中共东江纵队的营救，300多名文化名人由香港安全转移到了大后方，其中包括邹韬奋、戈宝权、茅盾、胡绳、于伶、廖沫沙等。卢玮銮说，"论知名度，论抗日热诚，甚至论与左翼关系"，望舒都"不该不在抢救名单内"。[45]

但望舒到底为何不及时逃出那个是非之地、危险之地呢？这几乎是个谜。曾在香港与望舒共事并视望舒为良师益友的孙源说："因各种原因一时走不了。"[46] 到底有哪些原因？哪一个是最重要的？孙源没有继续说明，恐怕不是因为他想故作神秘，而是因为他自己也不甚明了。

那段时间冯亦代与望舒过从甚密，他后来说，望舒之所以不及时逃出香港，是因为望舒受了潘汉年的指示，留港从事地下抗日工作。黄宗英在短文《盈盈望望舒》中记述了她与晚年冯亦代的一段对话：

我问亦代："东江纵队从香港撤出进步文化人士是有组织的，为什么留下戴望舒？"

　　"需要。"简单的回答并不因为冯大病后语迟。

　　"解放后也没说明白？"

　　"不了了之。"

　　"那望舒的心情……"

　　"看得很淡。"我深知"看淡"中已回肠百转。

　　"究竟谁让他留下？"

　　"小开。"[47]

　　"小开"即小老板之意，是潘汉年的外号。黄宗英的这段记述煞有介事，冯又是当事人，我们没法否定这种说法。但由于没有实际的证据，而且冯亦代在他自己所写的回忆望舒的文章中也没有这样说过。尽管黄宗英对此的解释是："那是当时和以后个人、组织、知情人都不能说的。"[48]但毕竟这是孤证，所以这种说法一直没有被很多人所认可。我们在此也只好存疑。

　　杜宣在抗战胜利后，曾在香港从事地下工作，直接受潘汉年的领导。他奉命搞了一个印刷厂和一个出版社，曾约请望舒担任编辑职务。他在回忆望舒的文章中，有这样的记述："我问他：香港沦陷时，为什么不和文艺界的朋友们，一道到内地去？他表示：他舍不得这一屋子多年收集起来的好书，他怕颠沛流离的生活。"[49]据李辉说，杜宣还曾在某篇文章中对冯的说法"表示置疑"，"认为无此可能"。两个都是当事人，到底孰是孰非？李辉认为杜宣的质疑是可信的，也即冯的说法是不可信的。[50]

同样与望舒几乎亲密无间的徐迟也说那是因为望舒"舍不了他的藏书"。[51] 在出版于1993年的自传体长篇小说《江南小镇》中，徐迟对望舒的嗜书如命还有过精彩的描述：

> 还在林泉居住着的诗人，每天盘弄着他的藏书。不知他从哪里弄来的许多木箱子。今天搬过一箱子来，打开，非常珍惜地捧出一沓沓的宝贝书来，拂拭它们。挑出一本来看了半天又把它放回去。半天过去了，又把箱子归还原处，长吁短叹一番，没精打采地想心思。明天搬出另一个木箱子来，打开，搬出一堆书，把它们放进另一个大木箱子里。一天天的就这样给书搬家。他是六神无主了。
>
> 我们则每天出去奔走，看能怎么走出香港，回到内地去。我们约他一块儿走，他说："我的书怎么办？"
>
> "到内地再买！"我这样对望舒说。他苦笑笑。[52]

在那之前，徐迟长期寄居在望舒家里，他的说法应该是比较可信的。但徐迟的这个说法从1980年传出来十年之后，即1990年，孙源重新出来说话，对此明确予以否定："他不走不是如个别人所说的，因为舍不得他的宝贵的藏书。他自有他的难处，有不能一走了之的难于解决的问题"。[53] 那究竟是什么问题啊？孙还是没有说。

徐迟大概隐约感觉到了这个"难于解决的问题"，他在上述那段文字之后紧接着比较肯定地推测说："也许他是在等丽娟到香港来吧，他是下不来面子的，不愿去上海企求丽娟的，他只好在这里等着事态的发展。"[54]

李辉认为，"徐迟的最后这两句话才道出了戴望舒滞留香港的苦衷。舍不得书只是一种外在表现。他'六神无主'，并不是对如何处理这些书感到棘手。局势突变，他能否与分居多日、如今仍在上海的妻子儿女重逢，这才是其内在的原因。"李辉还设身处地地剖析并同情了望舒的难处和痛苦："一方面他对内兄穆时英成为汉奸嗤之以鼻，公开予以揭露并与之决裂；另一方面他又苦苦爱恋穆丽娟，爱恋他们的女儿，承受妻子的误解与分居带来的痛苦。诗人的心被撕裂了。"[55] 望舒对妻子的回心转意还抱着希望，还在等待丽娟的归来，怀着他自己在《过旧居》一诗中所说的："一个归途的游想"；如果自己流落到西南或西北，夫妻团聚的可能性就更渺茫了。

李辉引了望舒写于1941年7、8、9三个月间的少量日记片段，从侧面证明了望舒对家人的关怀和思念以及回归的心愿。我在这里要多引一些，以便读者可以比较直接地把握望舒当时的心境。

7月29日："丽娟又给了我一个快乐：我今天又收到了她的一封信。她告诉我她收到我送她的生日蛋糕很高兴，朵朵也很快乐，一起点蜡烛吃蛋糕。我想象中看到了这一幕，而我也感到快乐了。"[56] 朵朵是他们的女儿的小名。他多么渴望跟家人团聚、享受天伦之乐啊！哪怕想象一下，他都觉得过瘾！

7月30日："下午出去替丽娟买了一件衣料……预备放在衣箱中寄给她。又买了一本英文字典、五支笔，也是给丽娟的……晚间写信给丽娟……明天可以领薪水，可以把她八月份的钱汇出，只是汇费高得可怕，前几天已对水拍谈过，叫他设法去免费汇吧。药吃了也没多大好处。我知道我的病源是什么。如果丽娟回来了，我会立刻健康的。"[57] 水拍即袁水拍，之所以说他有免费汇款的便利和特权，可能是因为袁水拍在中国银行供职。那无药可治、爱人一来就好的莫非是相思病？

8月1日："早上报上看见香港政府冻结华人资金，并禁止汇款，看了急得不得了。不知丽娟的钱可以汇得出否？……下午到中华百货公司买了一套玩具，是一套小型的咖啡具……预备装在箱中寄到上海去。她看见也许会高兴吧。她要我买点好东西给她玩，而我这穷爸爸却买了这点不值钱的东西……想了也感伤起来了。昨夜又梦见了丽娟一次。不知什么道理，她总是穿着染血的新娘衣的。这是我的血，丽娟，把这件衣服脱下来吧！"[58] 急妻子之所急，想孩子之所想；望舒满脑子是她们的形象。那个梦绝对是不祥的预兆，预示着不久后两人的离婚。

8月2日："下午到邮局时收了丽娟的一封信，使我比较高兴了一点。信中附着一张照片，就是我在陈松那里看到过的那张，我居然也得到一张了！……现在，我床头，墙上，五斗橱上，案头，都有了丽娟和朵朵的照片了。我在照片的包围之中过度想象的幸福生活。幸福吗？我真不知道这是幸福还是苦痛！"[59] 收到妻子的一封信，望舒就那么高兴；似乎是很久没有收到她的信了。"居然"显示了他的惊喜，难道他手里有她的照片，不是天经地义的吗？而现在，她赠送给他一张照片就好像是施舍了一份何等样的大礼！虽然两人已经相隔千里，但毕竟还是夫妻啊。不正常，绝对不正常。望舒自己也知道这不正常；所以当他凝望着照片，沉溺于自己的想象中时，不免彻悟：所谓幸福只是他的想象，而且是过度的自欺欺人的想象；现实是她不愿意再跟他在一起，两人的婚姻关系已经岌岌可危。他不禁发出了惨烈的哀号："我真不知道这是幸福还是苦痛！"陈松是徐迟那时的夫人。

8月3日："晚间写信给丽娟，告诉她汇款的困难问题，以及箱子不能寄，关于汇款，我向她提出了一个办法，就是叫她每两月到香港来取款一次。但我想她一定不愿意，她一定以为我想骗她到香港来。"[60] 望舒的这个主意或要求应该说是合理的，是他妥协的产物。但两个月一次的牛郎织女般的相会恐怕也要落空。远在上海的丽娟仿佛已经听不见他那企求的颤抖的声音；因为她的心已经不在他这边，她已不可能再回到他身边。望舒也预感到她的主意已定。她甚至会认为那是他在骗她，夫妻俩之间连最起码的信任感都没了；关系还如何能继续？痴情的诗人啊，你为什么还不选择放弃？

8月4日："这几天，我感到难堪的苦闷，也可以借酒来排遣一下……止不住自己的感情，大哭了一场，把一件衬衫也揩湿了。陈松阿四以为我真醉了，这倒也好，否则倒不好意思。""今天下午二时许，许地山突然去世了。他的身体是一向很好的，我前几天也还在路上碰到他，真是想不到！听说是心脏病，连医生也来不及请。这样死倒也好，比我活着受人世最大的苦好得多了。我那包小小的药还静静地藏着，恐怕总有那一天吧。"[61] 望舒此时仿佛已经跌进了绝望的深渊，好友的突然去世加深了绝望的阴影；他甚至发出了生不如死的感叹。他再次想到了自杀，连自杀的方式都想好了，随时准备服毒。此前许地山一边在香港大学从事教学，一边埋头做编纂梵汉词典的卡片，还得搞文学创作，参加各种各样的文化活动——因为他是中华全国文艺界抗敌协会香港分会的常务理事。由于工作太繁重，他竟一病不起，词典也没有编完。望舒和许地山是香港文协的实际领导人，共同为抗日宣传劳心劳力；两人关系不一般。许地山的猝死使望舒本来就已千疮百孔的心受到了重创，使他陡然而生兔死狐悲的感觉。他想一死了之。但他的生命还要在绝望中挣扎几年。第二天，他又给丽娟写了信，希望对方能了解他、理解他、谅解他；第三天，因为没有收到对方的回信他又苦苦地想起她来，而且他又失眠了。他像是感情之江里的泥菩萨，只要还有一根稻草可以抓住，他就要奋力抓取。

望舒与穆丽娟的婚姻到底是如何出现这种危机的呢？让我们来追述一下。

望舒是在对爱情绝望之后，与穆丽娟相识、相恋并结合的。我们大多数人一生的真正恋爱往往只有一次，那就是初恋，因此，是无所谓"初恋"的，因为"初恋"就是"终恋"，第一次就是末一次。望舒就是这样，他的激情、对爱情的神往、对爱人的偶像化崇拜，全都消耗在了施绛年那儿了。穆丽娟在与望舒恋爱时甚至结婚时都没有想到这一点，也许望舒自己也不曾意识到。但是，后来两人都应该对此有所觉察，尤其是在他们俩离婚前后，以至于晚年的穆丽娟还对她早年的幼稚选择后悔不迭，对望舒还是耿耿于怀。她不无酸楚地说："他对我没有什么感情，他的感情给施绛年去了。"[62]

从某种程度上来说，具有悲剧意味的是，穆丽娟只是望舒用来填补感情空白的一个象征的形象，也是他一个人漂泊太久为结婚而结婚的一个偶然的契机。也许他上一次追求得太苦了，而这一次又太顺了。他没有完全了解比他小十二岁的穆丽娟的内心，总把她当成一个还没长大的孩子，给她吃饱、穿暖就行了，很少尝试着去完全地理解她，跟她进行充分的交流。家里碰到什么事，哪怕是极为重要的，如他想逃到香港后，把她们母女俩安顿后自己到大后方乃至前方去，这样的大事，他都让她蒙在鼓里。要办什么事？该不该办？什么时候把自己的决定通知她？这一切都由他一个人做主。据说，望舒跟朋友们在一起时，常常聊得海阔天空，但跟妻子在一起时，只是读书、写作，对妻子是爱答不理。这使穆丽娟感到家庭的憋闷和乏味。她以怨妇的口吻怨恨地说："戴望舒第一生命是书，妻子女儿放在第二位。"[63] 开始时，由于穆个性温和、谦让，而且挺崇拜他的，所以什么事都随他处置，对他一直赔着笑脸和小心，从来不跟他发生正面冲突。但"随着岁月的流逝，人生阅历的加深，她的个性成熟了，对感情的理解和追求也有了更深刻的内容"。[64]但是，敏感的诗人却没有敏感到妻子的变化，还以为妻子对他提出要求是对他的不敬、反抗乃至故意捣乱，这使他这个做惯了大男人的丈夫很不习惯、很不舒服。他开始以一家之主的姿态来压制她。她有时做了自己的选择和举动，望舒就会生气，而且会对她恶语相向，任由他内心深处的魔鬼出来肆无忌惮地为非作歹。

由于穆时英也到了香港，所以穆母也跟来了，而且住在望舒家的附近，穆丽娟不时前去探望老母亲，有时望舒就会给她脸色看。穆丽娟看在眼里，心里满不是滋味。一天晚上，两人之间终于爆发了冲突。穆母肚子疼得厉害，穆丽娟赶紧去照应，当夜没有回自己的家。第二天一早，望舒就前去讨伐，一边说女儿没人照顾，一边把她拉了出来；当时不仅有穆母，还有他们的一些朋友在场，他们力劝望舒消气，但望舒执意不肯。这弄得穆丽娟很没面子。经过这事故，两人的关系更加寡淡了。穆丽娟述说道："他是他，我是我，我们谁也不管谁干什么，他什么时候出去，回来，我都不管，我出去，他也不管。"[65] 这样的婚姻难道还能维持吗？难道还有维持的必要吗？

当时穆丽娟的回答几乎是否定的，她在暗暗下决心离开望舒。望舒的问题在于他低估了穆丽娟彻底离开他的决心，也低估了日本鬼子的凶残。

日军控制香港后，立即逮捕了几乎全部知名华人，一一进行审讯过关。抗战姿态活跃的望舒当然也不能幸免。

1942年春日的一天，望舒走进一家理发馆，想理发时，两个特务靠近他说："戴先生，请你跟我们走一遭。"他就这样被捕了，旋即被没入监狱。日本宪兵在审讯他时，用了酷刑，试图从他口中得出文艺界的抗日人士的名单等资料，他们要他指认黑名单中的端木蕻良。

端木原名曹京平，辽宁人。作为流民，他在天津南开中学读书时，就曾于1931年"九一八"事变发生后旋即组织"抗日救国团"，并因此被学校开除。翌年，他考入清华大学历史系，并开始创作小说代表作《科尔沁旗草原》，表现了草原人民日益高涨的抗战情怀，也写了东北抗日义勇军的英雄事迹。

1938年1月，应民族大学副校长李公朴之邀，端木蕻良与萧红、萧军、聂绀弩、艾青、田间等人离开武汉，到山西临汾民族大学任教。迫于形势，他和萧红一起于同年晚些时候辗转到了重庆北碚，任教于已搬迁到了那儿的复旦大学。正是在那时，望舒从遥远的香港给端木来信，两人虽然此前从未见过面、通过信，但望舒直接冒昧地向端木和萧红约稿，而且要长篇连载。端木当时手头没有现成的稿子，但他还是答应望舒边写边发。为此，望舒曾连连给他寄来催稿信。

1940年，日本战机对北碚实施了空前的轰炸，日夜没有消停；因为他们听说那儿有中国的军火库。萧红的身体一直比较弱，在一连几天休息不好的情况下，健康状况日益恶化。端木很着急，打算逃离重庆。当时他们可以选择的有两个地方，一是桂林，一是香港。桂林当时也时时受到空袭，况且，端木的长篇小说《大江》正在香港的《星岛日报》连载，位于香港的大时代书局也邀请端木去编辑《大时代文艺丛书》，另外，香港还有像望舒这样的神交之友。于是，端木跟萧红一起，又匆匆飞往香港。

他们俩在香港刚刚落脚，望舒就来拜访他们，并把他们领到了他的林泉居去参观，热心地向他们介绍他的居处的内外环境，并热情地邀请他们来跟他同住。但两人已经租好了别的房子，遂暂时不议。不过，萧红答应将她一生的代表作《呼兰河传》也交给望舒在《星座》上连载（从1940年9月1日到12月7日）。

同样热心于抗战，同样从事文学编辑工作，而且同样热爱李商隐，端木与望舒慢慢就热络了起来，彼此理解，欣赏，于是建立起了很好的友谊，接触相当频繁。那时的香港跟上海一样，已俨然成了"孤岛"，出书相当不易。不过，好在南洋还有些市场，所以文人们还在继续做书。端木曾建议望舒写一本《诗坛随想录》，以望舒在诗坛所处的地位和所有的影响，会有不少读者愿意读这样的一部书的。所以望舒答应了，还说他那时正在翻译一部外国的《诗论》。端木又建议望舒把两部书放在一起出。[66]

可见，端木与望舒的关系确实不一般；望舒如果在敌人面前说不认识端木，敌人死活不会相信；而望舒知道，当时端木已经离开香港，已不会有危险，于是望舒漫不经心地说他确实认识端木，遂被投入大狱。[67] 端木的抗日热情和形象比望舒高多了，历来是日本人的眼中钉，他们对他恨之入骨。本来，在日本人的眼里，望舒的反抗还没有到那种严重得无法容忍的程度。他们大概是把他当成了端木的同党而逮捕他的，从这个意义上说，望舒是受到了端木的牵连。

端木也认可这一点。当他"得知望舒因跟他有关而入狱之时，心中万分不安，而苦于无解救之力。他辗转来到贵州遵义时，已是一九四四年底；他向还停留在香港的戴望舒发去一函，表达了这种心情"。[68]

信的内容如下：

望舒兄：

马季明先生来桂时告我兄被诬陷入狱备受苦刑，马先生当时并以经过相告。谓日宪以一黑名单送兄指认，当时兄虽以弟为念者因而被捕，果如是则兄之苦刑实由弟所起，心兹不安，并一时达衷悰而不能，其痛苦想与兄所同也。今者，忠奸大白，兄之亮节，久之弥望，而弟之同情可借斯纸而传达也，但以不悉确址，幸星岛日报能代为传达，幸何如之。[69]

不过，望舒自己可能并不认为受到了端木的牵连，或者即使他明知道这层关系，他也没有因此而怨恨端木。

早在重庆时，萧红就把重要的小说作品《旷野的呼喊》交给望舒，从1939年4月17日起到5月17日止，整整一个月在《星座》上连载。从1939年到1941年，萧红还在《星座》上发表别的作品。1939年8月15日，发表《放火者》和《花狗》，10月2日，又发表《长安寺》和《茶食店》。1940年1月底，《民族魂》（为纪念鲁迅六十岁诞辰而作）。1941年4月13-29日，则连载《北中国》。[70]

据季红真《萧红传》：萧红之所以下定决心由重庆去香港，是因为她觉得"自己和端木都有些文章在香港的报刊上发表，生活不会成问题"。[71]而所谓香港报刊主要指的就是《星岛日报》副刊《星座》。

在香港期间，萧红曾参加一些戴望舒所主持的很有意义的活动。

1940年2月5日，香港文协在大东酒家举行了一场欢迎萧红的酒会。萧红在会上做了报告，题目是"重庆文化粮食恐慌情况，希望留港文化人能加紧供应工作"。

1940年，在鲁迅60周年诞辰和逝世4周年之际，香港文协、香港漫画协会和香港业余联谊社等救亡团体举行聚会，搞了一系列的纪念活动。如8月3日，举行了纪念晚会。9月25日，这几个团体举行纪念鲁迅60周年诞辰的活动。10月19日，举行了鲁迅逝世4周年纪念会。萧红都积极参加，在第一次会上，她介绍了鲁迅的生平事迹，她编写的《民族魂鲁迅》还以哑剧的形式上演。这些活动都是借纪念为名，实际上安排的节目大多都以宣传抗日为目的。由于文协一无钱，二无地，而且还要受到港英政府的种种刁难和限制，举行抗日活动是非常艰难、繁重的事。在筹备期间，望舒一直尽心尽力，亲自办理登记、接洽会场、与官府打交道等，真是事无巨细，事必躬亲。

望舒积极参与料理了萧红的后事。

抗战的硝烟刚刚散去，即1945年9月，杜宣受组织委派，前往香港从事地下工作。杜宣非常崇敬萧红，所以一到香港，他就急于要去凭吊。望舒爽快地陪同前往。

据杜宣说，一路上，望舒告诉他："萧红逝世时的情况是很悲惨的。在日军统治下埋葬一个死者也是不容易的。他们是多方设法，托日本《朝日新闻》的一位记者，弄到一张证明，几个朋友，搞到了一辆板车，走了六七个小时，将萧红的遗体拉到了浅水湾埋葬。"[72] 从这段文字看，望舒曾经帮助埋葬萧红的遗体。但对这一点，王文彬提出了质疑。他反驳的证据有两条。一是最重要的当事人端木在回忆当时的情景时，"没有提到望舒，所谈的细节与望舒所说的也相差较大，即到浅水湾不是掩埋遗体，而是安葬骨灰"。[73] 端木的原话是这样的："当时，大地硝烟很浓，我都是步行，爬过山路，加拿大前几天参战的一团人全部战死，仍血腥扑鼻。预先写了'萧红之墓'的木牌，捧着骨灰瓶走到浅水湾，用手和石块挖地。"[74] 二是其他当事人即望舒和萧红当年在香港的友好没有任何人说过望舒参加萧红葬礼的事，杜宣所言是孤证，所以只能存疑。

笔者以为，以望舒与萧红、端木的关系而言，他参与料理萧红的后事是可以肯定的。杜宣这段文字中固然有与事实出入的地方，但有些信息和线索还是可以用来还原当时的一些情形的。找日本新闻界朋友弄证明云云，可能弄的是火葬的证明；因为找个荒郊野外把骨灰瓶埋掉，恐怕不会为日本统治者所不许，日本人严密控制的应该是火葬这一关。

不过，说需要搞到日本人开具的证明才能把萧红的骨灰瓶安放在浅水湾，也不是完全没有可能；因为根据当时另一位当事人叶灵凤的回忆，浅水湾那一带曾经一度是禁区，一般中国人是不允许单独到那儿去的，得有日本人的陪同才行。望舒陪同杜宣那一次显然不是他第一次前去凭吊萧红。早在1942年11月，他就陪同叶灵凤去过；而当时他们就是在一个日本记者的陪同下，才进入那个禁区的。[75] 日本人的陪同这个必要条件有时可能由一张日本占领当局的特许证明所替代。

叶氏的文章发表于1950年代，杜宣当时大概是看了的。到了晚年，他记忆有误，但又没努力去查实原文，就把有关事情的几个细节弄混了。如把骨灰瓶记成了遗体，把火葬证明记成了掩埋证明或把日本人的陪同记成了日本人的证明，把望舒陪同叶灵凤去凭吊记成望舒帮端木去埋葬萧红遗体。他还可能把望舒和他自己花费在寻访萧红墓地前去凭吊的路上的时间记成了望舒和端木等人去安葬萧红一路上所花的时间；而且有可能他是从望舒的作品中去推断的，这作品就是只有短短四行的杰作《萧红墓畔口占》：

走六小时寂寞的长途，

到你头边放一束红山茶，

我等待着，长夜漫漫，

你却卧听着海涛闲话。

　　这里涉及两个时间问题。一是这首诗的写作时间问题。自从1948年望舒将它收入他平生最后一部诗集《灾难的岁月》并标注为1944年11月20日之后，一般读者都倾向于认为是这个日期。但实际上，早在9月10日，望舒就在香港《华侨日报·文艺周刊》第33期上发表了这首诗的第一稿，当时的题目是《墓边口占》，而内容跟现在通行的版本中所看到的有所不同，如"放"字前面有一"偷"字。据说，在望舒自己保存的剪报上注明："原题为《萧红墓边口占》，萧红二字被检。"可见，1944年时日本占领当局对香港新闻的检查还相当严厉，连萧红的名字都不让出现。不过，他们只去掉了明的"反动"内容，却漏了那个暗的，即"偷"字。据王文彬的分析，这个字显示了"凭吊时境遇险恶的氛围"。[76] 不知为何，望舒后来把这一暗示着时代氛围和当时心境的蕴涵丰富的关键字眼给删掉了。那还不是在1948年的集子里，而是在更早些时候，即1946年1月22日，在那天的《新华日报》上，为了纪念萧红逝世四周年，望舒又重新发表了这首诗，但把标题改为《萧红墓照片题诗录》，并删去了"偷"字。1944年写作并发表这首诗时，他用了"偷"字，是需要相当的胆气的；但此时日本已经投降了差不多有半年，环境已经变得没有危险可言；他为什么反而要删掉这个危险的字眼呢？同样莫名其妙的是他把写作时间也改了，说是1944年12月20日。莫非他是应编者邀约而答应供稿的，但他又没写新的纪念文章，于是只好拿旧的来应急，可是他又怕别人说他没有新作拿旧作来充数，所以把日期改得离发表时间近一些；或者他怕被人责骂"一稿两投"。真正原因恐怕永远是个谜了。

二是如果我们确定这首诗写于1944年9月10日或之前，那么那是望舒在什么样的情况下写的呢？换句话说，他是在哪一次凭吊之后写这首诗的呢？叶灵凤说，1942年11月是他跟望舒第一次去拜谒萧红墓，可见这首诗不是第一次的观感；当然也不是望舒陪同杜宣去的那次。因此，王文彬认为，望舒的第一次拜谒是为"后来'口占'一诗暗结珠胎。"继第一次之后，"又有多次凭吊"。[77] 望舒大概是在凭吊几次之后写这首诗的，而从《新华日报》上发表的标题来看，他也有可能是凭吊之后又看凭吊时拍的照片才有感而发的。因为根据叶灵凤的说法，他们第一次去凭吊就拍下了照片："我们放下了带去的花圈，又照了两张相。"[78] 望舒在萧红墓地的留影可能还不止这两张；因为根据他后来的妻子杨静的回忆，望舒有一段时间工作不忙，曾与家人朋友一起结伴去浅水湾郊游。"他在萧红墓边的那张照片，便是在浅水湾拍的。"[79]

这首诗尽管只有短短四行，但有人称它为"一首伟大的诗"，[80] 王文彬的赞颂则更加具体：《口占》一诗是望舒晚年的代表作，诗人……严肃认真的，长期酝酿，不断修润，精益求精。诗人此时早已脱下他先前的幽秘华贵的外衣，沉静下来，运用半透明的富有质感的语言，透过大风海涛式的隐喻和凝重而流动的音响，写出他的丰富、深刻和成熟，写下他一生中最好的诗篇——伟大的诗篇。"[81]

望舒在狱中时间虽然不长，但那是日本人的大牢，他所受的折磨确实是苦刑，而且几乎是空前的，绝对不亚于国民党的渣滓洞。那些惨烈的情形时时噩梦般萦绕在他的脑际，使他无法摆脱，无法回到正常的、健康的心态。直到两年之后，即1944年1月18日，他在写《等待（二）》一诗时，还记忆犹新、刻骨铭心地描写道：

> 在这阴湿、窒息的窄笼：
>
> 做白虱的巢穴，做沾脚缸，
>
> 让脚气慢慢延伸到小腹上，
>
> 做柔道的呆对手，剑术的靶子，
>
> 从口鼻一齐喝水，然后给踩肚子，
>
> 膝头压在尖钉上，砖头垫在脚踵上，
>
> 听鞭子在皮骨上舞，坐飞机在梁上荡

如果不是亲身所受，望舒怎么会写得如此具体可感、撕肝裂肺？！正如方锡德所说，望舒"作为敌人的囚徒，在敌人的地牢里，饱尝了肉体的大痛苦，体验了死亡的大考验"。[82]

望舒"在精神心智这个特殊的战场上同敌人格斗，受苦难，受磨冻，表现出一个诗人永不屈服的人格和民族气节"[83]和"人类的一种永恒的向上心态"。[84]紧接着上面对酷刑的描述，他充满韧劲和豪情地写道：

> 多少人从此就没有回来，

然而活着的却耐心地等待。

让我在这里等待，
耐心地等你们回来：
做你们的耳目，我曾经生活，
做你们的心，我永远不屈服。

在写作这首《等待（二）》半个多月前，望舒写了同样感人肺腑的
《等待（一）》。

我等待了两年，
你们还是这样遥远啊！
我等待了两年，
我的眼睛已经望倦啊！

说六个月可以回来啦，
我却等待了两年啊，
我已经这样衰败啦，
谁知道还能够活几天啊。

我守望着你们的脚步，
在熟稔的贫困和死亡间，

当你们再来，带着幸福，

会在泥土中看见我张大的眼。

　　望舒出狱之后，由于周围环境的压抑，心情和生活依然非常糟糕，他怀着悲愤，过着半隐居的生活，他在等待着，等待着战争的早日结束、朋友们的再度相聚；他的盼望是殷切的，而心情是焦急的。孙玉石说，这首诗"表现了诗人心灵难以忍受的痛苦和焦灼的渴望"。[85] 诗中的"你们"可能指的就是那些因为战争而被迫离开香港的朋友们，他们在离开时，可能以为半年后战争就会结束，他们就能回来，或者望舒也能离开香港，回到上海或别的地方。但是半年的约期早已过去了，他已经等得疲倦了，而他们却还没有回来，甚至还没有回来的消息。处于战时状态的香港物质条件急剧下降，大家都生活在贫困之中，很多人因为生病得不到医治而死亡，或者有竟至于直接饿死的。望舒几乎每天都能看到这些状况，所以说是熟稔的。他觉得自己也快要支撑不住了，但他依然在为朋友们祝福，他希望他们会带着胜利的幸福回来。"泥土中张大的眼睛"是一个骇人的但又真挚的意象，显示了望舒对守望的坚持；如果他活着时不能看到胜利的到来，那么哪怕死后他也不能瞑目。

　　整首诗用的都是非常简单的、日常的词汇，但内含的感情却极为深沉，表达的是一个在死亡边缘忍受折磨的人的心灵感受，这种极端体验使诗中的情绪显得饱满而热烈；望舒的高明就在用似乎是不经意的笔法点染深悲剧痛。望舒是善于应用小词的高手，如副词、连接词、感叹词和语气词等。诗中再三复现短句"我等待了两年"，而且相当高频率地用了"啊"和"啦"这两个尾音词，用以表达一唱三叹似的复杂心绪，造就了非常强烈的听觉效果。

望舒在监狱中写下了可以称得上他一生的代表作之一，即《狱中题壁》：

> 如果我死在这里，
> 朋友啊，不要悲伤，
> 我会永远地生存
> 在你们的心上。
>
> 你们之中的一个死了，
> 在日本占领地的牢里，
> 他怀着的深深仇恨，
> 你们应该永远地记忆。
>
> 当你们回来，从泥土
> 掘起他伤损的肢体，
> 用你们胜利的欢呼，
> 把他的灵魂高高扬起，
>
> 然后把他的白骨放在山峰，
> 曝着太阳，沐着飘风：

在那暗黑潮湿的土牢，

这曾是他唯一的美梦。

　　望舒在日本人的监狱里，那段不堪回首的惨痛经历凝结为这首名篇。这是望舒在那段囚禁岁月里所留下的唯一的文字。望舒告诉了我们他写作这首诗的日期是1942年4月27日，我们可以肯定的是它确实写于狱中，但无法肯定它是否真地题写在监狱的墙壁上。我们也不知道望舒抒写这首诗时的具体情形，因为他是独自在监狱里，而他自己从来不愿回首那样的惨痛似的，从未说过这首诗产生的物质因素，如它首先是写在纸上，还是写在脑子里。如果是在纸上，那么是什么样的纸？如果是在脑子里，那么是在何时写下来的？他当时在监狱中的待遇是否好到有笔和纸？如果他是在监狱中就写出来的，那么他是如何藏匿它的，因为诗中有"在日本占领地的牢里／他怀着的深深仇恨"这样赤裸裸的反日、反侵略言论，要是被日本宪兵看到了，他肯定要被罪加一等，肯定要被施以更加严酷的刑罚、要延长关押的时间，怎么可能到了5月份就获得释放呢？

　　望舒在监狱中受尽日本人的折磨，随时面临着死亡的危险，那是死亡边缘的体验，是生不如死的体验；在痛苦与烦闷中，他肯定无数次地想到了死亡，所以这首诗是以"死"起始的。虽然"如果"一词是假设性的，但由于"在这里"以强调的语气指向的是"地狱"般的"监狱"，"死"似乎成了一个非常确切的事实。望舒对自己活着走出那"地狱"根本不抱任何希望。他把希望寄托在了死后的世界，于是这首诗读起来很像是临终遗嘱。这不是个人的关于物质财产的遗嘱，而是一份超越了个人的精神遗嘱；所以它的对象不是家人，而是更加宽泛意义上的"朋友"，它可是单数，也可以是复数；而从下文的"你们"这个指称代词来看，应该是复数；况且，他虽然那时被完全与朋友们隔离，但他没有把自己孤立起来，他仿佛看到周围有很多的志同道合者，他自己是他们中的一员，所以他说自己是"我们之中的一个"。

这种指称代词由单数到复数的变化在望舒的诗歌创作中具有革命性的意义，使望舒的思想境界——像艾青所说的——终于由小我走向了大我。这是现实，或者说现实的苦难教给他也是逼迫他完成的一种转变。这也昭示着望舒人生基本态度的变化。大半年前即1941年6月26日，在《致萤火》一诗的结尾，他还在"把沉哀来吞咽"，《狱中题壁》却写得极为乐观、自信、肯定，"我会永远地生存／在你们的心上"。"永远"一词蕴涵着多少力量和希望啊。这首诗也表现了望舒的新的话语方式。按照朱自清的概括，望舒早年的诗都是"清""轻""细""柔"的，有时不免琐碎而飘忽，而这首诗中的意象和意念都非常坚定、明朗、厚实而有质感。我们还是来比较《致萤火》和这首诗中两处字句构造上颇有类似的地方：

给一缕细细的光线——

够担得起记忆，

——《致萤火》

他怀着的深深仇恨，

你们应该永远地记忆。

——《狱中题壁》

无论是在语气的强度上，还是在内涵的密度上，"细细"和"深深"不可同日而语，前者是向内敛息，后者是向外开张。前者用谓语组合"够担得起"带出作为宾词的对象"记忆"，而这个谓语组合显得乏力、勉强、被动；后者用"应该永远地"这个双重强调的副词组合修饰作为谓语词的动作"记忆"，则显得多么顽强、"霸道"而又义无反顾！

望舒一生都是一个寻梦者，以前在比较平和的生活中，他的梦显得有点虚无缥缈；而现在，在他想象的死后境地中，他的梦想是多么宏阔而高远："把他的灵魂高高扬起"，"然后把他的白骨放在山峰"。

《我用残损的手掌》是望舒一生中写得最凝重的诗篇，也是中国新诗史上最为优秀的作品之一。

我用残损的手掌

摸索这广大的土地；

这一角已变成灰烬，

那一角只是血和泥；

这一片湖该是我的家乡，

（春天，堤上繁花如锦障，

嫩柳枝折断有奇异的芬芳）

我触到荇藻和水的微凉；

这长白山的雪峰冷到彻骨，

这黄河的水夹泥沙在指间滑出；

江南的水田，你当年新生的禾草

是那么细，那么软……现在只有蓬蒿；

岭南的荔枝花寂寞地憔悴，

尽那边，我蘸着南海没有渔船的苦水……

无形的手掌掠过无限的江山，

手指沾了血和灰，手掌粘了阴暗，

只有那辽远的一角依然完整，

温暖，明朗，坚固而蓬勃生春。

在那上面，我用残损的手掌轻抚，

像恋人的柔发，婴孩手中乳。

我把全部的力量运在手掌

贴在上面，寄与爱和一切希望，

因为只有那里是太阳，是春，

将驱逐阴暗，带来苏生，

因为只有那里我们不像牲口一样活，

蝼蚁一样死……那里，永恒的中国！

这首诗最初发表于《文艺春秋》第3卷第6期（1946年12月15日），望舒自己以尾注形式标明的创作时间为"1942年7月3日"。王文彬大胆地否定了望舒自己标注的时间的真实性，认为，《手掌》的实际创作时间，是故意被戴望舒模糊的，原作'1942年7月3日'是不可信的。"他是经过一番小心求证的，其主要证据是：他在整理编辑《戴望舒全集》过程中，读到了望舒自己保存的一份剪报。这份剪报共47页，收录诗人发表的自1941年1月至1946年1月创作和翻译的诗文130多篇。剪报中没有《手掌》一诗。王文彬进而推断，《手掌》作于1946年。[86]

这首诗可以看作《狱中题壁》的姐妹篇。如果说"题壁"是想象性的书写，那么他用"残损的手掌"所进行的则是想象性的抚摸。他的手掌之所以是"残损"的，可能是因为监狱的酷刑，也可能是因为生活的磨难。他的手掌虽然已经"残损"，但他还要用它们来抚摸，而且抚摸的不是生活，不是个人生活中的细枝末节，而是"广大的土地""无限的江山"！他把祖国的版图想象成一幅画，刻印在自己的脑子里，然后一任自己的手指一角一角地摸索。顺带指出，用手掌摸索国土的意象源自许拜维艾尔《遥远的法兰西》中的诗句："我用饥渴的手 / 寻找着遥远的法兰西。"[87]

1931年9月18日，日本占领东北之后，中国实际上分成了三部分，即沦陷区、国统区和解放区。沦陷区就是被日军侵略的大部分中国领土，包括东北、华北、华东、华南、中南等；国统区指当时国民党统治的区域，包括西南的大部分和西北的大部分地区；解放区则指共产党控制的区域，主要是延安。

望舒在诗中只写到了两个部分，即沦陷区和解放区。它们是以对立的形象出现的。作者首先用"这一角已变成灰烬，/ 那一角只是血和泥"

两个并行结构的短句强调了日军侵略对中国的破坏，这种破坏是毁灭性的也是普遍性的；"这一角"和"那一角"意思是"到处"，即"无限的江山"，包括他的家乡杭州的西湖、长白山的雪峰、黄河、岭南以及南海。在望舒的想象中，整个沦陷区都"变成灰烬"，都"只是血和泥"。望舒用过去和现实、回忆和写生对比的手法，使沦陷区的悲惨和黑暗状况显得更加突出。如西湖原来是"繁花如锦障／嫩柳枝折断有奇异的芬芳"，"江南的水田""当年新生的禾草／是那么细，那么软"，而"现在只有蓬蒿"。而这个对比又为那个沦陷区和解放区之间的对比做了铺垫，使解放区显得更加"温暖，明朗，坚固而蓬勃生春"。这种对比在全诗的结尾处达到最强音，也使望舒对解放区的礼赞达到了最高潮。他认为中国当时的自由解放的希望就在解放区"那辽远的一角"，他把它比成"恋人的柔发，婴孩手中乳"。"永恒的中国"五个字如同交响乐队最后的全奏，令人振奋。全诗不仅有微妙、细腻的比喻，还有宏阔的视野、沉痛的调子、内敛的激情，以及井然有序的布局，所有这一切都使这首诗成为现代诗的杰作。

法国汉学家苏珊娜·贝尔纳几乎把这首诗抬到"空前绝后"的程度，她说："在这篇作品中，诗人竭力把前期经验——形象的感染力（对每个地区的描写，都力求概略而精确）、强烈的感受（芬芳、微凉、彻骨的寒冷、从指间滑出的水等）——与新的内容和新的感情结合起来。""众所周知，此作处于戴诗过去、现在、未来的交叉点上。新的抒情，坚定而自信。诗人终于找到了自己的另一个声音，它不再是孤芳自赏的低吟，也没有了失望的悲苦，它转向世界，朝向每一个人。"[88] 难怪一向以冷静著称的评论家孙玉石先生在谈论这首诗时，也激动万分。他说："这是戴望舒在日寇的铁牢中写下的一首情真意挚的诗篇，有撼人心灵、催人泪下的力量。一位身陷囹圄的现代诗人超人的艺术才华和炎黄子孙炽热的爱国感情一旦结合，竟会迸放出如此美丽而永不凋落的奇葩！"[89]

第四节 /

被营救出狱、为了活着而屈辱地工作、继续偷偷地创作抗战诗歌

直到1942年5月，经过挚友叶灵凤的全力奔走，望舒获释出狱。顺便说一下，周红兴、葛荣曾在《艾青与戴望舒》一文中说："一九四一年香港沦陷后，他被日本宪兵逮捕，并因'从事抗日活动'而投入监狱。在狱中他写了《狱中题壁》《我用残损的手掌》《等待》和《偶成》等洋溢着爱国热情的感人诗章。"[90] 根据这段文字的前半部分，读者很容易会误解望舒是1941年被捕的。而后半部分中两位作者自己的误解太大了。望舒在狱中只写了《狱中题壁》（1942年4月27日）一首诗。《等待（一）》写于这年年底（12月31日），而《等待（二）》则在次年年初了，《偶成》更晚（1945年5月31日），怎么可能是大墙内的作品呢？如前所述，按照望舒自己的说法《我用残损的手掌》写于刚刚出狱后不久即1942年7月3日；而按照王文彬的说法，则写于抗战之后的1946年。

出狱时，望舒变得非常虚弱，"日本地牢里的阴湿，使他的气管炎变成经常的了"；[91] 他的一名同事后来在回忆文章中描写过当时他的哮

喘情况："好一副书生气质，患哮喘，冬天穿较多衣服，少不了围巾，手中总有一条白手帕，似是患了重伤风，老是医不好的重伤风。"[92] 这跟他几年后的英年早逝直接相关。

望舒虽然出了大狱，但当时整个香港对于广大中国人来说，就是一座更大的日本监狱。

望舒暂且住在叶灵凤家，他一向以从事出版业和报业为生，于是为了保命，更为了活命，几乎走投无路的望舒只好在隶属日本帝国文化部的"大同图书印务局"工作。这个出版社的老板虽然是中国人，但受到日本文化部的管制，所出《大同画报》《新东亚月刊》和一些书籍都跳不出"大东亚共荣圈"意识形态的范畴。望舒去那儿弄了个饭碗，是叶灵凤等好友介绍的，因为叶当时就在供职于此局。

不过，也许由于在书局只是磨洋工、混日子而已，或者由于书局薪金太低，望舒遂想利用业余时间干点别的，他想起了老本行之一——开书店，因为他有许多藏书，那几乎是他当时乃至一生中最重要的财产。迫于时势和生活的压力，他这个书痴也只好变卖自己的藏书了。他跟狱友兼诗友黄鲁及另一个朋友合伙，很快就开出了一家叫"怀旧斋"的旧书店。一开始撑门面的货物，就是望舒他们自己的藏书（当然都是不太有用的），另外也凑钱买了一些。由于望舒是外省人，不会说广东话，所以他没法直接跟顾客打交道。他只是帮着抄录新进的书目、定价，另外就是算算账。[93] 但是，在那样恶劣的高压而艰难的环境里，谁还有余钱、闲情来买他们的旧书呢？书店只维持了四个多月，就倒闭了。

日军占领香港后，立即成立"香港占领地总督部报道部"，控制了香港的舆论宣传，只允许5种华文报纸在香港存在，它们是《华侨日报》《香岛日报》《香港日报》《东亚晚报》《南华日报》等。同样为了生存，望舒也在这些报社当过编辑或给它们投过稿。不管是作为编辑还是作者，望舒跟其他文友一样，都采取比较客观中立的立场，"只谈风月，不谈风云"，"只谈古论外，惟独不说今"；在整个香港沦陷时期，望舒写了好多关于西方文学、中国古代文学甚至广东俗语方面的文章，几乎没有一个字是涉及时事的。这样，他才安全地度过了黑暗、危险而沉闷的数度春秋，没有再次受到迫害。

望舒参与了三家报纸副刊的编辑工作。

1.《华侨日报·文艺周刊》，一共出版了72期，时间是从1944年1月到1945年6月；

2.《香港日报·香港文艺》，共32期，时间是从1944年11月到1945年7月。

3.《香岛日报·日曜文艺》，共9期，时间是从1945年7月1日到8月26日。在创刊号上有一则颇为奇怪的"启事"，内云："因该报社不允提高编费稿酬，不得已废刊……现该报虽仍袭用'文艺周刊'旧名继续出版，但已与同人等无涉，特此声明，谨希读者亮察。"这些同人包括望舒、叶灵凤、黄鲁等人。[94]

在这些报刊上，望舒自己也撰写发表了许多文章。另外在《新东亚》《香岛月报》《大众周报》等刊物上他也经常发表东西。

从1943年4月3日到1944年10月19日，望舒在《大众周报》开设专栏"广东俗语图解"，累计共有81篇，不过，他用的是笔名"达士"。望舒本来操的是吴语或带有严重吴方言口音的国语，但这个专栏却是有关粤语研究的，让人颇觉得匪夷所思。大概，人们对越是熟悉的东西越是熟视无睹，香港人对于广东话恐怕是"闻而不问"，乃至虽问而不追本。望舒的不懂粤语可能是指他不会讲粤语，但由于在香港待的时间比较长，他应该能听懂个八九不离十吧。从某种意义上来说，正是由于他的不甚懂，或者说由于吴语和粤语之间的差异能促使或者说有利于他对这两种方言进行比较，并进而对粤语做出一些独到的论析。他的另外一个优势，是他读了大量有关的文史资料，诸如古书、笔记、民间戏曲、地方史料等，所以他能够把广东俗语解释得头头是道。

如在发表于1944年3月31日的《两公婆见鬼》中，他先解释了"两公婆"，即"经过一些结婚手续的一男一女，即两夫妻或两夫妇或两口子的广东人叫法"。他进而解释了"两公婆见鬼"，即"大概他们俩其中之一人因为'时运低'而见过鬼，人们就笼统地传说他们俩见过鬼，至于谁人见过，可以不问，总之非此即彼，所谓'唔系你就系我'也"。他还来了个开玩笑似的戏说："两个男人同时向一个女人献殷勤，大家心里都有了'不是你成功，就是我失败'的想头，各作含着妒忌的夸示。"[95] 望舒的这些考证性、说明性的随笔，写得很轻松、有趣，时时见出幽默与情趣。如此篇开头花了相当的笔墨，讲他小时候如何怕鬼："因为恐怖的印象在小脑筋上极为深刻，常常都恐怕碰到了鬼，一到吃过晚饭，便不待妈妈的督促，很早就洗干净手脚，钻进被窝去，不管怎样好的玩意，也没有去玩的兴趣。"[96]

卢玮銮说，戴望舒写这类文章，是"把广东俗语当成俗文学来研究。

文中广引古书笔记，加上广东民间传说及风俗数据，给广东俗语来源合理的解释，并不是信口雌黄的游戏之作"。[97] 这些融知识性和趣味性于一炉的文章，本来已经列入《大众周报丛书》，在1945年5月已经见到有关它的出版广告，但最终由于日本投降，局势突转，而没有能出版。

望舒在香港期间创作的最多的就是诸如此类的散文。他一生只写过两次关于诗歌理论的文字，而且也不是具有逻辑性的真正意义上的文章，而是像瓦雷里那些文艺片谈似的"语录"，望舒称之为"零札"；前一次就是著名的17条，后一次是发表在1944年2月6日《华侨日报·文艺周刊》上的《诗论零札》。这次的诗论有两点值得我们重视。一是他特别强调诗的本质、内容，诗所表现的东西，或者说是"内容的重要性"；[98] 如他说"佳劣不在形式而在内容"。[99] 经过苦难的历练，他真正找到了诗歌的骨头和灵魂。另外，他做了大量的诗歌翻译工作，而以前几乎没有为翻译进行过评价；这回他针对有人所持的"诗不可译"的论调，为自己的诗歌翻译寻找着价值依据："翻译可以说是诗的试金石，诗的滤箩。"[100]

除了前面提到过的《狱中题壁》《我用残损的手掌》《等待》《萧红墓畔口占》《过旧居》《示长女》和《偶成》等外，望舒在香港时期写的诗还有：沦陷之前的，如《白蝴蝶》《狼和羔羊》《生产的诗》《致萤火》等；沦陷期间的，如《抗日民谣》《心愿》《断篇》《在天晴了的时候》《赠内》《口号》等；抗战结束之后的，如《断章》等。

《白蝴蝶》写于1940年5月3日。全诗只有八行：

给什么智慧给我，

小小的白蝴蝶，

翻开了空白之页，

合上了空白之页？

翻开的书页：

寂寞；

合上的书页

寂寞。

　　龙清涛在赏析这首诗时，先是肯定它"是一首比较独特的诗"，但他进而有点轻描淡写地说："该诗的写作背景已无从考察，但仍脱不了一己人生体验的窠臼，却显得比儿女之情更纯朴，也似乎更深入，是一首来自内心的诗。"[101] 他没有说出这首诗真正的独特之处。笔者以为，它有点像当年废名的诗，颇有禅机。或许它的灵感就来自佛教语言"静生慧"。望舒是反其道而用之。"寂寞"是望舒一贯的心理状态，属于不打招呼就来、赶也赶不走的那种，它缠绕着、浸透了望舒的心，正如他在名篇《印象》的最后所写的：

　　　　从一个寂寞的地方起来的

　　　　迢遥的，寂寞的呜咽

　　　　又徐徐地回到寂寞的地方。

"自古圣贤皆寂寞"，那些思想走得比常人走得远得多的人，如苏格拉底、尼采，如苏东坡、鲁迅、艾青、钱锺书，都曾表达过这种寂寞，如苏东坡说"众人堆里身更单"，鲁迅说"荷戟独彷徨"，他们觉得人与人之间完全的理解是不可能的，他们内心深处总有一块是别的任何人所窥视不到的，那就是寂寞的渊薮。这个字眼可以说是贯穿于望舒所有的诗歌创作，是理解望舒心境的一把万能钥匙。但在以前，他只是描述自己如何如何寂寞，直到写这首诗，他才对自己的寂寞心态作出了反思。寂寞是安静的一种形式，照说它可能会引发智慧。但这寂寞就像是一只白色的蝴蝶——望舒的绝妙比喻——它的两扇翅膀在飞动时，一翻一合，但由于都是白色的，所以无论是翻还是合，所引起的视觉效果都是"空白"。也即蝴蝶的努力是白费了。由寂寞开始，本以为会到达智慧，没曾想绕了一个圈，还是回到了寂寞；根本见不到智慧的存在。

《致萤火》写于1941年6月26日，即在香港沦陷前；但当时并没有发表，直到1944年1月30日，才在《华侨日报·文艺周刊》第1期上刊发。全诗如下：

> 萤火，萤火，
> 你来照我。
>
> 照我，照这沾露的草，
> 照这泥土，照到你老。

我躺在这里，让一颗芽
穿过我的躯体，我的心，
长成树，开花；

让一片青色的藓苔，
那么轻，那么轻
把我全身遮盖，

像一双小手纤纤，
当往日我在昼眠，
把一条薄被
在我身上轻披。

我躺在这里
咀嚼着太阳的香味；
在什么别的天地，
云雀在青空中高飞。

萤火，萤火，
给一缕细细的光线——
够担得起记忆，
够把沉哀来吞咽！

这首诗在望舒所有的诗歌中，属于比较亮、比较脆的一首，措辞洗练，调子轻快，结构明净，仿佛一个多年未能实现的愿望，此时他一吁求就能成真似的。它不乏结实的意象、强烈的感官。孙玉石认为，这是一首哲理诗，诗人把深沉的哲理内置于"微小细琐的事物"中，这"崭新而又永恒的启示"便是"超越自我的死亡对生命价值的追寻与思考"。[102]

《狼和羔羊》与《生产的诗》是望舒诗歌创作中真正的另类。前者发表于1941年4月16日出版的第905期《星岛日报·星座》，后者则发表于4月20日的第909期。前后挨得这么近，估计是同时写成的。这是两首寓言诗。第一首通过写狼罗织羊的罪名最终把羊吃掉的故事，说明某些达官贵人昧着良心：

> 一朝权在手，黑白原不分，
>
> 何患无辞说，加以大罪名。

第二首严格意义上来说不是寓言诗，因为它既无故事，又无形象，说它是首一般的讽刺诗，可能更加合适些。它嘲讽的是当时的两件时事。一、国民党政府当局虽然偏安于西南一隅，但常常夸口要把重庆、昆明、成都建成南京、上海和北京这样的"巨镇大城"，实际上根本没有人真正抓生产。二、许多政府官员是专门吸食民脂民膏的硕鼠，所以望舒提醒老百姓："不要养吃米的耗子害人家！"

这两首诗显示了望舒在诗歌创作上的戏剧性、惊人的变化，无论是题材、体裁、话语方式还是对读者的期待视野，都跟以前大不相同。他不再沉溺于个人生命体验和形而上的价值思考，而是直接针对现实，面对大众，叽叽喳喳发言了。对于何其芳、卞之琳等积极的诗人来说，这种变化是自觉追求的结果，而对于望舒这样更加自我的诗人来说，它更多的是时代环境压力的产物，因为他对时代环境的变迁不像何其芳他们那样敏感。早在抗战爆发前夕，何其芳就挺笔跃身而出，高声立誓："从此我要叽叽喳喳发议论"（《云》）。

《狼和羔羊》与《生产的诗》嘲讽的是国民党官僚体系，写出来后很快就发表了，而且是署了名的（尽管用的是笔名陈艺圃）；而望舒在沦陷期写的一些抗日诗歌则嘲骂日本帝国主义的，写出来后根本没法发表，有的他藏在了抽屉里，以待天日重开，有的以匿名的方式在老百姓中口耳相传。如他在沦陷期间，创作了一些抗日民谣，来发泄他对日本鬼子的仇恨和嘲讽；据马凡陀（袁水拍）说，望舒创作的民谣全部有十多首，这些民谣"单纯易懂……立刻为香港民间所接受而流传了。环境使他不得不隐去作者的姓名……晓得是戴望舒写的，则难得一二而已"。[103] 现在我们还能读到其中的四首：

一

神灵塔，神灵塔，
今年造，明年拆。

二

神风，神风，

只只升空，落水送终。

三

玉碎，玉碎，

哪里有死鬼，

俘虏一队队，

老婆给人睡。

四

大东亚，

阿呀呀，

空口说白话，

句句假。

其中第一首的写作背景是：日军攻占香港之后，为了纪念、祭祀"在中日事变以至大东亚战争中阵亡英灵"，决定在香港兴建"忠灵塔"。他们通过募捐、横征暴敛等软硬手段，从港民手中弄到资金，又强迫港民参与建设。在1942年11月第一期工程开工时，这首民谣开始流传开来。

第二首是嘲讽日本的"神风战机"的。

第三首讽刺的是日本军人的武士道精神。当然也隐含着中国老百姓的那种阿Q精神，即自我精神胜利法，说日本士兵的"老婆给人睡"时，不知道作者有没有想到当时正有千千万万的中国妇女在经受日本士兵的蹂躏。

第四首揭露了"大东亚共荣圈"的欺骗性。

确实，每一首都有针对性，都极其精练、有力、通俗、好记。肯定是有相当语言才能的人写的，而且这个人百分之一百是江浙一带的，因为里面有明显的苏白措辞和发音，如只有在吴方言中，"拆"字的韵母才读成"啊"音。而"空口说白话"也是吴方言中的一个套语。也只有江浙人才用"只"这个量词来修饰飞机。而望舒是杭州人，他的国语发音中带有浓重的吴方言因素。

王佐良说："民歌并非戴望舒所长，他的创作里没有民歌型的诗。"[104] 如果说在翻译西班牙抗战谣曲之前，这话是对的。那之后，就不对了。

《心愿》和《口号》是望舒呐喊、宣传的两首抗战诗。

《心愿》写于1943年1月28日，但直到抗战胜利后即1946年1月才发表于《新生日报》。全诗共四节。前三节的最后一行都是呐喊，如"只有把敌人打倒"，"只有送敌人入殓"，甚至杀气腾腾的"只有将敌人杀尽"。最后一节则是这些呐喊的继续和强调。这首诗的特殊之处在于：它所"表现的是战争中向往和平生活的普遍的人性情感。这种情感是'中性'的，是自己的体验，又是任何普通平民的体验"。[105]

《口号》则显得更加激烈而直接，几乎完全成了战歌。它写于1945年1月16日香港大轰炸中，与《心愿》发表于同一期《新生日报》。诗中所写的对于"正义的残酷"的呼唤，在望舒的文字中是绝无仅有的：

> 看敌人四处钻，发抖：
> 盟军的轰炸机来了，
> 也许我们会粉身碎骨，
> 但总比死在敌人手上好。

《断篇》只有两节八行：

> 我用无形的手掌摸索这广大的土地：
> 这一角已破碎，那一角是和着血和泥，
> 那辽远的地方依然还完整，坚硬，
> 我依稀听到从那里传来雄壮的声音。
>
> 辽远的声音啊，虽然低沉，我仍听到，
> 听到你的呼召，也听到我的心的奔跳，
> 这两个声音，他们在相互和应，招邀……
> 啊！在这血染的岛上，我是否要等到老？

这首诗虽然曾经发表过，署名"易鱼"；但我们目前无从知道刊物名称和日期，具体的写作日期更加难以考证。第一节，尤其是前三行，跟《我用残损的手掌》一诗中的某些语句惊人地相似，可以看作是那些语句的雏形。而第二节，尤其是最后一句，又与《等待》相似，写的是他那心都快要碎了、快要跳出来的苦苦等待。不妨这么说，《我用残损的手掌》和《等待》是分别在这两节内容基础上的扩充和延伸。所以这首诗肯定写于《我用残损的手掌》（1942年7月3日）之前。写得那么匆忙、简省，而且题目是《断篇》；笔者推测，它很可能是望舒在日寇的牢里写的。

在香港沦陷之前，望舒写过抗日的文字，参加甚至组织过抗日活动，与抗日民主人士具有广泛的接触；为此，沦陷后他还坐过日本人的牢，在监狱中他没有屈服也没有出卖灵魂，还在写作爱国诗篇；出狱后，他为了活命，在日本人办的文化机构里供过职，甚至还曾以知名人士身份被找去担任"香港占领地总督部成立二周年纪念"征文"新选委员会"委员；但那都只是敷衍而已。这些不得不为之的事情"在客观上起了一种粉饰占领区的作用"。他自己也明了这一点，所以他的内心是痛苦的。[106] 为了排遣痛苦，同时也为了缓解现实生活中的寂寞，他做了两方面的事。

一是大量地写作、翻译了各种各样的文字。卢玮銮"作了大量的资料研究工作……大体上把战时旅港文化人的情况摸清楚了"。[107] 据说她"检阅过当时戴望舒发表的全部报刊文字"。[108] 她把望舒那时以各种笔名在香港报刊上发表的东西分成三类。即翻译、研究古典戏曲小说等的学术性文章、创作的诗歌和散文。[109] 最后她得出的结论是：在望舒所有这些文字中"未见片言只字讨好日本人"。他去参加那些活动，"恐怕都不是出于自愿"。[110] 倪墨炎把沦陷区的文学分成三类。

"第一类是曲折地或隐晦地鼓吹民族革命，崇尚民族气节，追求光明，诅咒黑暗，鼓舞沦陷区人民与侵略者斗争"的；"第二类是娱乐性和知识性的作品。它们既不宣传抗日，也不宣传卖国。""第三类是真正为侵略者张目，为美化卖国行径效劳的作品。"[111] 陈丙莹由此认为，望舒在沦陷"时期发表的作品大多为第二类，也有少量属第一类。却绝没有第三类"。[112]

望舒排忧的第二招是与朋友一起或喝酒，或郊游，或闲聊。前面我们引述过当事人的话，说明他经常去浅水湾一带游玩，即是证明。他在这时期所写的《在天晴了的时候》也有过类似的描述："赤着脚，携着手／踏过新泥，涉过溪流。"有时他确实也能过那种他所希望的生活：

> ……看看朋友们，
>
> 跟他们游山，玩水，谈心，
>
> 喝杯咖啡，抽一支烟，
>
> 念念诗，坐上大半天？
>
> ——《心愿》

但是，所有这些解闷的方法都只是权宜之计，没法根本解决他的苦闷问题。对此，郑择魁、王文彬有过设身处地的分析和描述："从前是一个活跃的宣传抗日的战士，现在于日本侵略者淫威下，不得不做一个'顺民'，望舒痛苦和悲愤并不亚于在土牢中；这不过是一个更大的牢笼。然而他也没有冲出这个牢笼的勇气。他是一个书生，长期的虽说并非养尊处优但也不乏温饱的安定生活养成的惰性，使他只好忍受眼前的一切。他的内心是凄苦的。"[113] 他在暗暗等待着。

第五节 /
大义灭亲、又想用自杀来挽救婚姻、协议离婚、再婚、乱世中短暂的家庭幸福

穆时英早于望舒到香港任《星岛日报》编辑，不久他就跟汪精卫伪政府在香港的特务勾搭上了。1940年春，他返回上海，就任《中华日报》的《文艺周刊》和《国民新闻》的主编，接着又出掌《文汇报》社长。这些都是伪政府直接掌管的宣传喉舌，因此穆时英本人成了抗日一边的眼中钉。同年6月，穆时英乘坐黄包车在马路上被军统特务枪杀。1970年代，有一个自称曾做过国民党中统特务的稽姓人士出来为穆时英翻案，说穆是中统派到上海做地下工作的，而且稽说就是他本人安排这事的。稽说，穆时英认为日伪方面和国民党方面都不会加害于自己，所以他敢于堂而皇之地坐黄包车——以他的地位，他本来是可以坐防弹车的。那人还说，穆是军统和中统斗争的牺牲品，"蒙受了一个汉奸的罪名而死了"。[114] 不过，这样的翻案文章做得太草率，论据乏弱，而论证牵强。只算得是有那么一个说法吧。

当时听说穆时英在上海出事，穆母立即赶回。穆丽娟也极为悲哀，兄妹从小感情甚笃。她是一个小女子，她不管那些大是大非。可是，望舒对穆的变节行为表示过极大的愤慨。据徐迟回忆说，望舒曾在他们

一干人面前举着穆时英的信嘲骂过穆的可耻。据说那封信是写给穆丽娟的，所以穆丽娟在晚年说她当时"并不知道哥哥究竟干了些什么"[115]云云，带有狡辩的嫌疑。王文彬应邀写作《戴望舒与穆丽娟》一书时，采访了穆丽娟，所以顺着当事人的口吻把她这话实录下来了。

穆丽娟想要回去帮着家里处理哥哥的后事。但望舒试图阻止她，义愤填膺、义正词严地说："你是汉奸妹妹，哭什么劲？"两人大吵了一通，穆丽娟已经不再是任由望舒摆布的小孩了。三天后，她带着女儿乘船返回了上海，望舒气得没去码头送行。

不过，当时两人的关系还没有破裂到闹离婚的程度。但穆丽娟的这次逃回娘家，确实拖延了回程，把望舒狠狠地晾了一段时间。穆时英后事料理完后，她在上海又待了大约两个月，才姗姗回到香港，她的理由也很实在——要多陪陪她那伤心欲绝的老母亲。

穆丽娟回到香港，望舒没有表现出重逢的喜悦，也没有做任何缓和气氛的举动。两人的关系变得前所未有的冷漠，甚至长达一个月相互不搭话。

望舒被这不幸的婚姻折磨得有点变态了，他把不幸归咎于施绛年的负心，他有时公然说，如果他跟施绛年结婚的话，就不会出这样的问题。为此，他还迁罪于施蛰存。施蛰存刚到香港时，望舒坚持要他住在自己家里，而且不让他睡客厅或书房，而要他跟他们夫妇同房而睡，床和床之间连一道帘布都不拉，大家都不知道他到底想表达什么。有时，望舒晚回家，施蛰存不敢进卧室，只好先在客厅里打盹；望舒像抓住什么把柄似的，大声嚷嚷说："丽娟不等于你妹妹吗？你为什么不进房去睡？"

弄得施哭笑不得。大概那时望舒脑子有点混乱，他可能是把丽娟想象成了当年把他折磨得发疯的施绛年，而把施蛰存想象成了已经做了鬼的那个汉奸小舅子。有人说，他"是把在施绛年身上受到的挫折，拿来发泄在施蛰存和丽娟的身上了"。[116]

1940年冬至，穆母在上海病逝。望舒怕妻子又要离开他，所以没有把噩耗告诉她。后来，穆丽娟在别处听到这个消息，深怪望舒的隐瞒行径，一怒之下，带着女儿再次返回上海，但连母亲最后一面都没见着。这回她是真地恨了望舒。她觉得望舒一点人情都不讲。她自己才23岁，怎么能这样跟他过一辈子呢？虽然生了孩子，但由于一直养尊处优，她依然显得年轻漂亮。当时，她在穆时英家跟寡嫂住在一起。一个大学生每天叫花店给她送花，还写上甜蜜的话。她从未在望舒这儿体验到这等浪漫的情调，简直要使她的心儿都融化了，使她重新对爱情和未来充满了信心和向往。于是，她写信给望舒，提出了离婚的要求。同时，那男孩向她献殷勤的情景也很快传到了远在香港的望舒的耳朵里。那是1941年6月间的事。望舒觉得事态严重，立即赶到上海，住在姐姐家里。穆家都觉得望舒对他们家太薄情寡义，所以都不理他，更不要说是帮他劝说穆丽娟了。望舒只好自己一边责备自己，一边挽留妻子。同时，他还跟那个大学生见了面，好不容易把小伙子劝退了。小伙子由于感情受挫，做出了激烈的反政府举动，受到了当局的通缉，遂出外抗战去了。虽然没有了新的追求者，但穆丽娟依然不愿意回到望舒的身边。她显示出了从未有过的坚定，说出了让望舒震惊而畏怯的话："一旦决定了，我就不改变。"[117] 无论望舒如何费尽口舌，都没有效果。

据说，伪政府的头面人物如宣传部部长胡兰成曾企图乘机笼络望舒，托人来劝望舒替他们办报纸，另一个汉奸头目李士群则专程从南京来上海招降，说只要望舒答应给他们做事，保证妻子回到他身边。但望舒斩钉截铁地拒绝了："我还是不能这样做。"[118] 在两难处境中，他选择了民族大义，而割舍了儿女私情。他怕那帮败类再来纠缠他、强迫他，虽然他明知这次的事根本没有办成，但他还是只住了三天，在一个黑夜里，悄悄地离开了上海那个是非之地。

他的名节保留了，但妻子却永远失去了。不过，望舒刚回到香港时，还不相信妻子会铁心要离开他。他想最后再努力一把。他故伎重演，像当年对施绛年以死相逼一样，这回他也向穆丽娟发出了自杀通知书：

> 现在幻想毁灭了，我选择了死，离婚的要求我拒绝，因为朵朵已经五岁了，我们不能让孩子苦恼，因此我用死来解决我们间的问题，它和离婚一样，使你得到解放。[119]

穆丽娟接到信后，还真着了慌，不知道该怎么办。她去找望舒的姐姐商议。那位姐姐居然说弟弟过去已经自杀过一回，现在不可能再自杀，让她别担心。她们低估了望舒的求死意志。他真地服了毒，不过被救了。事情发展到这种程度，穆丽娟也没有回心转意。她的回信简直可以逼死人："……今天我将坚持自己的主张，我一定要离婚，因为像你自己说的那样，我自始就没有爱过你！"[120] 是啊，她很少在望舒面前有过自己的主张，更不要说是坚持了；可惜，她一有，就是离开他的主张。

双方再也没有感情可言，剩下来的就是冷冰冰的法律文件和法律程序了。双方通过律师，办理了离异协议，以分居半年为期，以观后效。期间，母女二人的生活费用仍由望舒负担。望舒完全同意而且愿意，他以为那是死刑的缓期执行，最后是不死，他想用半年的良好表现，来打动穆丽娟，再把她争取回来。这种良好表现在我们前面所引的望舒那段时间的一些日记里有过具体的记述。

一场婚事终于结束，至少形式上、法律上是结束了。这样也好，望舒反而可以跟新的旅伴开始新的感情旅程。1942年5月30日，望舒刚刚出狱不久，经胡好介绍，认识了比自己小21岁的杨静。杨静又名杨丽萍，原籍浙江镇海，生长于香港，16岁时就进入大同图书印务局工作，可以说是胡老板的雇员。她年轻漂亮、热情活泼，是粤港人所说的靓女，所以颇得望舒的青睐。望舒曾把他和杨静的结婚照寄给前妻。有人以"小人之心"揣度说：那是望舒在告诉狠心离开自己的穆丽娟"我可以找到比你更年轻漂亮的姑娘"。[121]

王文彬在1987年说，1942年5月30日是望舒与杨静结婚的日子，[122] 7年后，即1994年，他在《戴望舒与穆丽娟》一书中还坚持这一说法。[123] 当时望舒与丽娟的协议离婚期虽然已经过去了，但由于上海与香港之间的邮路中断了，他还没有收到丽娟最后的决定。从现在的婚姻观念和法律来看，望舒有重婚的嫌疑。而且他刚跨出监狱的大门，就那么迫不及待地结了婚？

在1993年4月出版的《戴望舒选集》中，应国靖编写的《戴望舒年表》说："1943年5月9日，与杨静……结婚。"[124] 在同年11月出版的《戴望舒评传》中，[125] 陈丙莹也说那才是望舒再婚的日子。看来这个日子才是正确的。1942年11月24日，他给穆的信中表示"同意离婚"。1943年1月26日，他给穆寄去了自己已经签字了的离婚契约，彻底解除了两人的婚姻关系。5月9日是几个月之后的了，所以望舒没有丝毫重婚的问题。不知王为何要坚持他的错误看法？如果只是他个人的学术错误也就罢了，但这关系到望舒的声誉，所以我们不能不辨。

在正式举办婚礼之前，望舒与杨静已经谈了几乎有一年时间的恋爱，不免有亲昵的行为，而且杨静已经有了身孕，因为这年年底，即在两人结婚后不到10个月的时间里，他们的女儿就出生了。1945年他们又有了第二个女儿。婚后的前三年，即在光复之前，两人在乱世里相依为命，过的还是相当平静而快乐的生活。望舒是很喜欢并感激杨静的，他想过要跟她过一辈子，因为他感到了幸福，他在1944年的《赠内》一诗中喃喃说道：

> 不如寂寂地过一世，
> 受着你光彩的熏沐，
> 一旦为后人说起时，
> 但叫人说往昔某人最幸福。

第六节 /

留港粤文艺作家的联名检举、赴上海为自己辩白、幸亏夏
衍的直接干预

　　1945年8月15日，日本投降。人们开始对抗战期间的人和事进行清
算，有人开始怀疑望舒在沦陷期间的节操。当他耳闻后，立即写信向茅
盾先生求救。茅盾是他在上海大学就学时的老师，回信表示了对他的信
任。9月，老舍以抗敌总会名义从重庆给望舒发电报，委托他调查附逆
文人的情况；10月14日，"中国全国文艺界抗敌协会"改名为"中华全
国文艺界协会"，简称仍然是"文协"，此"文协"又委托望舒主持恢复
香港文协的活动，并委托他开始调查有关香港沦陷期间附逆文人的情
况，这表示了总会对他的高度信任。

　　老舍代表总会给望舒的信全文如下：

　　　　望舒先生：

　　　　接九月十一日由昆明转寄重庆航信，知道你从港战发生到最
　　近的大概情形，我们感到愉快和安慰。这里特向你致送慰问。

　　　　在这次的神圣抗战中，汉奸如此之多，是中华民族的奇耻大
　　辱。本会已设立机构（"附逆文化人调查委员会"），负调查文化汉
　　奸之责。香港方面传闻甚多，本会一时难于判断。现经本会常会
　　议决，请你和其他在港坚贞会员开始初步工作，调查附逆文化人罪
　　行，并搜集证据。但暂勿公布姓名，一俟全国调查完竣，证据备齐，

加以审查后，才来作一个总公布。

香港分会暂缓正式恢复，请先与会员举行谈话会或座谈会，磋商有关作家本身权益的初步工作。现在抗战结束，对象已无，本会正进行商讨改换名称为"中华全国文艺协会"，定议后当即公布。

港方情形，望能详细告知，并请将各会员之通讯处见示，同时将此信转观，并代致慰问之意。

如邮递无困难，所需文艺书刊，当随后寄来。专此即祝
文祺！

中华全国文艺界抗敌协会
卅四年九月廿四日重庆

附来"附逆文化人调查表"一张，请照样印制分发各会员填写。

望舒接到这封信后不到两个月，于1945年11月15日召开了"文协香港通讯处"第一次会议，宣告恢复通讯处和《文协周刊》，并展开调查附逆文化人情况。正在此时，不少人对望舒的蜚语和非议与日俱增。

黄药眠、司马文森、吕剑、陈原、廖沫沙等21人联名以"留港粤文艺作家"的名义致函"中华全国文艺协会重庆总会"，检举望舒的所谓"附敌"行为。这封检举信在1946年2月1日出的《文艺生活》第2期和《文艺阵地》第2期上同时登了出来。信曰：

前以香港收复，贵会根据某些私人不确实的报道，曾有委托

戴望舒主持文协驻港通讯处之决定。窃以为戴望舒前在香港沦陷期间，与敌伪往来，已证据确凿（另见附件）。

同人等不同意于前项之决定，因此联合建议，请贵会立即考虑下列两点：1．撤销文协驻港通讯处，另组筹备处，即行组织香港分会。2．文协及其会员，对于有通敌嫌疑之会员及其他文艺作家，应先由当地文艺界同人组织特种委员会，调查检举；在未得确实结论以前，不应与他们往来，如何之处，盼即迅速决定，赐复。此顺颂

公安！

何家槐[126] 黄药眠[127] 怀湘[128] 苏夫 周钢鸣 瞿白音 韩北屏 陈残云 章泯 吕剑 卢荻 林之春 刘思暮 严杰人 陈原 洪遒 周行 陈占元 周为 黄宁婴 司马文森

附件1：抄录民国卅三年一月廿八日伪《东亚晚报》所载《香港占领地总督部成立二周年纪念〈东亚晚报〉征求文艺佳作》启事一则。（内"新选委员会"名单计有：……叶灵凤、戴望舒等）

附件2：伪文化刊物《南方文丛》第一辑一本。该刊于"昭和廿年八月十日发行"，载有周作人、陈季博、叶灵凤、黄鲁、罗拔高及敌作家火野苇平等之文字。

附件3：剪贴戴望舒作《跋〈山城雨景〉》一文。按：《山城雨景》为罗拔高所作，罗即卢梦殊，在香港沦陷期间任伪《星岛日报》总编辑，曾赴东京"晋见"东条。该书在三十三年九月一日香港出版。

同期作为附件登出来的，是义正词严的《陪都文艺界致政治协商会议各会员书》。此书的形成时间是1946年1月8日，签名者都是当时文坛的衮衮诸公，如茅盾、胡风、冯雪峰、曹靖华、骆宾基、徐迟、艾芜等。此书明确要求政治协商会议切实解决9个与文化教育有关的问题。其中第5个是"彻底调查文化汉奸，并迅速予以审判及处罚"。[129] 这使读者不免为那些无端上了黑名单的人捏一把汗。

仅仅在几天之内，就炮制出这么一份针对望舒的检举信，而且拉了这么些不明真相的人莫名其妙地签了名。我不得不怀疑后面有人在搞鬼，这可能是一起有预谋有组织的事件。周良沛曾经也怀疑这"是人事纠纷，权力斗争所致"。[130] 那么到底是什么样的权力呢？

笔者以为那是香港文协的领导权。自从文协成立，望舒一直是实际上的主其事者。当然在香港沦陷期间，这个组织是涣散了。光复后，要恢复组织，望舒自然又是领导，那是总会都认为自然而然的事。如果真的想吞并香港文协，那么具体做起来，他们必须跨过望舒这一关。而望舒又是总会认可的香港文协的老领导，他们如何能随意搬动？看来，不使点损招、阴招、毒招是不行的。

当时正值全国上下都在捉汉奸，如重庆《新华日报》从1945年8月

21到9月19日，连续6次公布京、沪等地的文化界汉奸名字，有六七十人之多。而望舒在沦陷期的言行，不管是有意还是无意，不管是自愿还是被迫，不管是多还是少，确实有让人觉得可以抓住的把柄。于是乎……后来尽管望舒的汉奸罪名最终没有坐实，但"检举书"事件发生后不久，新成立的港粤文协分会真地如愿以偿地替代了"香港文协"，由港粤两地分别选出理事，成立当日就组织了"附逆文艺工作者调查委员会"。在港粤文协分会主办的《港粤文协》第一期里，专门有《敌占期间香港文化活动》的调查报告，里面多处指控望舒为附逆者。

黄药眠等人所提供的关于望舒附敌的证据有三条。

一、1944年1月28日伪《东亚晚报》刊载了《香港占领地总督部成立二周年纪念〈东亚晚报〉征求文艺佳作》启事，新选委员会中确有望舒的名字。望舒为了活命，确实怀着内心的极大痛苦和矛盾，不情愿又万般无奈地为伪《东亚晚报》写过稿，做过事。

二、望舒曾给罗拔高的小说集《山城雨景》写了篇跋。罗是沦陷时期伪《星岛日报》的总编辑，是去东京晋见过东条英机的汉奸文人。罗拔高与望舒私交很好，而且曾在望舒走投无路时照顾过他的生活和工作；为了活命，他曾在最低的程度上接受过罗的帮助，也出于感恩、情面等人之常情做过一点最低程度上的回报。这一切都是不用避讳，也无可厚非的。设身处地地想想，有几个人在那种绝境里能不那样做？望舒自己对这一点的辩白是："如果敌人的爪牙要求我做一件事，而这件事又是无关国家民族的利害的（如写小说集跋事），我能够断然拒绝吗？"[131]

三、沦陷期间香港出过一本叫《南方文丛》的书，里面收了望舒的两篇文章，即《梵乐希逝世》和《对山居读书杂记》；而里面还有周作人和叶灵凤的文章。这两位抗战甫一结束，已被定为"汉奸"。当时抓汉奸的逻辑是：谁跟汉奸在一起谁就是汉奸。这条很间接，而且勉强。首先，望舒的这两篇文章不是专门为《南方文丛》写的，其次它们都是知识性的无关痛痒的文字，再其次望舒不是《文丛》的主持人，可能并不知道那书里收了周的文章。至于叶灵凤，他是望舒的挚友，望舒当然知道叶的一言一行，甚至知道叶有文章要收入丛书；但后来历史证明，叶当时留在香港，是组织的安排。夏衍早在1945年10月24日《建国日报》副刊《春风》上以编者名义替叶灵凤辩护过："叶灵凤先生……是当时香港反对汪逆'和运'的健将，香港沦陷后，本报同人之一曾和叶氏在防空洞中相遇，约其同行离港，叶答以有事不能遽离。"这到底是怎么一回事呢。直到1980年代，在夏衍给姜德明的一封信中，才说出了事情的真相："在防空洞里遇到他的是我，他说'有事'，则是1939年潘汉年交给他的'事'，后来（新中国成立前的1947、1948年）潘说过：要他（指叶）保持超然的态度，不直接介入政治，留待将来'为我们帮忙'。"[132]

据施蛰存先生说，文协总会接到检举信后，并没有马上表示认可。有关领导指示望舒去向当时已经搬到上海的文协总会做自我辩护。

千里迢迢从香港跑到上海去为自己辩诬，这是积极的应对态度；望舒还有一个消极的态度，那就是离开香港这个众口铄金的恶劣环境，哪怕暂时离开，出去避避也行。他那时写的《断章》表露了这种消极想法。这首诗的确是一个片段，只有三行：

四月带来崭新的叶子给老树，

给我的只是年岁的挂虑，

海啊，一片白帆飘去！

　　此诗发表于1946年1月10日的《新生日报》。它很像日本的俳句，只有三行，但在意义呈现上，也是一波三折。第一句说新春带来新气象，似乎乐观和希望都有了条件；望舒写这首诗时，是在抗战胜利后的第一个春天，而且是在春天刚刚有点迹象的一月。但在诗中，他没有说一月，而是说四月，因为四月是春光最明媚的月份。在一月里写四月的事情，可以看作是望舒的一个预言吧。当时，中国朝野上下正在进行热火朝天的重建工作，有人不免轻率地断言那是中国复兴的大好时机。但望舒觉得自己很难融入那种春暖花开的气氛中去。所以，第二句来了个大转折，说"我"却没有从春天里感受到乐观和希望，反而——或者说因为——还有挂虑。这挂虑可能是指他被诬陷为汉奸的痛苦。他想摆脱这挂虑及其根源，他该怎么办呢？也许他想到了孔夫子的理想方法："乘桴浮于海。"是啊，独自驾一叶扁舟，没落浩渺烟波；可能只有这样，他才能彻底从尘世的牵挂和顾虑中走出来，逍遥自在。

　　那时望舒就供职于《新生日报》。就在这首诗发表后不久，社长辞职了，而他因为是社长介绍来的，所以也跟着失去了编辑的职位。他想，自己在外也太久了，也该回去了，母亲等亲友以及他的事业本来都在上海，而且上海供他选择的工作机会也多。于是，1946年3月7日，他最后一次在《新生日报》露面。[133] 估计几天后，他就带着妻子和女儿，"乘着一片白帆"，经过海回到了"海"——已经阔别了8年的上海。

先是在好友、翻译家周煦良的介绍下，到离家很近的新陆师范专科学校教中文，同时为了贴补家用，又在位于康定路的暨南大学兼职教授西班牙文。

生活初步安顿下来以后，望舒就着急地去向文协领导汇报。他在日本人的大牢里受尽磨难，很不容易地保住了气节，而现在自己阵营里居然有人向他射来致命的冷枪，怎不令他悲愤欲绝、怒火中烧？他写下了无比沉痛的辩白书：

> 我觉得横亘在我的处境以及诸君的理解之间的，是那日本占领地的黑暗和残酷。因为诸君是生活在自由的土地上，而我却在魔爪下捱苦难的岁月。我曾经在这里坐过七星期的地牢，挨毒打，受饥饿，受尽残酷的苦刑（然而我并没有供出任何一个人）。我是到垂死的时候才被保释出来抬回家中的。从那里出来之后，我就失去一切的自由了。我的行动被追踪，记录，查考，我的生活是比俘虏更悲惨的。我不得离港是我被保释出来的条件，而我两次离港的企图也都失败了。在这个境遇之中，如果人家利用了我的姓名（如征文事），我能够登报否认吗？如果敌人的爪牙要求我做一件事，而这件事又是无关国家民族的利害的（如写小说集跋事），我能够断然拒绝吗？我不能脱离虎口，然而我却要活下去。我只在一切方法都没有了的时候，才开始写文章的（在香港沦陷后整整一年余，我还没有发表过一篇文章，诸君也了解这片

苦心吗？）但是我没有写过一句危害国家民族的文字，就连和政治社会有关的文章，我在（疑为"再"——整理者）一个字都没有写过。我的抵抗只能是消极的，沉默的。我拒绝了参加敌人的文学者大会（当时同盟社的电讯，东京的杂志，都已登出了香港派我出席的消息了），我两次拒绝了敌人授意组织的香港文化协会。我所能做到的，如此而已。也许我没有牺牲了生命来做一个范例是我的一个弱点，然而要活是人之常情，特别是生活下去看到敌人的死亡的时候。对于一个被敌人奸污了的妇女，诸君有勇气指她是一个淫妇吗？对于一个被敌人拉去做劳工的劳动者，诸君有勇气指他是一个叛国贼吗？我的情况，和这两者有点类似，而我的苦痛却是更深沉。[134]

这是望舒的另一首苦难之诗，它"虽然不是英雄的慷慨宣言，更非烈士就义前的振臂高喊，可是，它所具有的深沉与悲切，却有着另外一种穿透人心的力量"。[135]

这一公案是如何解决的呢？这有赖于夏衍的直接干预。夏衍从来不相信望舒是汉奸。早在1945年10月24日，在《建国日报》终刊号上，他在为叶灵凤辩护的同时，也为望舒辩护说，望舒"对于反对汉奸文艺，素来是非常积极，并曾不断和《南华日报》的汉奸们进行笔战"。[136] 据吕剑说，夏衍到香港，听说望舒被检举之事后，发话说那样不妥。"夏衍是当时党的文化界领导人，他持这种态度一定有其背景的，因此大家也就不再提及此事，不了了之了。"[137] 大概总会领导听了望舒的自陈，看了他的辩白信后，做出了有利于望舒的裁判，并指使夏衍在香港及时阻止了事态的进一步发展，肯定了望舒的清白；而夏衍既然是中共文艺方面的领导，他一说话，一表态，众人也就不再多说了。1946年11月18日，香港《华商报》还特意安排发表马凡陀写的《香港的战时民谣》一文，作为"文联社特稿"发表，等于公开宣布：望舒不仅没有附逆，反而是抗日的。

这个问题算是圆满解决了。望舒心情轻松多了。

第七节 /

本想在上海安居、最后一首诗的主题是隔膜、最后一部诗集是《灾难的岁月》、再度被通缉、再度逃亡香港、再度离婚

望舒回到第二故乡上海后，本来是想定居下来的；但是内心的法则和外在的环境还不能允许他就此安稳。

1940年代后期的中国依然放不下一张平安的书桌。整个形势让人气馁又气愤，正如望舒曾对杜宣所说的："国民党的贪污腐化，恶性通货膨胀，又悍然发动内战。日本帝国主义刚刚打倒了，美帝国主义又来了。美军在国内横行霸道，我们祖国什么时候才能得到解放，我们什么时候才能过点温饱的生活。"[138]

在这种风雨如晦、希望渺茫的情势下，望舒感到了郁闷与绝望。1947年春，一次他去一家茶馆喝茶，几个文学青年请他即席赋诗。他吟出了平生的最后一首连标题都没有的诗：

我和世界之间是墙，

墙和我之间是灯，

灯和我之间是书，

书和我之间是——隔膜！

诗中的几样物象都是他最亲近的，相互之间本来是挨着的，但在
望舒的感受中，它们相互隔离着，他不仅没有办法把它们联系起来，而
且他自己跟它们都无法建立联系。陈丙莹说得对："这首诗的音调阴郁、
低沉，反映出他在复杂的人生境遇中倍感寂寞与苦闷的另一种心境。"[139]

另一方面，仿佛青年时代的政治热情重新又被点燃了，望舒参加了
"大教联"（上海各大学民主教授联谊会）。这个民间组织定期讨论时事，
并发表对时局的看法。1947年7月，望舒因为支持进步学生运动，被暨
南大学解聘，他转而去上海音乐专科学校兼职。次年5月，新陆师范专
科学校校长诬告望舒与共产党有染（"大教联"里确实有地下共产党员），
望舒遂被国民党上海当局通缉，被迫再度离开上海，逃往香港。

施蛰存另有一种说法，即望舒曾反对校长本人，那位校长故意报
复，"串通法院说他是香港汉奸文人，附逆文人，出票传讯"。[140] 对此
望舒"愤愤不平，说这些无耻文人自己不干不净，卖身献媚，干了不少
有损于国家民族的丑事，却仗势欺人，向法院递状控告他……他不怕打
官司，但这些人有人给他们撑腰"，所以他觉得自己"犯不着与他们纠
缠不清，无止无休地辩白说理"。最后，他决定与其待在上海受气，还
不如重返香港。[141] 于是，望舒在无锡躲避了一小段时间后，开始了他

的二度逃亡生涯。

当然，他那段时间在他的"发家地"和"大本营"上海也并不完全受气。1948年2月，望舒在上海出了他生前的最后一本诗集，即《灾难的岁月》。收录了他从1932年底去法国留学后到1947年底15年间的几乎全部诗作，一共才88页、880行、25首，平均每年差不多只有1首半。这样的歉收一方面固然是因为人到中年诗情的衰退，或者是因为正如望舒的女儿说的，他写得很认真，[142] 更重要的原因恐怕是因为迫于生计，他疲于奔命，身心都没有一种良好的状态，如何能写诗？这本诗集的出版本身也是诗坛的一个感人的佳话。它是由上海星群出版社出的，发行人是"九叶派"诗人兼装帧设计大师曹辛之。"所谓的'星群出版社'，是曹辛之同志在唱独角戏时挂的一块招牌，他当时既在编诗刊《诗创造》，也印出了一些诗集。是一批穷朋友硬撑出来的一个场面。许多经济困难都是靠生活比较富裕的诗人王辛笛解决的。不仅没稿费，多数作家是自己掏腰包交给'星群'出书。《灾难的岁月》交给曹辛之同志之前，已经被好几处退回了。"[143] 周良沛说书商不愿意出望舒的诗集，是因为他们不喜欢"看到'雨巷诗人'唱出'祝福！我的人民'，'苦难会带来自由解放'的歌"，恐怕是个带着意识形态有色眼镜的揣测。我想，最主要的还是经济方面的原因，在当时出版业极其萧条的情况下，像望舒这样赫赫有名的诗人的诗集也未必能卖得好，而商人一般是不做不挣钱的事的。曹辛之当然不是那样唯利是图的人，星群社是由他跟臧克家等人合办的，不能说他是在唱独角戏。他们编的诗刊不止《诗创造》，而且还有更加重要的《中国新诗》，"九叶派"主要就是靠这份诗刊登上文坛的。曹辛之曾就刊物和诗歌事宜，不止一次前往望舒所住的"那间昏暗小楼去看望他……那时，他患着痛苦的哮喘，得知我们正在着手创办《诗创造》月刊，他极力给予支持"。[144] 在《诗创造》第二、三、四和八辑上，都有望舒翻译的凡尔哈仑、洛尔迦、艾吕雅等人的诗歌。

曹辛之他们编的书不少，其中诗集就有曹自己所著的《噩梦录》（1947年）和《火烧的城》（1948年），有臧克家所著的《罪恶的黑手》《泥土的歌》及其所主编的《创造诗丛》，还有辛笛的《手掌集》等。我们说星群社出版望舒的诗集是一个佳话，是因为"曹辛之同志看到哮喘使望舒在他面前呼吸都困难的痛苦，深懂灾难的岁月使诗人在灾难中写出的诗。这本诗，当时印了1000册，还破例支付了一笔稿费给这位困在上海贫病交加的诗人"。[145]《灾难的岁月》出版后，《诗创造》上还登了篇幅颇大、措辞恰当的广告，说："戴望舒先生，是新诗拓荒者之一……近年来，他专致力于翻译和介绍工作，很少创作。这本《灾难的岁月》，便是从少数诗作中选辑而成的。"[146] 在这确实是诗人与诗人之间理解、友谊与关心的典范。

刚回到香港时，他只好寄居在好友叶灵凤家中。

望舒没想到，这回在香港，他找工作和发表文章都有了困难。他本来觉得，回到老东家《星岛日报》是比较稳妥的选择。于是，从1948年7月起，他以笔名"江思"主编《星岛日报》的副刊《读书与出版》；可是，那时报社的总编辑是个国民党党棍，他当然不容自己身边有个国民党的通缉犯。因此，望舒干了差不多四个月就被解职了。此后，他只零星地有点稿费，另外就是给报社打点短工有点编辑费，以此养活一家子，其窘迫是可想而知的。

这时，令他更没有想到的是，他的后院起火了。杨静本来很崇拜望舒，幻想着望舒是被光环笼罩着，因此一开始她看不见望舒的一些缺点，而望舒像疼爱女儿似的怜惜她，所以开始时对她的一些小孩子脾气也尽量容忍着；但毕竟由于年龄、性格、思想、学养差异太大，心灵之间很难有畅通的交流。杨静后来曾承认："那时候我年纪太小，对他了解不多，也没有想到要好好地了解他。现在看来，可以说是一件憾事。"[147]两人愉快地相处一段时间后，在琐碎、单调而贫乏的现实生活中，问题暴露了出来，两人的关系就出现了裂缝，而且很快变得相互都觉得难以容忍。杨静尤其不能忍受，因为望舒不仅性格上的弱点积重难返，而且身体条件也越来越差，能够抽出来陪伴她的时间精力越来越少。另外，正如在跟穆丽娟结婚之后，他还是想着施绛年一样，望舒在跟杨静结婚之后，也还老是对前妻和大女儿念念不忘，在杨静面前毫不掩饰自己对她们的怀恋，甚至在诗中强烈地表露这种怀恋；前引《过旧居》和《示长女》就是明显的例子。他说"我们曾有一个临海的园子"，这园子不仅是一个"安乐的家"，还是一个被他自己理想化了的、乌托邦似的"家园"。他跟杨静虽然说组成了一个家，但他没有因此而具有家园的感觉。1945年7月8日，他在写作随笔《失去的园子》时，觉得那园子是早已失去了的，在现实中已经不可复得；这使他更加怀念那个往日的家园：

　　……最使我怅惘的，特别是旧居中的那一片小小的园子……
　　那园子临着海，四周是苍翠的松树，每当耕倦了，抛下锄头，坐到松树下面去，迎着从远处渔帆上吹来的风，望着辽远的海，就已经使人心醉了。

杨静知道那个园子的影子在望舒心里所占的分量，她不是没想过帮他把这个"园子"恢复起来，她曾提议两人动手再开辟一个那样的园子。但一个深入记忆或想象的形象是极难现实化的。望舒固执地拒绝了她的提议，还说即使她真弄了个新的园子，哪怕更美丽，那也"不是我的园子，我要我自己的园子"。这不免使杨静由嫉妒而不满而怨恨。反过来，杨静的不满又加剧了望舒的怀恋；两者形成了恶性循环，到最后是不可救药。

后来，在上海期间，两人的关系急剧恶化。望舒一到上海，就把大女儿从穆丽娟那儿接了过来，还与穆丽娟时相往还，因为穆有时要来看望女儿，有时还跟望舒一起去探访双方共同的亲友。这使杨静的醋意更浓了，而她又是那种喜欢把问题和不满流露在脸上的人，弄得望舒往往难以处置。她自己由于漂亮活泼，善于而且喜欢交际，据说还曾独自去美国军营跳舞，很晚才回家；这使望舒万分恼火，怀疑她有外遇甚至在外面乱来，他本来就不太好的脾气变得更加糟糕了。所以当她在外面玩够了，拖着又疲惫又兴奋的身子回家时，望舒没有给她好脸色看，甚至恶语相向，乃至老拳相击。夫妻俩时不时在深夜吵架或打架。[148]

两人的这种恶劣关系以及性格的沟壑，穆丽娟很快就看出来了。她曾写信劝望舒改善一下脾气，对杨静温柔一些。望舒虽然意识上是接受了，还对孙大雨等老友展示这信；但他往往不由自主地情绪失控。他告诉自己要对妻子好点，但事到临头，在言行上表达不出来。

回到上海后，两人都没有致力于关系的改善，所以夫妻生活名存实亡。

1948年末，杨静跟住在隔壁的一个青年私奔。望舒悲愤至极，但他还是压抑着怒火，苦口婆心地劝导妻子跟自己复合，可是没有任何效果；于是，两人协议离婚，杨静生的两个女儿，各带一个。因此，夫妻分开后，望舒得独自照应年幼的孩子。父女俩寄居在叶灵凤家的客厅里。

监狱磨难的后遗症、事业的不稳、家庭的不幸使他的健康状况非常糟糕，稍微劳动一下，他就会喘吁半天。他在病痛和孤寂中熬着。据知情的叶灵凤说，"本来乐观倔强的他，这时也一再在人前摇头说：'死了，这一次一定死了'。"[149]

1949年2月21日，他终于下定决心跟杨静正式协议离了婚。

注解：

1.《现代土耳其政治·编者赘语》，《戴望舒全集》散文卷，中国青年出版社，1999年版，第180页。

2. 陈丙莹：《戴望舒评传》，重庆出版社，1993年11月，第177页。

3. 徐迟：《江南小镇》，作家出版社，1993年版，第255、259页。

4. 冯亦代：《又见香港》，载《纽约漫步》，百花文艺出版社，1983年版。

5.《戴望舒全集》散文卷，中国青年出版社，1999年版，第182页。

6.《戴望舒全集》散文卷，中国青年出版社，1999年版，第202页。

7.《星岛日报》文艺副刊《星座》第41期，1938年9月10日第14版《编者话》。

8.《戴望舒全集》散文卷，中国青年出版社，1999年版，第202页。

9. 冯亦代：《戴望舒在香港》，载《龙套集》，三联书店，1984年。

10. 徐迟：《江南小镇》，作家出版社，1993年版，第250页。

11. 望舒致艾青函，转引自周红兴、葛荣：《艾青与戴望舒》，载《新文学》第144页，1983年第4期。

12. 望舒致艾青函，转引自周红兴、葛荣：《艾青与戴望舒》，载《新文学》第144页，1983年第4期。

13. 望舒致艾青函，转引自周红兴、葛荣：《艾青与戴望舒》，载《新文学》第145页，1983年第4期。

14. 转引自周红兴、葛荣：《艾青与戴望舒》，载《新文学》第145页，1983年第4期。

15. 徐迟：《江南小镇》，作家出版社，1993年版，第250页。

16. 转引自周红兴、葛荣：《艾青与戴望舒》，载《新文学》第145-146页，

1983年第4期。

17. 徐迟：《江南小镇》，作家出版社，1993年版，第251页。

18.《戴望舒全集》诗歌卷，中国青年出版社，1999年版，第591页。

19.《戴望舒全集》诗歌卷，中国青年出版社，1999年版，第592页。

20. 陈丙莹：《戴望舒评传》，重庆出版社，1993年11月，第177页。

21. 冯亦代：《戴望舒在香港》，载《龙套集》，三联书店，1984年。

22. 徐迟：《江南小镇》，作家出版社，1993年版，第251页。

23. 冯亦代：《戴望舒在香港》，载《龙套集》，三联书店，1984年。

24. 冯亦代：《戴望舒在香港》，载《龙套集》，三联书店，1984年。

25. 冯亦代：《戴望舒在香港》，载《龙套集》，三联书店，1984年。

26. 徐迟：《江南小镇》，作家出版社，1993年版，第249-250页。

27. 冯亦代：《戴望舒在香港》，载《龙套集》，三联书店，1984年。

28. 徐迟：《江南小镇》，作家出版社，1993年版，第226页。

29. 周红兴、葛荣：《艾青与戴望舒》，载《新文学》第145页，1983年第4期。

30. 转引自周红兴、葛荣：《艾青与戴望舒》，载《新文学》第145页，1983年第4期。

31. 艾青：《望舒的诗》，载《戴望舒诗集》，四川人民出版社，1983年。

32. 周红兴、葛荣：《艾青与戴望舒》，载《新文学》第144页，1983年第4期。

33. 陈丙莹：《戴望舒评传》，重庆出版社，1993年11月，第209页。

34. 孙玉石主编：《戴望舒名作欣赏》，中国和平出版社，1993年6月版，第299-300页。

35. 吕家乡：《笔写自我　心系风云——评别开生面的政治抒情诗人戴望

舒》，载《学术月刊》，1985年第11期，第44页。

36. 卞之琳：《戴望舒诗集·序》，四川人民出版社，1983年。

37. 孙玉石主编：《戴望舒名作欣赏》，中国和平出版社，1993年6月版，第299—301页。

38. 陈丙莹：《戴望舒评传》，重庆出版社，1993年11月，第209页。

39. 茅盾：《民间艺术形式和民主的诗人》，原载《文艺丛刊1集〈脚印〉》，1947年11月。

40. 迪姆·加鲁（Tim Carrew）：《香港沦陷记》（*The Fall of Hong Kong*），转引自叶灵凤：《读书随笔》第三集第149页，北京三联书店，1988年。

41. 徐迟：《江南小镇》，作家出版社，1993年版，第285页。

42.《大公报》1941年12月3日载文《中西报纸战时决不停刊，已向当局表示》。

43.《戴望舒全集》散文卷，中国青年出版社，1999年版，第203页。

44.《戴望舒全集》散文卷，中国青年出版社，1999年版，第203—204页。

45. 卢玮銮：《戴望舒在香港》，见《戴望舒选集》第312页，人民文学出版社，1993年。

46. 孙源：《回忆诗人戴望舒》，《海洋文艺》第七卷第六期，1980年6月10日。

47. 黄宗英：《盈盈望望舒》，载《收获》，1999年第20期。

48. 黄宗英：《盈盈望望舒》，载《收获》，1999年第20期。

49. 杜宣：《忆望舒》，原载《文学报》1983年8月18日，见《飞絮，浪花，岁月》第75页，百花文艺出版社，1984年版。

50. 李辉：《难以走出的雨巷》，载《收获》，1999年第6期第153页。

51. 据说这是徐迟在1983年2月12日亲口说的，见芦玮銮：《戴望舒在香港》，《戴望舒选集》第318页，人民文学出版社，1993年。

52. 徐迟：《江南小镇》，作家出版社，1993年版，第391页。

53. 孙源：《追良师益友戴望舒》，载《香港文学》，1990年第7期。

54. 徐迟：《江南小镇》，作家出版社，1993年版，第254页。

55. 李辉：《难以走出的雨巷》，载《收获》，1999年第6期，第154页。

56.《戴望舒全集》散文卷，中国青年出版社，1999年版，第220页。

57.《戴望舒全集》散文卷，中国青年出版社，1999年版，第221页。

58.《戴望舒全集》散文卷，中国青年出版社，1999年版，第222-223页。

59.《戴望舒全集》散文卷，中国青年出版社，1999年版，第223页。

60.《戴望舒全集》散文卷，中国青年出版社，1999年版，第224页。

61.《戴望舒全集》散文卷，中国青年出版社，1999年版，第224页。

62. 王文彬：《戴望舒与穆丽娟》，中国青年出版社，1995年版，第125页。

63. 王文彬：《戴望舒与穆丽娟》，中国青年出版社，1995年版，第125页。

64. 王文彬：《戴望舒与穆丽娟》，中国青年出版社，1995年版，第122页。

65. 王文彬：《戴望舒与穆丽娟》，中国青年出版社，1995年版，第123页。

66. 端木蕻良：《友情的丝——和戴望舒最初的会晤》，载香港《八方》文艺丛刊第5辑，1987年4月。

67. 端木蕻良：《五四怀旧词》，载《文汇报》，1979年4月29日第12版。

68. 孔海珠：《友情的丝在延绵——端木蕻良和戴望舒》，载《香港文学》，1990年第10期。

69. 转引自孔海珠：《友情的丝在延绵——端木蕻良和戴望舒》，载《香港文学》，1990年第10期。

70. 丁言昭：《萧红传》附录二"萧红著作目录"，309页，江苏文艺出版社，1993年9月。

71. 季红真：《萧红传》，第364-365页，北京十月文艺出版社，2000年。

72. 杜宣：《忆望舒》，原载《文学报》1983年8月18日，见《飞絮，浪花，岁月》第77页，百花文艺出版社，1984年版。

73. 王文彬：《本事和隐喻》，载《读书》，2003年第2期，第42页。

74. 转引自王文彬：《本事和隐喻》，载《读书》，2003年第2期，第42页。

75. 转引自王文彬：《本事和隐喻》，载《读书》，2003年第2期，第43页。

76. 王文彬：《本事和隐喻》，载《读书》，2003年第2期，第45页。

77. 转引自王文彬：《本事和隐喻》，载《读书》2003年第2期第43页。

78. 转引自王文彬：《本事和隐喻》，载《读书》，2003年第2期，第43页。

79. 转引自王文彬：《本事和隐喻》，载《读书》，2003年第2期，第43页。

80. 臧棣：《一首伟大的诗可以有多短》，载《读书》，2001年第12期。

81. 王文彬：《本事和隐喻》，载《读书》，2003年第2期，第46页。

82. 孙玉石主编：《戴望舒名作欣赏》，中国和平出版社，1993年6月版，第326-327页。

83. 孙玉石主编：《戴望舒名作欣赏》，中国和平出版社，1993年6月版，第327页。

84. 孙玉石主编：《戴望舒名作欣赏》，中国和平出版社，1993年6月版，第331页。

85. 孙玉石主编：《戴望舒名作欣赏》，中国和平出版社，1993年6月版，第332页。

86. 王文彬：《〈我用残损的手掌〉：透视戴望舒》，见《文艺理论与批评》，2000年01期。

87. 米歇尔·鲁阿：《墙上芦苇》，见《文学研究参考》，1987年第12期。

88. 苏珊娜·贝尔纳：《生活的梦》，载《读书》，1982年第7期，第39页。

89. 孙玉石主编：《戴望舒名作欣赏》，中国和平出版社，1993年6月版，第332页。

90. 周红兴、葛荣：《艾青与戴望舒》，载《新文学》第144页，1983年第4期。

91. 冯亦代：《戴望舒在香港》，载《龙套集》，三联书店，1984年。

92. 郑家镇：《我认识的戴望舒》，载《香港文学》，1990年第7期。

93. 黎明起：《回忆望舒》，载《华侨日报·文艺周刊》第127期，1950年4月10日。转引自卢玮銮：《戴望舒在香港》第66条注解，《戴望舒选集》，人民文学出版社，1993年版，第335页。

94. 转引自杨玉峰：《戴望舒在香港主编的两个日报副刊——〈文艺周刊〉和〈日曜文艺〉》。

95. 《戴望舒全集》散文卷，中国青年出版社，1999年版，第448页。

96. 《戴望舒全集》散文卷，中国青年出版社，1999年版，第449页。

97. 卢玮銮：《戴望舒在香港》，见《戴望舒选集》，人民文学出版社，1993年版，第322页。

98. 潘颂德：《中国现代新诗理论批评史》，学林出版社，2002年8月版，第291页。

99. 《戴望舒全集》散文卷，中国青年出版社，1999年版，第187页。

100.《戴望舒全集》散文卷，中国青年出版社，1999年版，第188页。

101. 孙玉石主编：《戴望舒名作欣赏》，中国和平出版社，1993年6月版，第302-303页。

102. 孙玉石主编：《戴望舒名作欣赏》，中国和平出版社，1993年6月版，第306、310页。

103. 袁水拍：《香港的战时民谣》，原载《华侨报·热风》，转引自卢玮銮：《戴望舒在香港》，见《戴望舒选集》第324-325页，人民文学出版社，

1993年。

104. 王佐良：《译诗与写诗之间——读〈戴望舒译诗集〉》，见《论诗的翻译》第15页，江西教育出版社，1992年8月。

105. 陈丙莹：《戴望舒评传》，重庆出版社，1993年11月，第209页。

106. 陈丙莹：《戴望舒评传》，重庆出版社，1993年11月，第182页。

107. 徐迟：《江南小镇》，作家出版社，1993年版，第233页。

108. 陈丙莹：《戴望舒评传》，重庆出版社，1993年11月，第183页。

109. 卢玮銮：《戴望舒在香港的著作译作目录》，见《香港文学》，1985年，第2页。

110. 卢玮銮：《戴望舒在香港》，见《戴望舒选集》第323页，人民文学出版社，1993年。

111. 倪墨炎：《现代文坛随录》，上海人民出版社，1989年。

112. 陈丙莹：《戴望舒评传》，重庆出版社，1993年11月，第183-184页。

113. 郑择魁、王文彬：《戴望舒评传》，百花文艺出版社，1987年版，第166页。

114. 秸康裔（明显是个笔名）：《邻笛山阳——悼念一位三十年代新感觉派作家穆时英先生》，载香港《掌故》月刊，1973年第10期。

115. 王文彬：《戴望舒与穆丽娟》，中国青年出版社，1995年版，第127页。

116. 徐品玉：《我所知道的戴望舒和穆丽娟》，原载《星报》，1983年1月9日；转引自王文彬：《戴望舒与穆丽娟》，中国青年出版社，1995年版，第128页。

117. 王文彬：《戴望舒与穆丽娟》，中国青年出版社，1995年版，第129页。

118. 王文彬：《戴望舒与穆丽娟》，中国青年出版社，1995年版，第130页。

119. 王文彬：《戴望舒与穆丽娟》，中国青年出版社，1995年版，第131页。

120. 王文彬：《戴望舒与穆丽娟》，中国青年出版社，1995年版，第132页。

121. 王文彬：《戴望舒与穆丽娟》，中国青年出版社，1995年版，第143页。

122. 郑择魁、王文彬：《戴望舒评传》，百花文艺出版社，1987年版，第166页。

123. 王文彬：《戴望舒与穆丽娟》，中国青年出版社，1995年版，第112页。

124.《戴望舒选集》，1993年4月人民文学出版社出版，第348页。

125. 陈丙莹：《戴望舒评传》，重庆出版社，1993年11月，第193页。

126. 何家槐（1911—1969年），浙江义乌人，中共党员，1932年在上海参加中国左翼作家联盟，后曾在国民党军事指挥机关工作。

127. 黄药眠（1903—1987年），皖南事变后，撤退到香港，与杨刚、乔冠华等人组织国际宣传运动。

128. 廖沫沙的笔名，时任香港中共领导的《华商报》副总编。

129.《文艺生活》第2期光复号，1946年2月，第46页。

130. 周良沛：《戴望舒面面观》，见《诗就是诗》，人民文学出版社，1990年。

131. 李辉：《难以走出的雨巷》，载《收获》，1999年第6期，第152页。

132. 姜德明：《夏衍为戴望舒、叶灵凤申辩》，载《文艺报》1988年9月24日。

133. 杨玉峰：《戴望舒资料三题》，载《中国现代文学研究丛刊》

134. 李辉：《难以走出的雨巷》，载《收获》1999年第6期，第152页。

135. 李辉：《难以走出的雨巷》，载《收获》1999年第6期，第152页。

136. 姜德明：《夏衍为戴望舒、叶灵凤申辩》，载《文艺报》1988年9月24日。

137. 李辉：《难以走出的雨巷》，载《收获》，1999年第6期，第151页。

138. 杜宣：《忆望舒》，原载《文学报》1983年8月18日，见《飞絮，浪花，岁月》第75页，百花文艺出版社，1984年版。

139. 陈丙莹：《戴望舒评传》，重庆出版社，1993年11月，第193页。

140. 陈丙莹：《戴望舒评传》，重庆出版社，1993年11月，第193页。

141. 孙源：《追良师益友戴望舒》，载《香港文学》，1990年第7期。

142. 转引自周良沛：《戴望舒诗集·编后》，第173页，四川人民出版社，1983年。

143. 周良沛：《戴望舒诗集·编后》，第172页，四川人民出版社，1983年。

144. 曹辛之（杭约赫）：《最初的蜜·后记》，文化艺术出版社，1985年10月。

145. 周良沛：《戴望舒诗集·编后》，第172-173页，四川人民出版社，1983年。

146. 转引自王文彬：《戴望舒与穆丽娟》，中国青年出版社，1995年版，第168页。

147. 公孙树：《与杨静女士谈戴望舒的爱与死》。转引自王文彬：《戴望舒与穆丽娟》，中国青年出版社，1995年版，第148页。

148. 王文彬：《戴望舒与穆丽娟》，中国青年出版社，1995年版，第163页。

149. 叶灵凤：《望舒和灾难的岁月》，载《文艺世纪》，1957年第8期。

第六章

北京贵宾——

"只要严肃地工作，前途是无限的"

第一节 /

独自带着两个女儿离开香港、冒充押货员乘坐货船北上

为了摆脱生活和心里的苦况，戴望舒筹划着转往刚刚解放的北京。尽管他从来没有在北方长时间待过，肯定难以在短时间内习惯北方生活，好多朋友都劝他不要北上，因为他患的是很厉害的哮喘病，不宜远行，更不宜到北方——北方寒冷的气候他恐怕吃不消。但他自己却说："他的身体适宜于寒冷的天气。"[1] "临走那几天哮喘病正在发作，带了两个小女儿到旅馆的时候，连一层的楼梯都爬不上……当夜他喘了一夜，第二天上船还是那么高兴！"[2] 望舒是跟卞之琳一起由香港乘轮船北上的，因为当时卞结束在英国的访问学者生涯，要途经香港回北京；两人

正好同路。

1949年3月11日，望舒怀着"就是死也要死得光荣一点"的意愿，毅然带着两个女儿乘船北上。杨静并没有随行，所以自称曾与望舒在香港对桌办公达两年多的郑家镇说望舒"携妻返北京定居"[3]云云，是弄错了。由于当时南北完全是两个对立的天下，他们乘坐的是悬挂巴拿马国旗的货船，戴望舒和卞之琳都冒充押货员。

一进入北方，望舒一行就受到了相当高的礼遇。18日傍晚，轮船到达塘沽，当地的社会安全局受命先安排他们住进招待所，然后为他们举行了一个盛大的欢迎宴会。次日，又为他们举行招待会。会后，望舒一行被安排乘坐火车前往天津。天津市政府又派专人在车站举行欢迎活动。他们在天津车站休息一个小时后，继续前往北京。

第二节 /
邀请杨静北上团圆、被杨静婉言拒绝、与母亲和孩子在一起

1949年3月19日下午4点钟，他们到达北平，旋即被接到了毗邻天安门广场的翠明庄住下。翠明庄是日本人于二十世纪三十年代建造的一家上等宾馆。1946年成为军调部中共代表团驻地。北平解放后，人民政府把它收归国有，成为接待民主人士的地方。对于望舒来说，翠明庄最大的好处也许莫过于"清静而进出自由"。[4]

望舒一家住的是最好的房间，有卧室、浴室、贮藏室等4间，小而精致，而且房中还有电话，与外界联系十分方便；这在1940年代末，是

很难得的条件。据说，叶剑英、徐冰（北京市原副市长）都曾住过这个套间。父女三人在那儿住了足足有一个多月，吃的，用的，都不用自己操心，而且相当丰富。望舒每天的事就是带着女儿在北京城里到处游玩，不是看戏就是逛公园。这种优哉游哉的日子一直持续到4月1日，两个女儿插班进入蔡元培、李石曾和沈尹默等创办的孔德学校（现在是北京第二十七中学）为止。

望舒本来是打算跟着解放军南下的，但由于身体不好，在北京受到了如此的优待，孩子们也习惯了、喜欢上了北京还进了学校，更由于有关部门已经向他透露要给他在北京安排重要的工作；所以他取消了南下的计划。他想在北京定居了。

于是，他写信，劝说杨静，希望她回心转意，也到北京来跟他们团聚。望舒是很重情义的人。尽管杨静做了最对不起他的事，但两人毕竟夫妻一场，他谅解了她。他在信中倾吐了对她的思念和爱意："我一直对自己说，我要忘记你，但是我如何能忘记！每到一个好玩的地方，每逢到一点快乐的事，我就想到你，心里想：如果你在这儿多好啊！……真的，你为什么抛开我们？" [5]

这最后一句话，看似怨恨，实际上只是表达了他内心的酸楚而已，而且这酸楚里还浸透着希望。否则，他不会万分殷切地请杨静北上："我倒很希望你到北平来看看，索性把昂朵也带来。现在北平是开满了花的时候，街路上充满了歌声，人心里充满了希望。在香港，你只是一个点缀品，这里，你将成为一个有用的人，有无限前途的人。如果有意，可去找沈松泉 [6] 设法，或找灵凤转夏衍。我应该连忙声明这是为你自己打算而不是为我。"[7]

杨静对望舒试探性的邀请表示了谨慎的回应，她同意北上，但语气是吞吞吐吐的。她给望舒回信说："最近手头很拮据，不然我倒想由沪转平玩玩。我极想送昂朵来平。她在这里是很寂寞的，常常想念着朵朵。如果北平有工作给我做，生活不致产生问题，那我即能设法带昂朵来北平。当然我是不敢冒险而行……"[8]

望舒接到信后，觉得希望很大，所以心花怒放。不过，他也明白了杨静的担心，一个是路费问题，一个是工作问题。他立即又给杨静写信，详细给她解释，以冰释她心头的疑虑，并给了她莫大的鼓励，还详细告诉她解决问题的办法。另外，他再次展开攻心战，"一日夫妻百日恩"自然要说，更重要的是，杨静既然一再提到孩子，他在孩子身上做起了文章，孩子的确是联系夫妻之间感情的一个极有效的纽带，尤其是对于那些感情出现了裂缝而意图破镜重圆的。望舒深情地写道："二朵认识了很多的大朋友，如舒绣文，周小燕等，连我也都不熟的；马思聪家我也常带她去，她和思聪的次女雪雪是好朋友，她认戴爱莲做姑姑……自从你写信来说要带昂朵来平后，她时常问你什么时候来，你叫我怎样回答她呢？我以为你到这里来也很好，做事和学习的机会都很多，决不会落空的。筹一笔船费就是了，一到天津就有人招待你的。如果连船费也没有办法，那么让我去和沈松泉商量，叫他们的货船带你来。"[9]

也许是盛情难却吧，也许真的是为了孩子，杨静答应了望舒的邀请。她回信说："我决定来平……我一定会来平的。"不过，就在那封信的最后，她还给自己留了余地，说："如果我筹不到一笔钱，那就不可能去平，但愿不要失败。"[10] 她果然利用这一借口"食言"了，不到半个月，她又给望舒写信说"我暂无法来平"，并说原因是她还没有筹集到旅费。[11] 其实，望舒在前面的信中已经跟她说得明明白白，教她如何去解决旅费问题。看来，她还有更加难言的原因，所以无法北上。从法律上来说，他们俩已经离婚，再复合是要承受周围人们的压力的。她早先给望舒的信中露出了某种令她顾虑的端倪："如果您有要事，可给电报我，以后写信别写我的名字，家里不高兴的。"[12]

虽然杨静没来跟他团聚，但为了照应孩子，望舒把老母亲接到了北京。上有老，下有小，"他的孤独寂寞感有些消除，心情也好些"。[13] 那时他被安排了工作，而且还要参加各种活动、会议；所以他过徢还是相当忙碌、充实、兴奋。起初，他被安置在华北大学第三部[14]的一个研究室工作，第三部的主任就是老友艾青；说是工作，实际上是进行政治学习。北上后，他没有写一首诗，他本质上不是颂歌型诗人，虽然他明知身边存在着许多可以歌颂的题材，但他没有办法把它们编织在诗句里。1949年6月的一天，望舒"抱着一个拖着一个"孩子来到北京火车站，迎接由上海赶来参加第一届文代会的老友冯亦代。冯一见他，就"问他写了多少诗。他说在明朗的天空下，到处是诗，但诗人的笔却无以写出人民的欢乐于万一"。[15]

第三节 /
参加首届文代会、供职于国家新闻出版总署、住院坚持工作

中华全国文学艺术工作者代表大会（第一次文代会）于1949年7月2日至19日在北平（今北京）举行。来自平津代表第一团、平津代表第二团、华北代表团、西北代表团、华东代表团、东北代表团、华中代表团、部队代表团、南方代表第一团、南方代表第二团的约820位代表受到邀请，实际报到约650位。望舒属于南方第一团，该团中有曾经检举他为汉奸的作家黄药眠等人。他正式成了"反对帝国主义，反对封建主义，反对官僚资本主义的文学艺术工作者各方面的代表人物"。[16] 8月，望舒就被选为中华全国文学工作者协会理事。

新中国成立后，望舒被调到国家新闻出版总署国际新闻局，那是对外宣传机构，相当于现在的外文局；是署长胡乔木点名要他的，而且亲自任命他为法文科（后改称法文组）科长。杜宣说"望舒定居北京，在外文局从事西班牙文工作"，[17] 是弄错了。从此，望舒"无私地全心全意投入这项工作"。据法文科副科长、他在香港时的老同事孙源回忆说"法文组成立伊始，参考资料、辞典等工具书一概没有，望舒从他带到北京的自己藏书中挑选出若干，每隔一二天用蓝布包袱包起，夹在腋下送到法文组，后来连他自己的打字机也送来公用。他还到一些大学等单位托人推荐法语人才以扩充法文组。"[18] 听说他还有意争取著名法国文学专家罗大冈、齐香夫妇到法文科去工作。[19]

国际新闻局接受的第一项重要工作是翻译毛主席的《新民主主义论》和《全国政治协商会议纲领》两本小册子。望舒刚刚开始着手工作后不久，就病倒了。他在蹲日本监狱时得了严重的哮喘病，应该说适合于在华南那样比较温暖的气候环境中生活。早在他临离开香港北上前，朋友们就告诫他北方气候寒冷，会加剧他的哮喘病。到了冬天，望舒住在一间没有暖气设备的房子里，他只能生煤球炉子取暖，在寒冷和煤气的交攻下，他的哮喘病迅速复发而且很快恶化，"有时喘得好几分钟也停不下来"。[20] 他不得不住进了医院。由于他的助手孙源还对自己的法语水平不太自信，而且又是翻译政策性、文献性的东西；所以望舒不敢怠慢，所有译文他都要亲自仔细校对，孙源则每隔两三天到医院去送译稿。"后来他住久了医院，感到寂寞烦闷（也许还挂念工作），他想出院。虽经不少好友劝阻，他还是下定决心要出院，说他自己会打麻黄素针，可以在家里自己治疗……也许是他相信靠麻黄素针可以捱过冬季，等到开春就会好起来恢复健康的。可是，病情却不听他的使唤，终于等不到春天而猝然逝世了。"[21] 最后，领导、同事和医生都拗不过他，就同意他出院了，直到他在家中溘然去世。周红兴、葛荣说望舒"因患气管炎割治无效，于一九五〇年二月二十八日在协和医院逝世"[22] 云云，显然弄错了。

第四节 /

诗人之死、给自己打针出了问题、隆重的追悼会、胡乔木
亲笔写悼文、葬在万安公墓、诗歌比石头更牢固

　　1950年2月28日上午8点多钟，望舒照例给自己打针。也许是为了早
日康复，他特地加大了剂量。可是过了一会儿，他就感觉心跳加剧，自
知不妙，赶紧喊请大夫，旋即昏倒在了床沿上。住在隔壁的是他在《星
岛日报》时的老同事刘某，刘也因病在家休养，一听望舒呼救，立即奔
进他房内，先把他扶上床，然后请门房去局里报告，门房叫了辆三轮车
直奔局里。副局长刘尊祺和秘书长冯亦代赶忙带上医务室医生乘汽车去
戴家。可是，当他们到达时，望舒已经没救了。据说，他那样的发病一
般10分钟左右就回天乏术了。

　　不多时，胡乔木也闻讯赶来，忍着悲痛慰问望舒的老母亲，并向
她保证政府会负责抚养望舒的年幼的孩子，包括划归杨静的那个，因为
望舒至死都没有跟杨静在离婚协议书上正式签字。1952年冬天，杜宣曾
到北京望舒家中见到杨静。[23] 大概那时她把望舒最小的女儿带到了北京，
交托给了望舒的老母亲，她则独自返回香港。据说，她是1997年才患癌
症去世的。

　　下午，殡仪工人给望舒换上了新买的灰布棉服，戴上了棉帽，以
证明他的干部身份。随即，他的遗体被装进了棺材。那天夜里，无星无
月，天地间一片漆黑。在静寂的胡同里，一个神情肃穆的人敲着梆子，
发出一声声单调而凄凉的脆响，那是为了使他后面四个抬棺材的人步调

一致，同时也是为了让过路的行人躲避。送殡的只有三五友好。望舒的灵柩就这样穿过好几条小胡同，最后被安厝在了西单的舍饭寺。

望舒享年仅仅45岁，真叫天妒其才，英年早逝。记得望舒曾在长篇文史随笔《读〈李娃传〉》中，考证出作者白行简"得年只有五十一岁"。然后他感慨说白"萎谢得那么快，那么早，真是感到无限惋惜"。[24] 这话有点像是谶语——预设的自悼，想不到他自己的寿命比白还要短！他的夭折让当时方兴未艾的中国文坛着实心碎了一阵子。

3月1日，《人民日报》发布了望舒逝世的消息，云："诗人戴望舒逝世，陆定一等前往照料入殓。"同时，发表了胡乔木亲自赶写的《悼望舒》一文，说："我为中国丧失了一个决定为人民服务的有才能的抒情诗人而悲悼。"一方面，他以宣传、统战领域的领导的口吻，大谈望舒如何转变观念，热情地学习新事物，参加新工作，据说望舒曾表示"要求加入中国共产党"；另一方面，则为望舒到北京后没能写出一行诗进行了辩解，说"他暂时停止了他的文学活动，不过是这个进步的一方面表现。他决心改变他过去的生活和创作的方向"云云。胡乔木相信，如果望舒没有英年早逝的话，"不久以后将写出新的美丽的诗章来"。据说，望舒在艾青"手下"学习新东西时，曾"向艾青畅谈了他重新写诗的愿望"。[25] 如果他真写的话，不知会写出什么样的作品来。据说，在学习的过程中，他就深刻认识到了他以前的诗歌的问题，即缺乏生活实感和小资产阶级趣味太浓。[26] 胡乔木毕竟是善于利用舆论的高手，在这篇短得不能再短的悼念老友的文章里，他都不忘义不容辞的宣传大任，高屋建瓴似的呼吁："让活着的把工作做得更多更好，来填补死者留下的空白吧！"

3月5日上午，中国文联和新闻出版总署联合在新闻总署礼堂举行追悼会。共有百余人参加，其中不乏著名人士，如郑振铎、老舍、艾青、袁水拍、范长江、冯亦代、叶浅予、丁玲、文怀沙、萧乾、荒芜等。政务院副总理董必武、文教委员会主任郭沫若、中央宣传部部长陆定一以及马叙伦等人送来花圈挽联。会场有乐队演奏哀乐。追悼会由文化部部长茅盾主持，胡乔木等人致悼词。徐迟还朗诵了望舒的诗。

同日的《人民日报》发表了卞之琳的《悼望舒》一文，卞也为望舒的死不逢时表示了痛悼："他在旧社会未能把他的才能好好施展。现在正要为新社会施展他的才能，却忽然来不及了！"

8日，望舒被安葬于北京西山脚下的万安公墓。碑文是茅盾写的，只有"诗人戴望舒之墓"七个字。万安公墓是北京最清净的墓地，朱自清、穆旦、王力等大批知识分子都在那儿静静地享受着安宁。望舒与朱自清毗邻而居。20多年前，笔者刚到北京时，曾去寻访致敬。

应该说，望舒从到北京的第一天起直到他去世、葬礼以及后事，共产党都是给予了极高的待遇。望舒泉下有知，定会心存不尽的感激。临终前，他都已经申请入党了。以至于在他的追悼会上，政务院送的挽联写的是："雄心在入党知先生非复象征诗人。"[27]

"文化大革命"期间，已经作古的望舒被判定为资产阶级诗人，一批红卫兵千里迢迢由四川赶来，破坏了他的墓地。1980年才由中国作家协会拨款修复，茅盾先生重新写了碑文。1982年清明节早晨，望舒的几个老友冯亦代、邹荻帆、邵燕祥、艾青等专程前往凭吊。[28]

其实一个诗人最好的墓穴就是他的诗歌。望舒逝世后不久，在胡乔木亲自过问下，有关部门和出版社从施蛰存手里把望舒的手稿收集起来，陆续出版了他的一些遗著。如，1956年由人民文学出版社出了《戴望舒诗选》。艾青在序言中说："望舒是一个具有丰富才能的诗人……他的诗，具有很高的语言的魅力。"[29] 斗转星移四分之一个世纪后，即1981年，四川人民出版社才又出了《戴望舒诗集》。在序言中，卞之琳说："戴望舒的这种艺术独创性的成熟，却也表明了他上接我国根深蒂固的诗词传统这种功夫的完善，外应（迎或拒）世界诗艺潮流变化这种敏感性的深化。"[30]

看来，望舒为自己营构的诗歌之墓是牢固的，他完全可以安息。

注解：

1. 郑家镇：《我认识的戴望舒》，载《香港文学》1990年第7期。

2. 卞之琳：《悼望舒》，载《人民日报》1950年3月5日。

3. 郑家镇：《我认识的戴望舒》，载《香港文学》1990年第7期。

4. 望舒1949年4月27日致杨静函，见《戴望舒全集》散文卷，中国青年出版社，1999年版，第257页。

5. 望舒1949年4月27日致杨静函，见《戴望舒全集》散文卷，中国青年出版社，1999年版，第256页。

6. 可能是船东。

7. 望舒1949年4月27日致杨静函，见《戴望舒全集》散文卷，中国青年出版社，1999年版，第257页。

8. 见《戴望舒全集》散文卷，中国青年出版社，1999年版，第261页。

9. 望舒1949年8月4日致杨静函，见《戴望舒全集》散文卷，中国青年出版社，1999年版，第259-260页。

10. 杨静1949年10月6日致望舒函，见《戴望舒全集》散文卷，中国青年出版社，1999年版，第262-263页。

11. 杨静1949年10月29日致望舒函，见《戴望舒全集》散文卷，中国青年出版社，1999年版，第263页。

12. 见《戴望舒全集》散文卷，中国青年出版社，1999年版，第262页。

13. 孙源：《追良师益友戴望舒》，载《香港文学》1990年第7期。

14. 1946年夏，华北联合大学与北方大学合并，成立华北大学，两所大学的文艺学院合并，组成华北大学第三部。

15. 冯亦代：《祭戴望舒》，载《香港文学》1990年第7期。

16. 郭沫若在大会筹备委员会会议上的发言，见《中华全国文学艺术工作者代表大会纪念文集》，1950年，新华书店。

17. 杜宣：《忆望舒》，载1983年8月18日《文学报》。

18. 孙源：《追良师益友戴望舒》，载《香港文学》1990年第7期，第16—17页。

19. 罗大冈：《望舒剪影》，《中国作家》1987年第7期，第166页。

20. 孙源：《追良师益友戴望舒》，载《香港文学》1990年第7期，第17页。

21. 孙源：《追良师益友戴望舒》，载《香港文学》1990年第7期，第17页。

22. 周红兴、葛荣：《艾青与戴望舒》，载《新文学史料》1983年第4期，第147页。

23. 杜宣：《忆望舒》，载1983年8月18日《文学报》。

24.《戴望舒全集》散文卷，中国青年出版社，1999年版，第293页。

25. 周红兴、葛荣：《艾青与戴望舒》，载《新文学史料》1983年第4期，第147页。

26. 王文彬：《戴望舒与穆丽娟》，中国青年出版社，1995年版，第184页。

27. 王文彬：《戴望舒与穆丽娟》，中国青年出版社，1995年版，第185页。

28. 冯亦代：《祭戴望舒》，载《香港文学》1990年第7期。

29. 艾青：《戴望舒诗集·望舒的诗》，四川人民出版社，1981年版，第9页。

30. 卞之琳：《戴望舒诗集·序》，四川人民出版社，1981年版，第5—6页。

戴望舒年谱简编

◇ 1905年　　1岁

11月5日，生于杭州。

◇ 1911年　　8岁

入杭州鹾务小学。

◇ 1918年　　13岁

入杭州宗文中学（今杭州十中），同学有杜衡、张天翼等。

◇ 1921年　　16岁

在杭州结识施蛰存。

◇ 1922年　　17岁

9月，发起组织文学团体"兰社"。

◇ 1923年　　18岁

元旦，创办旬刊《兰友》，发表自己创作的旧体诗、小说等；开始向上海的《礼拜六》《星期》《半月》等"鸳鸯蝴蝶派"刊物投稿。

秋，与施蛰存同入上海大学中文系，兼听社会学系的课程，与丁玲同学。

◇ 1925年　　20岁

秋，转至震旦大学特别班学习法文。

◇ 1926年　21岁

夏，升入震旦法文科一年级。

3月17日，与施蛰存、杜衡等人创办同人刊物《璎珞》，首次用笔名"望舒"，并首次发表新诗。

暑假中，与施蛰存、杜衡一起加入共青团。

◇ 1927年　22岁

3月，因革命宣传而被捕。

7、8月间，到北京，认识胡也频、沈从文、冯雪峰诸人。

◇ 1928年　23岁

8月10日，在《小说月报》发表《雨巷》，得"雨巷诗人"称号。

9月，协助刘呐鸥创办"第一线书店"。译作法国夏多布里昂的小说《少女之誓》由开明书店出版，译作西班牙伊巴涅斯的小说《良夜幽情曲》和《醉男醉女》由上海光华书局出版。

11月，译作法国贝洛尔的童话《鹅妈妈的故事》由上海开明书店出版。

12月，发表名诗《断指》。

◇ 1929年　24岁

1月，译作法国穆杭的《天女玉丽》由上海尚志书屋出版。

春"第一线书店"更名为"水沫书店"。

4月，自己编定的第一本诗集《我的记忆》和译作古罗马沃维提乌思（奥维德）的《爱经》由水沫书店印行。

8月，译作法国古弹词《屋卡珊和尼古莱特》由上海光华书局出版。

◇ 1930年　25岁

3月2日，和杜衡一起参加左联成立大会，还正式加入了该会。

3月，与徐霞村合译阿索林的散文集《西班牙的未婚妻》由上海神州国光社印行。

5月，与人合译《俄罗斯短篇杰作集》和译作苏联里别进斯基的《一周间》由水沫书店印行。

8月 译作苏联伊可维支的《唯物史观的文学论》由水沫书店出版。

◇ 1931年　26岁
春夏之交，与施蛰存的妹妹施绛年订婚。

◇ 1932年　27岁
5月1日，《现代》匆匆创刊，由施蛰存主编，望舒为主要撰稿人。

10月8日，搭乘邮船从上海出发，前往法国。

11月10日左右，终于到了巴黎。

11月，译作苏联伊凡诺夫的小说《铁甲车》由上海现代书局出版。

《现代》杂志第二卷第一期发表了《诗论零札》。

◇ 1933年　28岁
8月，第二本诗集《望舒草》由上海现代书局出版。

10月，译作法国陀尔诺伊的童话《青色鸟》与《美人和野兽》由上海开明书店出版。

年底，转入里昂中法大学。

◇ 1934年　29岁
5月，译作《法兰西现代短篇集》由上海天马书店出版。

8月22日，由里昂出发乘火车前往西班牙游历。

10月下旬，由西班牙回到里昂。

◇ 1935年　30岁
5月下旬，被里昂中法大学开除。

夏天，从法国返回中国，与施绛年解除婚约。

6月，译作《比利时短篇小说集》由上海商务印书馆出版。

9月，译作《意大利短篇小说集》由上海商务印书馆出版。

◇ 1936年　31岁

6月，与小说家穆时英的妹妹穆丽娟结婚。

译作法国蒲尔惹的《弟子》由上海中华书局出版。

9月，译作《西班牙短篇小说集》由上海商务印书馆出版。

10月，创办《新诗》杂志。

◇ 1937年　32岁

1月，第三本诗集《望舒诗稿》自费由上海杂志公司出版。

2月，译作法国提格亨的《比较文学论》由上海商务印书馆出版。

8月，《新诗》走到了尽头。

11月，编著《现代土耳其政治》，由上海商务印书馆出版。

◇ 1938年　33岁

5月，挈妇将雏跟叶灵凤夫妇一起乘船前往香港。

8月1日，开始主持《星岛日报》文艺副刊《星座》。

◇ 1939年　34岁

3月26日，中华全国文艺界抗敌协会香港分会成立，被选为理事，并担任宣传部负责人、协会机关刊物《文协》的编辑委员会委员。

7月，与艾青一起创办诗刊《顶点》。

◇ 1940年　35岁

夏初，以"中华全国文艺界抗敌协会香港分会"名义主持创办英文月刊《中国作家》。

冬至，穆母在上海病逝。穆丽娟回沪，夫妻两地分居。

◇ 1941年　36岁

6月，赶往上海，劝妻子回心转意，重归于好，未果返港。

12月，以香港林泉居出版社名义自费出版译作《苏联文学史话》。

◇ 1942年　37岁

春，被捕并被投入日军监狱。

4月27日，在监狱中写就《狱中题壁》。

5月30日，刚刚出狱不久，认识比自己小21岁的杨静。

7月3日，写出一生代表作《我用残损的手掌》。

◇ 1943年　38岁

1月26日，给妻子寄去自己已经签字了的离婚契约，彻底解除了两人的婚姻关系。

4月3日到1944年10月19日，在《大众周报》开设专栏"广东俗语图解"。

5月9日，与杨静结婚。

◇ 1944年　39岁

1月30日，与叶灵凤联合主编《华侨日报·文艺周刊》。

◇ 1945年　40岁

10月14日，"中国全国文艺界抗敌协会"改名为"中华全国文艺界协会"，简称仍然是"文协"，委托望舒主持恢复香港文协的活动，并委托他开始调查有关香港沦陷期间附逆文人的情况。

不久，21名作家以"留港粤文艺作家"的名义致函"中华全国文艺协会重庆总会"，检举望舒的所谓"附敌"行为。

10月24日，夏衍在《建国日报》终刊号上，为叶灵凤和望舒辩护。事态平息。

◇ 1946年　41岁

3月，携妻子女儿回到上海。

8月，在新陆师范专科学校任教，并兼任暨南大学教授。

12月，编译的《西班牙抗战谣曲选》列入《大地文学丛书》，拟由香港大地书局出版。

◇ 1947年　42岁

3月，译作法国波特莱尔的诗集《恶之花掇英》由上海怀正文化社出版。

7月，因为支持进步学生运动，被暨南大学解聘，转而去上海音乐专科学校兼职。

◇ 1948年　43岁

2月，最后一本诗集《灾难的岁月》由上海星群出版社出版。

5月，被新陆师范专科学校校长诬告与共产党有染，遂被国民党上海当局通缉，被迫再度离开上海，逃往香港。

年末，少妻跟住在隔壁的一个青年私奔。

◇ 1949年　44岁

3月11日，独自带着两个女儿，与卞之琳一起乘船北上。

3月19日下午，到达北平。

7月，受邀请参加首届中华全国文学艺术工作者代表大会。

8月，被选为中华全国文学工作者协会理事。

10月，被调到国家新闻出版总署国际新闻局法文科科长，主持翻译毛主席的《新民主主义论》和《全国政治协商会议纲领》两本小册子。

◇ 1950年　45岁

2月28日，在家中病逝。